정책이 만든 가치

더 이상 정부에 의존하지 않는다

정책이 만든 가치

박진우 지음

모아북스
MOABOOKS

5 · 16 군사반란으로 군부 독재가 시작되면서 지방자치제도는 유보되었다.

1987년 민주화 대투쟁을 통해 부활된 지방자치제가 실시된 지도 30여 년이다. 지난 세월 동안 226개 지역에 많은 변화들이 있었는데 시민들의 삶에 피부로 느끼는 기초지방자치단체의 정책을 통해 우리의 삶이 어떻게 변화되고 있는지를 공유하고 싶었다.

20대부터 지방자치 운동을 하였고, 30대는 청와대에서 참여정부의 12대 국정과제를 담당하는 행운을 얻어 국정과제의 기획과 대통령 주재 토론 등의 업무 속에서 국가 균형발전과 지속가능성에 대한 공부도 할 수 있었다.

그간 공부한 내용을 정리할 기회가 많이 늦었지만 더 늦기 전에 지방자치제도의 성과들을 모아보았다. 17개 광역의회의 수많은 조례 중 의원들이 발의한 5개의 조례와 226개 기초 지방자치단체에서 추진한 정책 중 18개의 정책을 통해 1980년을 관통한 역사적 의미를 숫자로나마 담아 보았다.

경기도, 경상도, 제주도 등 5개 광역 지방의회 조례가 17개 광역 의회의 조례를 대표하거나 18개의 기초 지방자치단체 정책이 전국의 기초 지방자치단체의 정책을 대표하거나 우수하다는 것은 아니다. 저자의 한계로 200여 개의 기초 지방자치단체의 훌륭한 정책들을 제대로 접하지 못하거나 분석할 여력의 한계로 더 소개하지 못함을 밝힌다.

그럼에도 소개되는 정책 사례들은 노무현 대통령이 국정과제로 채택한 국가 중장기 과제인 지속가능성과 삶의 질 향상에 대한 정책들로 전국 지방자치단체에서 지역의 특성에 맞게 지표를 조정하며 열심히 풀어가고 있는 정책들이라 의미가 남다르다.

소개되는 정책들이 대한민국의 동네 동네에서 이루어지고 있는 작은 변화로 우리의 삶을 바꾸는 힘이라는 사실을 체감할 수 있었으면 하는 바람이다.

세상을 움직이는 지도자는 정치인이다. 하지만 정치인을 움직이는 역할은 깨어 있는 시민의 조직된 힘이라 했다.

지방자치실무연구소를 운영하며 구상한 균형발전 정책을 추진한 한 정치인의 가치와, '모난 돌이 정 맞을 때 세상을 바꿀 수 있는 힘이 된다'는 신념을 믿고 독재와 싸우고 민주주의를 이루어낸 수많은 시민들의 실천으로 지방자치제도가 부활되었기에, 오늘의 지방자치 성과는 시민이 이룬 열매라 감히 말해본다.

여러 통계 및 정책 자료를 챙겨준 18개 기초 지방자치단체의 담당 공무원과 흔쾌히 취재에 응해준 기초 지방자치단체장들, 정책의 주체로 나선 시민들, 열악한 환경에서 치열하게 활동하고 있는 지방의회 의원들께 두 손 모아 감사의 마음을 전한다. 이분들이 없었으면 이 책은 세상에 나오지 못했을 것이다. 특히 지방의회 의원들은 보좌진도 없는 상황에서 본인이 진행한 내용을 직접 기록하고 보관해야 하는 바쁘고 힘든 일들임에도 꼼꼼한 기록과 보관을 통해 조례의 제정과정과 집행 상황을 정리해놓았다.

마지막으로 노무현 대통령과 5년 동안 함께 국정과제를 담당했던 김찬규 박사가 참여정부의 정책들을 일일이 확인해주셨다. 이 책은 그렇게 많은 분들의 노력으로 세상에 나왔다. 함께해주신 분들께 깊은 고마움을 전한다.

이제 지방자치의 시대를 넘어 지방정부의 시대를 준비 할 때다.

박진우

지방자치 정책의 참모습을 본다

양영철

전)한국지방자치학회장, 현)한국지방자치경찰정책연구원장, 제주대학교 명예교수

지방자치의 이념 중 최고가 풀뿌리 민주주의이다. 지방자치는 현장에서 이루어져야 한다는 의미다. 지방자치의 현장은 주민들과 가장 가까운 정부, 즉 기초 지방자치단체인 시·군·구에서 지방자치 정책이 중심이 되어 이루어져야 한다. 그런데도 지금까지 우리나라 지방자치 연구와 논의는 광역을 중심으로 이루어져 지방자치 정책은 국가와 시·도와의 관계에 비중을 더해왔다. 국가는 시·군·구 정책은 광역자치단체인 시·도가 알아서 하면 된다고 생각한다. 그러나 기초 지방자치단체는 광역과 마찬가지로 그 자체로 고유 영역이 있다는 것이 정설이다. 따라서, 광역 지방자치단체의 집행 영역은 기초 지방자치단체인 시·군·구 영역을 보호해줘야 한다.

혹자는 시·군·구 자체 능력이 아직은 부족하므로 당분간은 시·도가 중심이 되어야 한다고 주장하기도 한다. 이 책이 바로 이 주장이 황당하다고 증명해 주고 있다. 그 점에 큰 의미를 두고 싶다.

특히, 이 책의 저자는 노무현 대통령이 운영한 지방자치실무연구소와 함께한 지방자
치 운동가이다. 저자는 노무현 정부가 들어서면서 청와대에서 지방분권을 중심으로
한 국정과제 담당 행정관으로 노무현 정부와 함께하여 실무에 강하다.

참여정부는 12대 국정과제에 국가 균형발전 · 지방분권과 지속가능성에 대한 큰 방
향을 설정하고 구체적인 지표를 통해 국가사회비전 2030을 만들었다. 노무현 대통령
은 국정과제 회의를 통해 전문가와 이해관계자들과의 치열한 토론을 통해 국정과제
의 방향을 도출하고 국민에게 제안하여 추진하였다.

저자는 참여정부가 끝나고 나서 본업인 사회운동가로 돌아가서 지금까지 노무현 대
통령이 심혈을 기울여 만든 국가 비전 2030의 지표를 전국의 기초 지방자치단체가
지역의 상황에 맞게 실행하는 과정을 살피며 기록하여 이 책을 출판한 것이다.

추천하는 본인도 노무현 정부에서 정부 혁신과 지방분권 정책을 총괄하는 대통령 소
속 정부혁신지방분권위원회에서 위원과 지방자치 경찰특별위원회 위원장을 맡아서
노무현 대통령이 기초 지방자치단체 중심의 지방분권 정책을 정립하기 위하여 얼마
나 노력을 했는지 지금도 생생하다.

여러 지방분권 정책들 중 기초 지방자치단체 중심의 자치경찰제 도입 건을 보고하자
노무현 대통령은 '내가 대통령 공약 중 가장 후회하는 공약이 자치경찰제 시행이었는
데 이런 기초 지방자치단체 중심의 모델이 있었느냐"고 하면서 임기 내 국정과제 우
선순위에서 상위에 놓고 강력하게 추진하였다.

저자는 실무자로서 참여정부의 지방분권 정책이 시 · 군 · 구 중심임을 누구보다도
뼛속까지 느꼈을 것이기 때문에 이 책에 대한 미련을 버리지 못하고 줄곧 달려온 것

이다. 그래서 이 책은 어쩌면 노무현 대통령의 지방분권에 대한 한 편의 유고집이라고 해도 과언이 아니다. 소개되는 다섯 가지의 조례와 열여덟 개의 기초 지방자치단체의 정책들이 모두가 시민의 삶에 영향을 미치는 내용으로 시민의 참여를 통해 이루어진다는 점에서 노무현 대통령의 철학과 일치하기 때문이다. 이 책은 향후 시장·군수·구청장과 시·군·구 의원들이 어떠한 정책들이 주민을 위한 정책이며, 어떤 과정을 거칠 때 지방자치의 맥과 상통하는지를 밝혀주는 지침서가 될 것이다.

지방자치, 시민이 주인 되는 세상

권칠승
중소벤처기업부 장관

1960년 4·19 혁명이 계기가 된 3차 개헌에서 자치단체장 직선제를 헌법으로 보장했다. 그러나 이듬해 5·16 쿠데타로 지방자치제는 사실상 폐지되었다. 오랜 암흑기를 거쳐 지방자치제가 다시 부활한 것은 1987년 6월 항쟁을 통해 1988년 법이 전면 개정되면서였다. 이렇듯 우리 지방자치의 역사는 곧 대한민국 민주주의 역사라 할 만하다.

1987년 뜨거웠던 아스팔트 위에서 민주주의를 목 놓아 외치던 젊은이들이 어느새 중년 하고도 종반에 이르렀다. 치열했을 각자의 삶만큼이나 이 땅의 민주주의도 부침을 거쳐 분명 공고화되었다. 그러나 미완의 과제가 있다. 바로 지방자치, 지방분권이다.

네티즌 평점은 낮으나 전문가 평점은 높은 영화가 있다. 지방자치, 지방분권이라는 주제가 이와 비슷하다. 대중의 이목을 확 끄는 섹시함은 없을지라도, 그 가치로 따지면 국가 발전의 패러다임을 전환하는 시발점으로 평가받을 수 있는 것이다.

민주화의 주역들 중 일부는 지방자치의 현장에서 수십 년째 주민들과 함께 치열하게 고민하고 있다. 이들은 더 나은 민주주의, 실질적 민주주의의 실현을 통해 주민들의 삶의 질을 향상시키는 것을 목표로 삼고 있다. 저자는 지방자치를 '종점 없이 하나씩 이뤄가는 생명체' 라고 했다. 이 표현에서 그의 고뇌와 열정을 느낄 수 있다.

문재인 정부는 32년 만의 지방자치법 전부개정으로 주민참여 확대, 지방의회 역할 강화, 국가-자치단체 간 수평적 관계 설정 등의 초석을 다졌다. 그 배경에 지방자치의 여건을 성숙시킨 저자와 같은 활동가들의 역할이 상당히 컸다.

일찍이 故 노무현 대통령은 지방자치가 분권과 자율을 토대로 시민이 주인 되는 공동체를 살릴 수 있을 것이라고 생각했다. 1993년 지방자치실무연구소를 설립했고, 집권 후에는 국토균형발전을 국정 철학으로 삼았다. 저자는 해당 연구소와 참여정부 5년간 청와대 행정관으로 근무하며, 근거리에서 노 대통령의 철학을 몸소 익혔다. 시민이 주인 되는 세상을 향한 그의 구애는 삶의 목표이자 운명인지도 모른다.

이 책은 17개 광역, 226개 기초 지방자치단체에서 추진되고 있는 수많은 조례와 정책들 중 일부를 엄선하여 소개하고 있다. 저자는 정부의 핵심 과제가 어떤 과정을 거쳐 추진되며, 국민의 삶을 어떻게 변화시키는지 살펴봐왔다. 그가 손꼽은 주제여서 더욱 관심을 끈다. 지방정치 지망생은 물론 풀뿌리 민주주의에 관심이 있는 사람들이라면 누구나 참고해볼 만하다.

많은 국민이 본 저서를 통해 지방자치의 완성이야말로 대한민국 공동체가 나아가야할 길이라는 확신을 가졌으면 한다.

예비 지방 정치인을 위한 참고서

이학영
국회 산업통상자원중소벤처기업위원장

1987년 6월, 뜨거웠던 항쟁은 민주주의의 새로운 시대를 열었고, 그 결실로 지방자치제도가 다시 태어날 수 있었습니다.

저를 비롯하여 이 땅의 수많은 젊은이와 깨어 있는 시민들의 땀으로 이뤄낸 민주주의 역사도 어느덧 30여 년이 지났습니다. 1987년 그해, 함께 청춘을 바쳤던 사람 중 민주주의 발전을 통한 시민의 삶의 질 향상에 뜻을 품은 사람들은 지역에 자리를 잡았습니다.

이 책은 우리가 정치하는 본질적인 물음을 던지고 있습니다.

저자는 책을 통해 참여정부 5년 동안 청와대에서 국가 핵심 정책인 국정과제를 담당하면서 고민했던 정책의 추진 상황을 살펴보며 시민들의 삶의 변화를 진단했습니다.

또한 이 과정에서 지방자치를 끊임없이 발전하는 하나의 생명체로 바라보고, 전국

17개의 광역 지방자치단체와 226개의 기초 지방자치단체에서 추진되고 있는 수많은 조례와 정책을 살펴보았습니다.

국민의정부의 선택적 복지에서 참여정부의 보편적 복지를 넘어 문재인 대통령의 포용적 복지까지 함께 소개하고 있습니다. 김대중 대통령의 동강댐 백지화를 통한 생태계의 순환성 확보와 노무현 대통령의 지방분권을 통한 국가균형발전과 기후 변화, 그리고 문재인 대통령의 2050탄소중립위원회와 기후위기까지 국가 정책과 함께 추진해 온 지방자치단체의 핵심 정책들까지 소개되었습니다.

그래서 이 책에 소개된 다섯 가지의 광역의회 조례와 열여덟 개의 기초 지방자치단체의 정책들이 더없이 소중합니다.

하나하나의 조례와 정책이 시민의 삶에 미치는 영향이 크기에 이해관계자들과 전문가들의 참여를 통해 다듬어져 실행된다는 점에서, 이 책에 소개되는 조례와 정책이 가지는 의미가 남다르다 할 것입니다.

특히 이 책에 소개된 정책들이 민주 정부 3기까지 입안한 정책들이며, 각 지역의 상황에 맞게 지방의회와 지방자치단체에서 제도와 정책으로 입안하여 추진하며 주민들의 삶의 질을 바꾸고 있습니다.

예비 지방 정치인들을 비롯해 풀뿌리 민주주의를 실현하고자 하는 많은 사람이 참고하였으면 하는 바람입니다.

지방자치는 우리 모두가 가꿔가야 할 소중한 가치

염태영
전국자치분권민주지도자회의 상임대표

이 책은 전국의 기초 지방단체들이 지역에서 정성스럽게 추진하고 있는 정책들을 모아 소개하고 있습니다. 모든 분야에 걸쳐 구석구석 민생 현장을 책임지고 있는 전국 226개 기초지방정부의 고군분투가 잘 드러나 있습니다. 시민의 삶의 질 향상을 위해 애쓰시는 많은 분들에게 소중한 정책 안내서가 되지 않을까 합니다.

저에게는 특히 기후위기 대응을 위해 기초지방정부들이 추진한 혁신적인 사업 내용들이 눈에 들어옵니다. 우리 수원시가 몽골 사막에 조성한 수원시민의 숲, 한강 하구의 장항습지 보존을 위한 고양시의 노력, 분리배출 아이디어를 더해 자원순환 사회로 나아가고 있는 은평구의 경험, 환경활동가를 공무원으로 채용하여 실효성 있는 정책을 만들어낸 창원시 사례까지 모두 시민과 함께 일궈온 자랑스러운 우리 지방자치의 성과이자, 기후위기 대응을 위해 지방정부의 역할이 얼마나 중요한지를 일깨우는 사례들이 아닐까 합니다.

올해로 지방자치제 부활 31주년이 되었습니다. 지난 30여 년 동안 풀뿌리 민주주의는 꾸준히 성장해 왔습니다. 지방행정 서비스의 질도 혁신을 거듭해 가고 있습니다. 지방자치에 관한 기본법이라고 할 수 있는 「지방자치법」도 32년 만에 전면 개정되어 지방자치 2.0 시대를 열어가고 있습니다. 우리 수원시만 해도 100만 이상 도시 특례 규정이 신설되어 올해부터 수원특례시가 되었습니다. 다양한 사무와 권한 이양을 통해 도시 규모에 걸맞은 행정서비스를 제공할 토대가 마련된 것입니다. 도시 규모가 큰 네 개 도시부터 시작되었지만, 전국의 모든 기초지방정부들이 처한 여건과 역량에 따라 '특례'를 누리는 사회로 나아가게 될 것입니다.

이 책을 통해 지방자치가 우리 삶에 얼마나 중요한 변화를 일으켰는지, 지방자치가 왜 모두가 가꿔가야 할 소중한 가치인지 다시 한 번 되새기는 계기가 마련되기를 바랍니다. 그동안 여러분이 사시는 동네의 공원은 잘 가꿔져 있는지, 대중교통은 조금 더 편해졌는지, 도서관과 어린이집과 복지관은 쾌적하게 이용할 수 있는지 살펴보시며 지방자치의 힘을, 그 의미를 확인하실 수 있을 것입니다.

저의 오랜 동지이자 항상 시민 곁에서, 시민과 함께, 더 나은 세상을 위해 뛰고 계신 박진우 선생님께도, 오랜 경험과 지혜를 모아 책으로 세상에 내놓아 주셔서 감사하다는 말씀을 드립니다.
이 책을 읽고, 보다 많은 분들이 우리 사회의 지속가능성에 대해 한 번 더 고민하고, 실천하는 활동가로 성장하기를 바랍니다.

차례

1장

지구 구하기

2장

경제 살리기

1장

지구 구하기

사막에 나무를 심는
수원시

지구의 생명체 중 태양 에너지를 받아 유기물을 합성하는 식물과 동물, 미생물 등의 생체 총량인 생물량biomass은 5,500억 톤으로 추정된다. 이 중에 식물이 82%4,500억 톤고 인간이 차지하는 비중은 0.01%인데 이 0.01%의 인간이 82%의 식물과 13%의 박테리아를 다 죽이고 있다.

환경 선진국에서는 인류의 생존을 위해 다른 생명체들을 죽이고, 끊임없이 발생시키는 탄소로 인간도 무너질 수 있다는 위기감을 가지고 각국의 정상들이 모여 논의를 시작했다.

1992년 브라질 리우에서 열린 유엔 환경개발회의와 1995년 독일의 베를린에서 제1차 기후변화협약 당사국총회를 열어 '2000년 이후의 온실가스 감축 목표에 관한 의정서'를, 1997년 제3차 당사국총회를 여는 교토에서 의정서를 채택하기로 하였다.

교토의정서는 미국이 탈퇴한 데다 가입국들의 이행 노력이 부진하면서 2015년 파리에서 열린 제21차 기후변화협약 당사국 총회Conference of Parties에서는 지구의 기온 상승을 섭씨 2도 이하로 낮추기 위해 온실가스를 감축(안)에 미국과 중국이 합의하였고, 160여 개 국가도 온실가스 감축 목표INDC; Intended Nationally Determined Contribution를 제출하면서 새로운 기후 체제를 만들기 위한 파리의정서가 채택되었다.

2021년 영국의 글래스고에서 진행된 제26차 기후변화협약 당사국총회에서는 197개 당사국 대표를 비롯해 4만 명이 참석한 가운데 '글래스고 기후합의Glasgow Climate Pact'를 어렵게 채택하여 기후변화 적응을 위한 재원과 온실가스 감축, 국제협력 등에 관한 합의를 이루었다.

문재인 대통령도 기조연설을 통해 2030년까지 2018년 대비 40% 이상 온실가스를 감축하고, 산림 복원 협력에 앞장서며 세계의 석탄 감축 노력에 동참하겠다는 약속과 청년들의 기후정상회의를 제안하였다.

국제적인 기후변화협약 흐름과 관련하여 우리나라가 국가적으로 추진한 것은 참여정부 시기인 2005년 6월 '환경의 날'에 '국가 지속 가능 발전 비전'을 선언하고 '지속 가능한 에너지 및 산업정책 수립'을 비롯해 세부 과제로 '기후변화협약 대응체제 구축'을 확정·추진하였다.

문재인 대통령은 제26차 당사국총회에 앞두고 2021년 5월 국무총리와 민간인을 공동위원장으로 하는 '2050 탄소 중립위원회'로 출범시키고 "기후변화 파리협정 이행의 원년이자 우리나라에서 P4G 정상회의가 개최되는 뜻깊은 해인 만큼 위원회가 탄소중립 달성의 굳건한 주춧돌이 돼 튼튼한 대들보와 같은 정책을 마련해주기를 바란다"고 위원회의 역할에 대해 주문했다.

우리나라도 지구온난화로 인한 기후위기 증세가 여러 가지 현상이 나타나지만 국민들이 가장 많이 체감하는 문제 중 하나가 봄철에 몽골과 중국에서 불어오는 황사다.

지구온난화로 인한 사막화는 지구의 북반구에 집중되고 있으며 해마다 전 세계적으로 약 12만km²의 땅이 사막화되는데 몽골은 서울의 6배가 되는 면적인 3,500㎢가 해마다 사막화가 되어 생태계가 순환하기 어려운 땅으로 변하고 있다.

몽골에서는 호수 1,166개가 사라졌으며, 887개의 강과 2,096개의 샘이 말라버리면서 동·식물의 멸종으로 이어지고 초원을 통해 가축을 키우며 생계를 유지하던 유목민은 고향을 떠나 환경난민이 되고 있다.

몽골 국토 면적 중 90%의 사막화되어 우리나라로 불어오는 50~70%의 황사로 55시간이면 도착할 정도로 심하다. 2002년에는 몽골에서 엄청난 황사가 들이닥쳐 우리나라 학교가 휴교했고, 항공기는 이륙을 멈추었다. 이러한 지구온난화로 인한 기후위기는 특정 국가의 노력만이 아닌 범지구적으로 공동의 노력이 모아질 때 극복이 가능한데, 우리나라에서도 수원시와 고양시, 진주시, 화성시 등 기초 지방자치단체들이 나서고 있다.

경기도 수원시는 서해안에 위치하여 고비사막에서 들어오는 황사를 먼저 접하는 지역으로 인구도 많아 피해도 컸다.

임시 방편으로 호흡기 가리개를 쓰고, 건물과 가정집의 창문을 닫아 위기를 모면하지만, 근본적인 대책은 온실가스를 줄이는 나무를 심어 생명이 숨을 쉬게 하고 이를 통해 숲을 이루어 빗물을 저장하고 땅을 기름지게 하여 말라버린 강을 되찾는 것이다. 숲을 통해 탄소를 저장하고 산소를 배출하도록 하는 생명의 순환체계를 모두 알고 있으나 실천은 녹록지 않다.

세계가 인정하는 환경수도를 선언한 수원시는 내부적인 환경수도 정책과 함께 2010년부터 몽골에 나무 심는 방안을 찾았다.

염태영 수원시장은 몽골에 나무 심기 운동을 위하여 민과 관이 함께하는 (사)휴먼몽골사업단을 구상하고, 2000년부터 몽골에서 오랫동안 나무 심기를 하는 비영리민간단체 (사)푸른아시아 관계자들과 만나 몽골에 숲을 조성하는 방안을 협의하였다.

몽골에 나무 심기를 추진하기 위한 실태 조사단은 에르덴 솜, 비양노르, 룬 솜 등의 후보지와 추진 중인 조림 사업 현장을 답사하여 여러 사례를 파악한 후 몽골 수도 울란바토르에서 40km 떨어진 지역인 몽골 튜브아이막 에르덴솜 지역을 확정하였다.

▲ 2012년 5월 수원시민의 숲 조림지에서 식목 후 물 주기 ⓒ(사)휴먼몽골사업단

2011년 4월 6일 몽골 자연환경관광부 청사에서 수원시와 몽골 자연환경관광부 바트볼드 국제 협력국장, (사)푸른아시아가 2011년부터 향후 10년간 '수원시민의 숲'을 조성한다는 내용의 양해각서MOU를 체결하였다.

사막에 나무를 심는 사람들

'수원시민의 숲' 조성 대상지는 울란바토르시와 볼강아이막道 바가노르솜郡 중간 지점인 에르뎀솜郡 지역으로, 사막화가 진행되어 물과 강은 존재하지 않은 데다 바람이 강하고 주변에 마을도 없다.

(사)휴먼몽골사업단은 "미래의 우리 아이들을 위해 희망의 나무를 심어주세요"라는 구호로 수원시민이 한 그루 나무 심기 운동을 홍보하며 모금을 시작했다. 몽골 숲 조성은 3단계로 나누어 1단계로 현지 답사와 조사를, 2단계는 2011년부터 2016년까지 나무 심기와 기반시설 마련을, 3단계로는 사업 마무리 단계로 지속가능성을 점검하고 대안을 마련하는 과정으로 진행되었다.

에르덴 솜은 여름에는 최고 36℃까지 올라가며 겨울철에는 최저 -42℃까지 내려가는 데다 연간 강수량이 190㎜로 아주 건조한 냉대기후로 나무 키우기가 어려운 지역이라 잘 자라고 번식력이 강한 나무를 선정해야 했다.

에르덴 솜은 바람도 초당 3.6~6.2m로 강하게 불고 모래 먼지가 심하여 나무를 심어도 방풍림과 방사림을 별도로 마련해야 하며, 나무와 풀이 자랄 경우 방목에 의한 가축의 먹이로 사용되어 어렵게 활착한 나무가 자랄 수 없는 환경이 될 수도 있기에 가축으로부터 나무와 초지를 보호하기 위해 울타리도 설치해야 했다.

첫해인 2011년에는 여러 가지 행정적인 절차 외에도 2단계로 나무를 심고 가꾸기 위한 기반시설 중 하나인 묘목 식재 후 영양분을 공급해줄 물의 안정적인 확보를 위해 전기 인입 공사를 하고 150m의 관정을 뚫어 2,000m에 달하는 관수시설을 설치한 후 길이 3m×너비 2m의 작은 저수조 30개를 만들었다. 그리고 가축과 설치류로부터 보호할 4,400m의 울타리도 설치했다.

나무 심기 첫해 5월에 '수원시민의 숲' 조림지에 방풍림으로는 버드나무의 일종인 포플러poplar 3,053주와 비술나무 2,160주, 버드나무 1,068주를 식재하였으며, 유실수로 우흐린누드 2,160주와 차차르간 1,554주를 심었다.

비술나무는 특별히 가축에 의한 훼손 피해가 적으며, 버드나무의 일종인 포플러는 생장력이 빠른 데다 토양 개선에 효과가 커서 몽골 내 묘목 시장에서도 구매가 수월하다는 장점이 있었다.

버드나무는 몽골 전역에서 사막화 방지를 위한 대표적인 수종인 데다 유목민의 주택 역할을 하는 천막인 게르ger에 사용되기 때문에 경제성까지 갖추고 있는 수종이라 선정되었다.

지역 주민을 위한 소득 수종으로는 오렌지 4배의 비타민C를 가진 열매로 청jam이나 사탕jelly의 원료로 판매 가능한 보리수나무과의 산자나무Chatsargana, 차차르간와 까막까치밥나무과인 블랙커랜트blackcurrant, '조의 숲' 이라는 뜻인 우흐린누드나무를 심었다.

몽골의 나무 심기가 단순한 나무와 숲의 조림만이 아니라 현지 주민들의 일자리와 함께 경제적 자립을 돕는 일도 중요한 목표 중의 하나였기에 유실수를 주요 수종으로 선정하였다.

7월에는 두 차례에 걸쳐 수원시 관내 중·고등학생들을 대상으로 나무 심기 체험과 함께 몽골 중·고교 학생들과 국제 환경 문제에 관한 토론을 통해 지구 환경에 관한 관심과 소중함을 깨닫는 계기를 마련한 후 몽골 어린이들을 만나 문화 교류 활동도 진행했다.

▲ 2012년 수원에서 방문한 학생과 몽골 학생들이 웅덩이를 파고 나무를 심는 모습 ⓒ(사)휴먼몽골사업단

2012년부터 2016년까지도 2011년 2단계 사업과 동일하게 진행되었다. 조림지 조성을 위해 묘목 식재 때 공급할 물의 확보를 위해 관정을 개발하고, 양수를 위한 시설을 매립하고, 작은 저수조와 확보한 묘목을 보관하기 위해 지하 저장창고도 만들었다.

4월이 되면 조림을 위해 구덩이를 파야 하는데 기본이 깊이 60㎝ 너비 60㎝ 크기로 1만 개를 파고 구덩이에 토양보습제와 물을 넣어야만 나무가 생착할 수 있다.

조림지 외곽으로는 방사림과 방풍림을 심고 내부에는 유실수인 산자나무와 까막까치밥나무를 교차하며 2m 간격으로 하되 암수 나무의 비율을 8대 2로 하여 열매 수확률을 높일 수 있도록 심었다.

2011년에 심은 나무들은 2011년 8월 조사 시 91.5%가 활착하였으나 2012년도 8월 조사 시에는 85.9%의 활착률을 보였다. 2012년도 심은 나무의 생존율은 89.2%로 당초 예상했던 70%를 상회하였다.

밤과 낮의 온도 차가 큰 데다 황사로 관정 장비가 고장 나고 겨울철 동파에 대한 대책을 마련하기 위해 현지 주민을 고용하기로 하였다. 그러나 인근에 거주지가 없고, 조림지와 너무 동떨어져 있으면 관리의 어려움이 예상되어 고용인 전원을 조림사업장 안으로 이주시켜 생활하며 조림지를 관리할 수 있도록 '하늘마을'을 조성했다.

2023년도에는 지구온난화의 영향으로 식목 기간을 앞당길 수밖에 없게 되자 기반 시설도 병행하여 앞당겨 추진되었다. 나무 심기는 187명의 시민과 아주대학교 학생들이 2만 본을 심었고, 학생들은 몽골 대학 학생들과 국제 환경에 관한 토론과 문화행사를 통한 교류도 진행했다.

(사)휴먼몽골사업단 이형분 홍보이사는 "수원시민의 숲 조성 현장은 사막 한가운데라 나무 그늘은 찾아볼 수 없고, 화장실을 가려면 30분은 족히 걸어야 했다. 그런 데다 화장실이 수세식이 아닌 날파리들이 잔치 준비를 한참하고 있는 재래식이라 청소년들과 여성들이 굉장히 힘들어했다. 그리고 아침에 나무 심기 현장에 나가면 온종일 사막의 모래와 싸워야 하고, 밤에는 몽골 천막 안에서 추위를 이겨내야 했다. 잠을 잘 때도 몸을 제대로 씻을 수도 없는 등 현장 상황이 많이 불편함에도 수원의 청소년들이 마음을 모은 덕에 오늘의 수원시민의 숲이 조성되었다"라며 청소년들의 땀방울로 기후위기를 극복하기 위한 소중한 활동에 고마움을 전했다.

2013년에는 에르덴 솜 숲에서 '수원시민의 숲' 현판식을 열었다. 단순한 현판식이 아닌 범지구적 문제인 기후위기를 극복하기 위하여 대한민국의 기초 지방자치단체가 개발도상국에 숲 가꾸기를 통해 공적개발원조 (ODA : Official Development Assistance) 를 공식화한 셈이다.

우리나라는 한국전쟁으로 전 세계로부터 원조를 받던 국가를 넘어 원조국에서 공여국으로, 기초 지방자치단체 차원에서도 공여국으로 전환하였음을 알리는 선언이라 그 의미를 더했다.

8월에 실시한 조림지 상황 조사에서는 2011년 심은 버드나무 종류의 생존율은 88%에 60㎝ 이상 성장했음을 확인하였고, 까막까치밥나무 열매는 5㎏을 수확하였다. 하지만 비술나무와 까막까치밥나무는 생장 속도가 늦었고, 고사율도 높았으나 퇴비장 인근의 나무는 다른 수목에 비해 성장 속도가 월등히 높아 유실 수목에 대한 비료와 퇴비 등의 지속적인 관리의 부재임을 확인하는 계기가 되었다.

모래 토양으로 인해 수분 유지의 어려움을 해결하고 토지 개량을 위해 효과가 뛰어나다는 보습제를 구덩이마다 10g씩 넣은 후 나무를 심도록 변경했으며, 나무의 생존율과 생장률을 높이기 위해 현지에서 3년 정도 썩힌 가축 분뇨를 구매하여 지난 3년 동안 심은 4만 주의 묘목에 뿌려 생존율과 함께 생장률을 높이도록 하였다.

사업단에 고용되어 조림장 내 하늘마을에 이주한 몽골 현지인들은 식재된 나무의 생장을 돕기 위해 퇴비 주기와 병충해 방제뿐만 아니라 고사목을 제거하고 제거된 자리에 다른 나무를 심어주는 보식 작업 등의 역할을 수행하였고, 양이나 염소, 설치류 등의 가축이 조림지 출입을 못 하도록 울타리 관리 등의 경비 역할도 수행하였다.

2014년도는 세월호 참사로 온 국민이 슬픔에 빠져 있어 식목 행사를 취소하고 현지인 고용으로 식목을 진행하였으나 몽골 정부와 약속한 국제협력 사업에 대해 수원시민들의 발길은 계속 이어졌다.

몽골 식목일인 5월 10일에는 몽골의 잉흐벌트 국회의장과 몽골 최초의 대학 환경동아리인 '마이클럽' 학생들 등 몽골 대학생 300명이 수원시민의 숲 조림지를 방문하여 의미 있는 공동 식목 행사를 진행했다. 몽골 대학생들은 식재한 묘목에 노란 리본을 달아 세월호 희생자들을 추모하는 마음을 전했다.

2015년도 5월부터는 수원 시민의 숲 관리를 맡은 하늘마을과 인근 마을을 중심으로 가정용 태양광 전지를 하늘마을에 20기, 에르덴솜 지역에 60기, 날라이흐시에 100기 등을 설치하고 사용법에 교육 등을 통해 부족한 에너지에 대한 토대도 마련했다.

2016년도까지 6년간 92ha 헥타르, 1헥타르는 1만㎡에 10만1,385주를 심었는데 2011년 심은 묘목의 활착률은 65%, 2012년 71%, 2013년 70%, 2014년 71%, 2015년 53%, 2016년도 64% 등 평균 65%의 활착률로 집계되면서 6만7,048주가 생존하였다.

6년 동안 조림지의 생존율은 기대치보다 낮았다. 사업단은 2020년 이후 주민들이 직접 나무를 가꾸도록 하는 동기 부여책으로, 유실수의 생장과 열매 수확량을 통해 현지인의 삶에 도움이 된다는 점을 확실히 인식시키기 위해 현지 관리인들에게 조림지 관리에 관한 기술을 전수했다.

수원시청 녹지경관과와 조경협회에서 수목 전문가를 에르덴솜 현지에 파견하여 산자나무와 까막까치밥나무 등 유실수의 생장 특징과 관리법, 열매 수확 증산, 균형 잡힌 수형을 위한 가지치기, 제초작업 방법과 퇴비 제조법, 시비 기술, 관수 방법 등을 교육하였다.

(사)휴먼몽골사업단 김명욱 이사는 "매년 3월과 4월, 5월, 그리고 8월에는 에르덴솜 조림지를 방문하여 식목 준비와 식목 행사, 그리고 사후 관리를 조사하면서 주민들과 함께하고자 했다. 매년 조림이 이루어져 조림지별로 생육 상태가 다 다르고, 초지 복원지역과 조림지역의 구분, 그리고 현지인에 대한 조림지 관리 교육 등은 함께 해야 하는 일들이었다. 양묘장과 퇴비장 설치 및 운영 기술, 관정 관리 등 현지 주민들의 노력이 어우러져 기후위기에 대한 작은 씨앗이 뿌리를 내리게 되었다"며 몽골 현지인들의 노력에 고마움을 전했다.

2016년 11월에는 그간 추진 성과를 중심으로 산림청 관계자와 선행사업을 했던 인천시, 수원시, (사)휴먼몽골사업단, 생태조경협회 등 전문가들이 2020년 이후에 대한 대책을 수립하기 위한 전문가 토론회를 개최하였다.

2017년부터는 주민자립 기반시설 조성과 교육에 정성을 쏟았다. 특히 현지 업체를 통해 묘목을 구매하던 것을 정책을 변경하여 조림장 내에 묘목을 키워낼 양묘장, 조림장 내 풀을 베고 썰어 가축의 분뇨와 톱밥과 음식물쓰레기 등을 적당한 비율로 배합하여 발효시킨 후 생산할 퇴비장과 비밀 천막, 그리고 물 저장시설 등 조림지 기반 시설 설치에 주력하였다.

비닐로 조성된 양묘장에서는 나뭇가지로 묘목을 키우는 삽목을 통해 연간 5,000~1만주를 생산할 수 있는 시설을 마련하고, 조림지 관내 관수도 자동화 체계를 구축하여 생존력을 높일 수 있도록 보강했다. 조림지에 심은 유실수 열매는 제품화하여 판매할 수 있도록 가공공장 설비도 마련하였다.

몽골의 척박한 토질과 나무 식재에 절대 부족한 강수량 등의 한계를 극복하기 위해 지난 10년 동안 기반 시설에 대한 교육사업을 지속적으로 추진해왔음에도 2020년 이후를 대비하여 다시 교육을 추진했다.

수원시는 10년 동안 관정과 관정 보호집 각 5기를 설치하였고, 25톤 규모의 물 저장시설 6기와 1만3,800m의 관개시설을 설치하였다. 변압기 등 전기시설 2기와 식재된 나무를 지키기 위해 4,400m의 울타리도 설치하였다. 퇴비장 시설로 비닐 시설 6동을 설치하고, 교육용 이동식 주택 1개 동과 창고, 지하저장고를 준공하였다.

수원시가 추진한 10년간의 성과는 다음과 같다. 첫째, 400여 명의 청소년과 2,000명의 대학생과 시민들이 땀방울로 이루어진 '수원시민의 숲'은 수원을 비롯해 한반도를 습격하는 황사 등 미세먼지 관리에 대한 해법을 제시하는 사례를 만들었다.

▲ 2013년 수원에서 나무 심기 자원봉사 학생들과 하늘마을 관리 주민들이 에르덴솜 지역 조림지를 보며 땀방울의 의미를 나누고 있다.
ⓒ (사)휴먼몽골사업단

둘째, 여러 방법을 통해 몽골 지역에 맞는 식목 방법과 토양을 관리할 수 있는 조림법을 도출하여 사막화를 방지할 수 있는 적정 기술을 도출했다.

셋째, 수원시의 노력은 조림 사업을 통해 생명이 살아 숨 쉴 수 있도록 복원할 수 있다는 점과 함께 기후위기 대응은 우리 모두의 실천이 중요함을 보여주었다.

몽골 사막에 대한민국 국민이 가서 조성한 숲은 사막에 나무 심기를 하는 비영리 환경단체인 (사)푸른아시아가 7개소, 새마을 운동 관련 단체가 7개소, 기독교 환경연대, 대한항공, 대구은행, 동북아산림포럼, 고양시, 진주시 등이 29개 숲을 조성했는데 총 900ha에 100만 그루가 넘는 나무를 심고 가꾸었다.

넷째, 수원시민의 숲 조성 사업은 국내에 황사의 유입을 줄이고, 동아시아의 환경 문제를 풀어나가는 민간과 기초 지방자치단체의 협력 사업으로 자리매김하였다.

특히 수원시민의 숲 조성 사업은 현지 주민들의 참여를 통해 주체적으로 풀어나갈 수 있도록 교육과 교류 사업의 기반을 조성하면서 지속 가능한 사회를 위한 지구 시민으로서의 걸음을 내딛었다.

지난 10년간 수원시민의 노력은 중앙아시아 사막에 작은 씨앗을 하나 뿌린 것이지만 '나무를 심으면 천 개의 복을 받는다' 라는 몽골 속담처럼 동북아시아에 국제연대와 기후위기를 넘어서는 사례로 큰 복이 되어 돌아오길 기대해본다.

기후변화로 몸살을 앓으면서 이산화탄소   를 제거해야 하는데 대기에서 효과적으로 제거할 확실한 기술력이 없다. 하지만, 우리에게는 자연이 준 선물이 있다. 대기 중 이산화탄소를 흡수하고 저장할 수 있는 흡수원   이 육상 식물과 해조류이며, 탄소 저장고 중에서 육상탄소를 가장 잘 저장하는 것이 바로 습지이다. 습지는 영구적 또는 일시적으로 담수, 기수 또는 염수가 그 표면을 덮고 있는 지역으로, 전 세계 육상 면적의 5~8%를 차지함에도 육상 탄소의 20~30%를 저장하고 있어 탄소 저장 능력이 탁월하다.

우리나라는 삼면이 바다이고, 하천이 많아 습지가 발달한 곳이 많았지만 그동안 개발 논리로 수많은 습지가 파괴되었다. 4대강 중에 하굿둑이 설치되지 않은 곳이 한강 1곳뿐이라는 사실만 봐도 알 수 있다.

대도시를 통과하는 하천치고 고수부지나 친수구역으로 개발되지 않은 곳이 없다. 각종 편의시설과 운동 시설, 산책로가 즐비하여 모래톱이 있었던 하천의 본 모습을 간직한 곳을 만나기 어려운 현실이다.

그중에서 한강하구는 수도권 시민의 생명수인 한강과 북녘의 임진강이 하나가 되어 한반도의 서해와 자연적으로 만나는 열린 하구이자, 그간 인간의 간섭 없이 보존되어 온 세계적으로 뛰어난 생태적인 보고이다.

장항습지는 그 어느 지역보다 집중적으로 개발된 수도권의 끝단에 위치하였음에도 우리나라의 특수한 상황으로 오히려 온전하게 보전되었던 한강하구로 2021년 5월 장항습지가 람사르(Ramsar) 습지로 등록되면서 그 가치가 다시 한 번 조명되었다.

참고로 우리나라는 1999년 8월 습지보전법이 제정되었지만, 장항습지를 포함한 한강하구는 2006년에서야 습지보호구역으로 지정되며 내륙습지로서 가치를 인정받았다. 내륙습지는 그간 치수 목적으로 무분별하게 개발되고 파괴됐던 대표적 수생태계였으나, 탄소흡수원으로서의 높은 가치와 우수한 생태적 기능으로 반드시 보전해야 할 생태계 중의 하나로 인식된 것이다.

대한민국의 습지는 환경부가 지정한 내륙습지 28개소, 해양수산부가 지정한 연안습지 13개소, 시·도지사 지정한 습지 7개소 등 총 48개 구역이 습지보호지역으로 지정·관리되고 있다.

장항습지가 등록된 협약은 간척과 매립으로부터 습지를 보호하기 위해 태어난 국제협약으로 '물새 서식지로서 국제적으로 중요한 습지에 관한 협약(the Convention on Wetlands of International Importance Especially as Waterfowl Habitat, 일명 람사르협약 Ramsar Convention)'으로 2,448번째로 등록되어 (2021년 5월에 28일), 현 세대가 미래 세대를 위해 반드시 보전해야 하는 세계적인 보호구역이 된 것이다. 장항습지의 람사르협약 등록은 이재준 고양시장의 공약이기도 하며 고양시가 지난 2010년부터 도시의 지속가능성을 실현하고자 시민들과 함께 노력해온 땀방울의 결과이다.

이재준 시장은 "환경은 한 번 파괴되면 되살리기 어려워 반드시 지켜야 할 우리 삶의 터전이다. 장항습지는 2,600만 명이 거주하는 수도권의 탄소 저장고이자 생태적 보고로 미래 세대를 위해서도 반드시 지켜야 하는 우리 세대의 과제"인 것처럼 고 김대중 대통령도 동강댐 백지화로 생태적 가치를 지킨 것이다.

장항습지는 우리나라 4대강 하구 중 유일한 자연 하구로 기수역이어서 민물과 바닷물의 조화에서 기수와 담수,

▲ 2021년 5월 람사르 습지 국내에서 24번째로 등록된 한강하구의 장항습지 ⓒ 고양시청

염수가 어우러지는 생태계가 형성된 천혜의 자연습지라 할 수 있다.

기수역의 특성에 맞게 장항습지는 조수 간만의 차에 의해 형성된 갯골이 발달하여 있을 뿐만 아니라 펄콩게, 말똥게, 붉은발말똥게, 꽃게 등의 배설물이 버드나무에는 훌륭한 거름이 되고, 말똥게들의 자유로운 활동은 갯벌의 생태계 유지와 수질 개선의 역할도 돈독히 하고 있다. 특히 한강 물이 흐르는 하구에는 한반도에서 보기 드물게 버드나무 숲이 조성되어 있어 식물학적으로도 중요한 지역이다.

이렇게 생태적으로나 기후위기 대응에 있어 우수한 장항습지도 그간 람사르 등록이 녹록지만은 않았던 것으로 보인다. 등록 추진 초기 고양시 일부 지역 주민들은 한강하구에 대한 접근성과 생활체육과 여가용 시설의 필요성을 제기하며 축구장 등 친수구역으로의 개발을 요구하기도 했으나 환경단체는 시민들에게 생태적 가치의 중요성을 알리는 습지 인식 증진 운동을 지속적으로 진행했다.

이 시장은 장항습지를 람사르 습지로 등록하기 위해 전담 부서를 조직하여 47회에 걸쳐 직접 회의를 주재하였고, 장항습지를 실질적으로 통제하고 있는 군 관련 시설의 활용 방안과 장항습지 보전관리 방안, 람사르 습지 등록 추진 상황 및 시민들과의 소통 방안 등에 대해 30여 회나 직접 주문했다고 한다.

특히, 지난 2019년 10월에는 '기후환경과 도시재생' 부세 : 도시에 활력·회복력을 더하다'을 주제로 제1회 고양 도시포럼을 개최, 람사르협약

사무국 관계자들을 초청하여 장항습지의 가치가 고양시민만의 자산이 아닌 범지구적 차원의 자산임을 국내외에 알리는 등 장항습지의 보전과 람사르 습지 등록을 위해 지속적으로 노력하였다.

이재준 시장은 "한강하구 습지   는 장항습지   , 산남습지   , 성동습지   , 시암리습지   , 유도습지   등 민물과 바닷물이 만나는 기수역이어서 생물 다양성이 높을 뿐만 아니라 자연경관 또한 우수한 지역으로 북녘 수역과 신곡 수중보 지역을 제외한 길이 43.5km에 6만668㎢의 '한강하구 습지보호지역' 전체가 람사르 습지로 등록되길 원했으나 지방자치단체별 정책의 시급성에 간극이 있어 고양시 구간인 신평동, 장항동, 법곶동 등 길이 약 7.65km인 5,956㎢만 등록하게 되어 안타깝다"라며 "장항습지의 건강성과 완전성을 위해서는 한강하구 습지 전체가 람사르 습지로 등록되어야 하며 이를 위한 지자체 간 공동의 노력"을 약속하였다.

▲ 장항습지에서 말뚱게 실태를 파악하는 이재준 고양시장과 박평수 한강하구 장항습지 보전협의회 대표(2021.05.23.) ⓒ고양시청

장항습지는 철새들이 대륙 간 이동 시 머무는 서식지로 지난 2019년 '동아시아-대양주 철새 이동경로 협력체계

Partnership'에도 참여하고 있는데 전 세계 2,000마리밖에 없는 저어새와 환경부 지정 멸종위기 1급인 참수리, 흰꼬리수리, 황새, 노랑부리백로 등 5종이 서식하며, 멸종위기 2급으로는 재두루미와 개리, 삵, 수달, 큰기러기와 큰덤불해오라기 등 27종을 포함하여 총 178종 3만여 마리가 대륙을 오고가면서 머무는 공간이기도 하다. 이외에도 멸종위기 2급인 삵과 금개구리 등을 포함해 1,066종 이상의 생명체가 서식하는 생태계의 보고라고 밝혔다.

제1자유로부터 장항습지를 보호하기 위하여 도로변에 나무 식재를 통해 이격 거리를 만들며 보호했다. 2020년부터는 키가 큰 나무 교목인 스트로브잣나무와 구상나무를, 키 작은 관목으로는 사철나무를 식재하는 기초공사를 했다. 하지만 장항습지의 관리권은 중앙정부인 환경부 한강유역환경청가 가지고 있어, 고양시와 손발이 맞지 않을 때 지방자치단체의 노력에 비해 효과가 더디게 나타날 수도 있다.

제1자유로의 자동차 운행 속도도 문제다. 장항습지의 생태계를 보전하기 위해서는 도로와 자동차로부터의 소음과 진동, 미세먼지 등으로부터 안전성을 확보해야 하는데 도로관리권이 없어 기초 지방자치단체에서 통제가 어렵다.

이재준 시장은 "보전을 위해서는 관리가 절대적으로 중요하기에 일산동구 장항동에 장항습지센터를 건립하기 위하여 2020년에 예산을 편성하였으며, 몇 년 전부터 겨울 철새의 먹이 활동을 돕기 위하여 추진해온 장항습지 내에 매년 41,181kg의 겨울 철새 먹이를 확보해 놓고 있으며, 장항습지 내 논 68만8,395㎡에는 수확 후 남은 볏짚을, 5만 9,970㎡에는 벼를 수확하지 않은 상태로 존치하는 등 총 74만8,365㎡의 공간을 조성"하고 있다고 밝혔다.

장항습지의 철새 먹이 주기사업은 환경부와 함께 '생태계 서비스 지불제 계약' 사업의 일환으로, 멸종위기 야생동물 보호와 생물 다양성의 증진을 목표로 고양시가 장항습지 내 멸종위기 철새를 보호하기 위해 추진하는 사업이다.

장항습지만 람사르 습지구역으로 지정됨을 안타까워했던 이재준 시장은 "한강하구에 조성 예정인 '비무장지대 평화의 길' 도 한강하구 습지 23㎞ 중 장항습지 구간에는 군 순찰로로 사용되던 8㎞ 외에 인근 지자체인 강화군, 김포시, 파주시 등과 협력하고 한강하구 민관 합동 보전관리위원회 등과도 긴밀하게 협의하며 장항습지와 연계해 도보 여행길을 통해 건강과 교육 체험 프로그램 개발을 검토 중" 이라고 밝혔다.

한반도의 비무장지대는 한반도 서쪽인 인천광역시 강화군에서부터 한반도 동쪽인 강원도 고성군까지 총 456㎞까지 구간을 말하는데 이 중 한강하구 습지 23㎞가 포함되어 대덕 생태공원에서 장항습지가 위치한 일산대교까지 18.2km 구간을 생태와 역사를 만나는 구간으로 지정하여 시민들과 환경, 그리고 해방 후 분단과 전쟁의 아픔을 만나 미래의 통일을 꿈꾸는 공간으로 활용할 예정이다.

고양시는 장항습지와 같이 기존 탄소흡수원을 보전하는 것 외에 새로운 탄소흡수원을 늘리면서 심미적·생태적 기능을 강화하기 위하여 2019년 3월, 전국 최초로 사람과 나무가 공존하는 나무권리선언 7개 조항을 발표했다. '나무는 하나의 생명으로서 존엄성을 갖고 오랫동안 살아온 곳에 머무를 주거권을 가지며 고유의 특성과 성장방식을 존중해야 한다' 라는 내용을 바탕으로 가로수의 무분별한 가지치기 제한, 30년 이상 된 나무의 벌목 원칙적 금지, 가로수 2열 식재 의무화 등 사람과 나무가 공존할 수 있도록 공공수목 관리에 대한 기본이념을 정립했다.

나무권리선언의 틀은 관련 조례에 담아 가로수 2열로 식재한 가로숲, 아파트 사이길 등에 조성한 쌈지공원 등을 통해 미세먼지 저감 숲길을 조성했다. 또 고양시민의 희망을 담아 '105만 그루 희망 심기' 사업과 고양시를 관통하는 6개 하천 54km에 '푸른 숲길 100리' 조성사업을 펼쳐 숲길과 물길을 하나의 생태 축으로 결합하는 동시에 하천에서 만들어진 맑은 바람은 도심으로, 미세먼지는 배출되는 '공기 순환 장치' 역할을 만들고 있다.

고양시는 중요한 생태자원이자 훌륭한 탄소흡수원인 장항습지와 숲 조성 외에도 온실가스 배출량을 줄여 지역의 환경과 시민이 처한 기후위기에 대응에도 행정 역량을 집중하고 있다.

이재준 시장의 생태적 가치는 '사람과 환경의 공생'이라는 철학을 가지고 있었다. 사람과 환경이 공존하고, 유기체처럼 끝없이 순환함으로써 성장·진화하며, 경제효율을 넘어 생태효율을 추구하는 방향으로 가는 것은 시대적 가치이자 과제라고 밝혔다.

이 시장은 2018년 출마 시 '파리협정을 준수하는 최초의 도시가 되겠다' 공약했고, 당선되자 온실가스 배출원을 분야별로 파악하고, 이를 바탕으로 2030년에 배출할 온실가스 배출량 감축 목표를 설정하였다.

6개 부문별 92개 온실가스 감축 사업계확인 '파리협정을 준수하는 환경정책'을 마련한 것이다. 또한 시청 외부의 작은 조직인 '사업소'로 동떨어져 있던 환경 조직을 '기후환경국'이라는 핵심 조직으로 격상하고 그 안에 기후대응, 신재생에너지, 미세먼지, 환경교육 등 분야별로 부서와 팀을 세분화하여 전문가를 배치했다. 마지막으로 고양시는 기후변화 대응계획이 지속적이며 견실하게 이행될 수 있도록 지난 2020년에 '고양시 기후변화대응 조례'를 제정하여 온실가스 감축을 위한 일련의 정책적 기반을 다졌다.

굴뚝 산업이 없는 고양시의 온실가스 배출원은 수송과 건물이다. 주거지와 상업지의 비율이 높은 고양시는 시민이 주도적으로 온실가스를 줄여야 한다는 것이다. 그래서 고양시는 2020년 9월 '고양시 탄소 중립 시민실천연대'를 구성하여 현재 약 250개 단체, 1만2,000여 명이 참여하에 관의 행정력과 민의 실행력을 결합하면서 시민 각자가 자기 분야에서 자발적인 탄소 감축 활동을 벌이고 있다.

고양시가 탄소 중립사회로 전환하기 위한 세부 실행계획을 보면, 첫 단계가 화석연료에 최적화된 건물과 교통, 기반시설 등 발딛는 공간 모두를 저탄소 구조인 '탄소 감량형 구조'로 만드는 것이다.

▲ 제26차 유엔기후변화협약 당사국총회 도시 분야 회의에서 기조연설 중인 이재준 고양시장(2021.11.3.) ⓒ고양시청

저탄소형 도시는 환경에 대한 '회복 탄력성'을 갖추고 있다. 상처가 나면 자연스레 새 살이 올라 아물듯이, 스스로 빠르게 회복할 수 있는 도시를 위해 '녹색 건축 설계기준'을 만들어 설계와 건설, 유지관리, 그리고 폐기까지 건축물의 전 생애에 걸쳐 오염물질의 배출도를 일정 수준 이하로 낮추도록 하였고 한국토지주택공사, 경기주택도시공사 등과 협력하여 저탄소 도시환경을 구축하기 위해 노력하였다. 그 첫 성과가 2020년에 조성한 향동 행복주택지구로 498 전 세대

에 태양광발전을 설치한 '탄소 저감 청정단지' 로 전기세를 30~67%까지 절감함으로써 에너지복지까지 실현했다.

두 번째로 교통의 탄소 감량 정책으로 과다한 탄소를 배출하는 내연기관의 사용을 줄이고 저공해자동차 보급을 위해 예산을 4배 이상 증액한 후 고양시의 모든 공무차량과 마을버스의 75%를 전기차로 교체 추진 중이다. 또한 도로 중심의 교통체계였던 고양시는 경의선, 일산선 2개에 불과하던 철도교통망을 11개로 확충하는 계획을 제4차 국가철도망 구축계획안에 반영하는 큰 성과를 만들었다.

세 번째는 화석연료를 탈피한 대체에너지 사업으로 2030년까지 에너지의 20%를 소규모 분산형 재생에너지와 청정에너지로 전환하고 있다. 신재생에너지 설비용량은 2018년보다 5배 이상 확대했고, 에너지 자립률은 7%에서 12%로 올렸다. 공공부지와 유휴지는 시민 햇빛발전 사회적 협동조합과 소규모 분산형 태양열 발전의 거점을 만들고 있다.

네 번째는 친환경적인 음식물 쓰레기 처리시설인 생물자원에너지Biomass 시설을 운영해 연간 4,000톤의 온실가스를 감축하고, 여기서 생산한 바이오가스를 지역난방공사에 판매해 연간 약 4억 이상의 예산을 절감하는 등 온실가스 감축 사업을 통해 자원순환체계를 구축했다.

만물의 영장인 사람도 자연과 공존할 때 존재하기에, 미래를 살아갈 후손들을 위해 생태적 가치를 보존하고 자연환경을 되살려 물려주는 일은 선택이 아닌 의무다. '보전과 치유, 그리고 발전' 이라는 전략으로 시민들과 함께 하는 이재준 시장은 대통령 직속 '탄소 중립위원회' 위원과 '기후위기 대응 에너지전환 지방 정부협의회' 에서 회장을 맡아 기상 이변에 따른 기후 대책과 에너지 문제 해결을 위해 발로 뛰며 수도권 시민의 생태적 건강성을 담당하는 한강하구의 장항습지를 람사르 습지로 등록하여 습지의 건강성을 지키고, 탄소흡수원으로의 기능 강화를 통해 현세대와 미래세대가 처할 기후위기에 적극적으로 대응하고 있다.

기후위기는 중앙정부 만의 몫이 아니라 전국의 기초 지방자치단체들이 함께 할 때 극복할 수 있는 과제로 장항습지 보전을 통해 기후위기를 극복하기 위한 고양시의 노력이 지방자치 시대의 희망으로 자리매김하길 기대한다.

환경 활동가를 공무원으로
채용한 창원시

2019년 8월과 9월 아이슬란드 오크예퀴들 빙하와 스위스 글라루스의 알프스산맥 피졸 빙하의 죽음을 기리는 장례식이 열리며 지구 온난화에 대한 경종을 울렸다. 두 빙하는 완전히 사라지고 빙하가 있던 자리에는 작은 물웅덩이만 남았으며, 오크예퀴들 빙하가 있던 바위에 설치된 동판에는 "2019년 8월 이산화탄소 농도는 415ppm"이라고 적혀 있다.

1차 산업혁명 이후 지구온난화로 완전히 사라진 것으로 추정되는 빙하는 500여 개이며 이 중 50여 개는 자기 이름이 있었던 빙하들이다.

기후변화에 관한 정부 간 협의체(IPCC, Intergovernmental Panel on Climate Change)가 2021년 발표한 6차 실무 보고서에 의하면 현재 상태로 온실가스가 방출될 경우 앞으로 30년이 지나기 전에 북극 바다의 빙하가 사라질 것이라고 경고했으며, 아이슬란드 솔헤이마요쿨 빙하는 1931년 이후 85년간 1㎞ 이상 뒤로 밀려났고 지난 20년 사이 연평균 기온이 1.1도 상승했다.

18세기 1차 산업혁명 이전 280ppm이던 이산화탄소가 2020년에는 420.4ppm으로 증가했고, 대기권 온도가 현재처럼 증가할 경우 1.5도 증가하는데 앞으로 15년이면 도달하여 지구에는 엄청난 재앙이 일어난다고 예측하고 있다.

1972년 6월 5일 스웨덴 스톡홀름에서는 각국의 정상들이 모여 지속 가능한 발전 세계정상회의WSSD, World Summit on Sustainable Development를 통해 '하나뿐인 지구Only, one earth'를 살리기 위한 각국의 노력을 요청하면서 천연자원이나 야생동물의 보호, 유해물질이나 열의 배출 규제, 해양오염의 방지, 개발도상국의 개발 촉진과 원조, 인구정책, 환경 문제에 관한 교육, 환경보전의 국제협력 필요성 등을 역설하였다.

1992년 브라질의 리우데자네이루에서는 '지구를 건강하게, 미래를 풍요롭게'라는 주제로 '기후변화와 생물 다양성, 사막화 방지'를 위한 지구 환경 실천 강령Agenda 21을 채택하였다.

2012년에는 리우+20은 5P인간-People, 지구-Planet, 번영-Prosperity, 평화-Peace, 동반자-Partnership를 주제로 하여 '우리가 원하는 미래를 위해 행동에 나서야 한다'라며 지속 가능한 발전 목표를 채택하였다.

지난 50여 년 동안 세계 각국 지도자들은 지구환경회의에서 논의되는 '지구 환경의 회복과 보존' 이라는 과제에 대해서 공감하였으나 세부적 실천 의제를 놓고서는 국가별로 이해관계에 따라 이견이 있을 수밖에 없었다.

그동안 환경을 파괴하며 경제적으로 성장하고 높은 기술력을 가진 나라들과, 환경을 덜 파괴하고 경제력이 높지 않거나 기술력도 뛰어나지 않은 나라들, 그리고 기후위기로 당장 위험에 노출된 나라들과 기술력이 상대적으로 낮은 나라들의 간극은 엄청난 것이었다.

국가별 이해관계로 논쟁을 하는 사이, 1950년대 60억 톤이었던 온실가스가 2019년에는 364억 톤으로 증가하였고 지구 곳곳에서 기상이변으로 지구 시민들이 고통을 당하고 생태계는 계속 파괴되는 악순환의 고리가 되었다.

2021년 영국 글래스고에서 개최된 제26차 국제연합 기후변화협약 당사국총회COP26에서 '글래스고 기후합의' 를 채택하였으며, 지구적인 기후변화 대응을 위해 온실가스 감축과 탈 탄소 투자에 관한 선언을 발표하였다.

문재인 대통령도 글래스고 회의에 참석하여 "2030까지 국가 온실가스 감축 목표를 2018년 대비 40%로 상향하겠다" 라고 했다. 또한, 국제 메탄 서약에도 가입했는데 국제 메탄 서약은 2030년까지 전 세계에서 배출되는 메탄의 양을 2020년 대비 최소 30% 감축한다는 내용을 담고 있다.

2018년 기준 우리나라 온실가스 총배출량은 7억276만 톤, 순 배출량은 6억863만 톤으로서 4,100만 톤을 제거하거나 흡수하는 상황으로 2030년까지 40%를 감축하려면 연간 4.17%를 감축해야 한다. 산업계는 영국과 미국의 연간 감축은 2.8%, 유럽연합은 1.98%라며 우리나라의 목표치가 너무 높다는 것이고, 환경단체는 유럽과 영국 등은 그동안 배출량을 줄여왔는데 우리는 역행하며 증가하여 발생한 것이라며 반발하고 있다.

환경운동연합 안재훈 에너지 기후 국장은 "독일은 1990년 대비 65%까지 줄이고 있고, 일본도 2013년 대비 50%를 줄이겠다고 선언하여 추진하고 있는데 우리나라가 2030년까지 온실가스 40% 감축한다는 것은 기후 당사국총회에 보여주기식 목표치이며, 정부의 이런 목표로는 기후 재앙을 막을 수 없다"라며 강하게 반발하고 있다.

우리나라는 향후 30년간 탄소 중립 사회로 전환하기 위해 경제, 산업, 사회 등 모든 영역에서 변화하지 않으면 안 되는 상황까지 도달했다. 2020년 기준으로 우리나라 에너지 발전에 35.5%를 차지하는 석탄 발전이 2050년에는 사라져야 한다. 이런 상황에 창원시는 전국 최초로 기후환경정책관 제도를 도입, 공모를 통해 임용하여 기후위기에 대한 여러 가지 대응책을 추진하고 있어 이목이 집중되고 있다.

2050년 탄소 중립의 목표를 달성하고, 2030년까지 기후환경 모범도시로 만들기 위해 국내외 협력을 담당할 기후환경정책관을 임용한 것이다. 2020년 10월에 임용된 이종훈 기후환경정책관은 이력이 특별했다. 마산, 진주, 대구 등의 기독교청년회에서 YMCA, Young Men's Christian Association 환경 활동가로 활약하였고, 녹색경남21 추진협의회 사무처장과 전국지속가능발전협의회 사무총장을 역임한 지속 가능한 발전과 환경 분야의 활동가 출신이다.

허성무 창원시장은 "기후위기에 대한 대응은 행정의 힘만으로는 한계가 있다. 시민들과 함께하는 실천 운동으로 이루어질 때만이 가능하다. 탄소 중립과 기후위기 대응 등 복합적으로 발생하고 있는 기후환경문제에 적극적으로 대응하기 위해서는 이론과 실천력을 갖춘 환경운동가 임용이 필요하다. 이를 통해 민·관·산·학이 함께 실천하는 운동으로 확산하여야 기후위기를 극복하고, 환경과 경제의 두 마리 토끼를 잡는 지속 가능한 도시로 전환할 수 있다"라며 기후위기를 극복하기 위한 기초 지방자치단체장의 의지를 표명했다.

창원시는 창원국가산업단지, 마산자유무역지역을 중심으로 기계공업과 제조업의 중심도시로 불리며, 지난 40여 년간 대한민국의 초고속 경제성장을 견인했던 도시지만, 화석에너지 중심의 산업화는 지구온난화의 주범인 이산화탄소를 많이 배출했고, 마산만이 '죽음의 바다'로 변해감에 따라 그 어느 도시보다도 탄소 중립 실천과 기후위기 대응이 절실했다.

해답을 찾기 위해, 창원시는 2020년 환경의 날에 맞춰 탄소 중립에 대한 선제적 추진전략으로 '2030 지능형smart 기후환경 도시'를 선언하면서 7개 전략 20개 세부 추진과제를 발표하였다.

① 안심하고 숨 쉴 수 있는 맑은 공기 질 확보, ② 안전하고 깨끗한 물순환 도시, ③ 생태환경 조성, ④ 온실가스 감축과 기후위기 선제 대응, ⑤ 청결하고 쾌적한 자원순환형 도시조성, ⑥ 첨단 환경감시체계 구축, ⑦ 지속 가능한 도시 조성 시민 역량 강화 등이다.

2021년 2월에는 창원시의회도 연구단체인 '기후위기와 녹색 전환 정책 연구회(대표 의원 전홍표)'를 만들어 힘을 거들었다.

전홍표 대표 의원은 "2년째 전 세계를 공포로 만든 전염병COVID-19과 기상 이변 등이 모두 기후위기의 증상으로 의회 차원에서도 기후위기의 심각성에 대한 사회 전반의 인식을 제고하고 생활에 실천할 수 있는 연구를 하고 있다. 우리 의회는 시민의 건강과 삶의 질 향상을 위해 집행부와 쌍두마차로 함께 노력 중"이라며 견제와 협력에 기반한 의정 활동의 뜻을 밝혔다.

이종훈 기후환경정책관은 온실가스를 줄이기 위해 여러 가지 정책 방향을 제시하였다. 그 첫 번째로 '행정이 먼저 실천할 때 시민이 호응한다는 원칙을 제시하며 나의 작은 실천이 기후위기를 바꾸는 행동'임을 명확히 하였다.

창원시는 세계 온실가스 18%가 축산과정에서 발생하는 것을 줄이기 위해 2013년부터 시 산하 10개 구내식당에서 매월 1회 채식을 2일로 확대·운영하고 관내 공공기관 40개소와 기업체 300개소에도 자발적인 동참을 하도록 안내하였으며, 특히 경남도청, 김해시, 거제시 등 인근 지자체의 동참을 이끌어낸 마중물 역할도 하였다.

2020년에는 '사무실 기후 행동 5가지 불필요한 전자우편 비우기, 종이수건 1장이면 충분, 점심시간 소등, 양면인쇄, 나 홀로 차량 안 타기'를 발굴하여 공직자부터 실천 및 업무에 반영하도록 하였다. 나아가 '종이수건 1장이면 충분합니다' 홍보를 중지하고, 2022년부터 시, 구청, 읍면동, 사업소 등 모든 청사 화장실 종이수건을 없애고 손수건 사용을 실천 중이다. 실제 창원시청 건물에서만 1년간 사용하는 종이수건은 480만 장으로 연간 8톤의 탄소를 감축할 수 있고 이는 30년산 소나무 1,236그루가 흡수하는 탄소량이다.

2021년 7월에는 불필요한 전자우편 비우기를 실천하여 전 직원의 83%인 168개 부서 3,020명의 참여로 288만MB 용량을 비우는 큰 성과를 냈다. 이는 탄소 40톤 감축, 전력 86,593kWh 절감, 소나무 6,114그루를 식재한 효과이다. 실제 불필요한 전자우편 비우기 행동은 국가 2050 탄소 중립 선언 1주년을 맞아 환경부가 주관한 전 국민 실천 홍보 항목으로 창원시는 한 걸음 더 앞서 고민하고 실천하는 행정을 펼쳤다.

기후위기 대응을 위한 창원시의 특색있는 사업 중 하나가 마산만을 탄소 저장고로 바다를 끼고 있는 해양도시로서 '수영하는 海맑은 마산만 부활 계획'이다. 해양생태계가 탄소를 저장 할 수 있는 시설을 '해양 탄소 저장고Blue Carbon' 라고 하는데 건강한 바다는 탄소 흡수 능력을 획기적으로 증대시킬 수 있다. 갈수록 심각해지는 기후위기에 대응하기 위해 지구에서 가장 큰 탄소 저장고인 바다를 살려야 한다는 것이다.

마산만은 1970년 마산수출자유지역과 1974에 창원기계공단이 각각 들어서고 공업 도시로 급성장하면서 주요 하천을 통해 생활하수 · 산업 쓰레기 · 공장폐수가 마산만으로 흘러들었고, 수질이 점점 악화하면서 1975년에는 가포해수욕장에서 수영이 금지됐으며, 1979년에는 어패류 채취도 금지되었다. 1981년에는 대규모 적조가 발생하여 '죽음의 바다'로 불리게 되었다.

이에 허성무 창원시장은 기존의 마산만 살리기 운동을 행정의 참여를 통해 더욱 가속화시켜야 한다는 것을 인식하고, 2023년까지 마산만 수질 COD 1.7㎎/l 달성을 목표로 추진 중인 '수영하는 海맑은 마산만 부활 계획'에 5,746억 원을 투입했다.

육상오염원 해양 유입 저감, 해양생태계 자정 능력 배양, 해양환경 과학적 관리체계 구축 등의 3대 전략과 10개 중점 과제, 56개의 세부 사업으로 진행되고 있으며 봉암갯벌 습지보호 구역의 확보도 진행하고 있다. 한편, 마산만을 2023년까지 수영 가능한 바다로 만들기 위해 시장으로서 결의를 보이고자 2020년 6월 허성무 창원시장이 마산만에 직접 뛰어들어 수영하여 시민들의 관심과 참여를 독려하고 있다.

창원시는 우리나라 대표적인 산업도시로 온실가스 배출량은 2017년 기준 984만 톤을 배출했다.

산업 48.1%, 도로 및 수송 19.6%, 상업 13.4%, 가정 11.7%에서 배출되고 있어 도시의 지속 가능한 경쟁력

▲ 마산만 살리기 운동을 위해 바다에 뛰어든 허성무 창원시장(2020, 6, 마산만) ⓒ창원시청

확보와 사람과 자연이 공존하는 도시조성을 위해 '창원시 2050 탄소 중립 기본계획'을 수립했다. 2021년 3월에 '2050 탄소 중립 창원 실현을 위한 기후위기대응위원회'를 출범시켰고 ①국가 그린 수소 전략 및 시기별 창원시 전략, ②창원시 내연기관 차량 신차 등록금지 적정 시기 및 친환경 자동차 부품산업 선도적 육성 방안, ③재생에너지 보급방안, ④건물 분야 및 기후환경 분야 탄소 중립 실현 방안 등을 수립하고 있다.

마을별 실천 위원회도 출범 하였다. 그간의 마을 만들기는 '살기 좋은'이 목표였지만 현재의 마을 만들기 목표는 '탄소 중립을 통해 삶의 질'을 높이는 마을로 전환하기 위함이다. '환경수도 탄소 중립마을 만들기' 조례를 개정하여 55개 읍·면·동으로 추진하기 위해 추진위원회를 모집 하는 공모를 하였다.

탄소 중립마을 만들기 공모사업은 '2030 지능형 기후환경 도시'의 7대 전략 사업과 연계하여 안심하고 숨 쉴 수 있는 맑은 공기의 중요성을 인식하고 친환경 교통 실천으로 미세먼지 없는 깨끗한 마을 조성과, 시민 모두가 물을 소비하는 주체라는 것을 알고 물의 선순환과 깨끗한 물관리로 맑은 하천과 깨끗한 바다를 가꾸어가는 주민 주도형 실천사업으로 추진된다. 또한, 도심 생태계 보전과 생물 다양성이 살아있는 마을 만들기를 실천하고, 자원의 분리배출과 재순환 실천에 노력하며 탄소 흡수량을 높이기 위한 활동 8개 분야로 나누어 실천사업과 시범사업으로 진행된다.

사업비 2,000만 원 이내의 선도사업 10개와 200만 원 이내의 실천사업 45개로 나누어 추진될 예정이다. 8대 분야 33개 세부사업 중 사업의 타당성, 공익성, 효과성, 주민 참여도가 높은 사업을 우선으로 선정하여 진행한다.

성산구 탄소 중립마을 만들기 추진위원장을 하는 정지예 씨는 "원도심이라 고령의 어르신들이 많은 데다 러시아, 카자흐스탄 등 다문화 이주 가정도 20% 이상을 차지하다 보니 기후위기에 따른 탄소 줄이기 운동에 대한 이해 증진과 함께 '나로부터 참여하는 실천 운동'을 하고 있다. 특히 초등학교 학생들을 통해 탄소 배출 감축을 위한 우리의 참여 의미와 각 가정에서 가족이 모두 참여할 수 있는 실천 운동을 공유하고, 매달 정량과 정성적 목표를 정해서 성과를 도출하고자 노력" 중이라고 밝히면서 향후 "각 가정에서 많이 사용하는 이 · 미용품과 섬유유연제 같은 세탁용품 등은 합성수지와 종이 등의 포장 용기 없이 내용물만 판매하는 충전 매장을 통해 탄소 없는 마을 만들기 운동으로의 전환"으로 착한 소비가 가능하도록 하는 마을 만들기를 구상하고 있다.

▲ 창원시 2030 환경 비전 선포식(2020.06.05. 창원시청) ⓒ 창원시청

창원시는 정책적으로 에너지 전환 사회를 위해 수소와 태양광에도 역량을 모았다. 창원시의 수소산업 정책은 기초 지방자치단체 중 최대 규모로 그동안 민간 승용차 998대, 공용 승용차 83대, 버스 28대, 국내 최초 쓰레기 수거용 5톤 트럭을 비롯해 총 1,000여 대를 보급했다. 또한 국내 최초의 수소 시내버스 정식 노선운행 및 수소충전소 6

개소 구축을 비롯하여 정부의 수소 관련 공모사업에 다수가 선정되어 수소 분야 전문기관 유치 등 수소산업 정책에 여러 실험을 추진하고 있다.

또한, 정부의 에너지 전환 정책에 맞물려 원전 0.5기의 전기전력을 수소연료전지로 전환하는 전기발전 사업과, 동시에 두산중공업과 2022년까지 국내 최초 수소액화플랜트 구축으로 기체수소를 -253℃로 냉각한 액화 수소 생산을 통해 수소의 이동 비용과 충전소 구축비 절감 및 친환경 차 보급 확산을 통해 탄소 중립Net Zero Carbon Emission 과 수소 사회로의 진입을 가속화할 예정이다.

공공건물과 산업 부분에도 에너지 전환을 위해 2030년까지 재생에너지 100Renewable Energy 100%, 추진한다는 목표로 시민 이익 나눔형 태양광 발전소를 설치하고 있고, 산업 부분에서도 창원형 공장지붕 태양광 보급 지원사업을 추진하면서 기업들이 친환경·사회적 책임 경영·지배구조 개선ESG, Environment, Social, Governance에 참여할 수 있도록 유도하고 있다.

대중교통 체계의 혁신도 추진하고 있는데 온실가스와 미세먼지의 주범인 승용차 중심의 교통체계를 획기적으로 개선하고자 창원형 간선급행버스체계BRT, Bus Rapid Transit 18km를 2022년에 착공할 예정이다.

창원시는 도시가 형성되면서부터 자전거 도시로 태어났으며, 2008년부터는 누비자'누비다'와 '자전거'의 합성어로, 창원시 곳곳을 자유로이 다니라는 공공 자전거의 도입과 시민 자전거 보험에 가입하였고, 284개의 자전거 환승장 과 25개 노선에 103㎞의 자전거 전용도로로 두 발로 가는 도시로 구축하였다.

그동안 자전거와 관련하여 자전거 거점도시를 비롯해 정부와 아시아개발은행 등에서 각종 상을 받으며 전국에 모범 사례로 소개되기도 했으며, 국내 유일의 생태교통연맹 가입한 도시다.

창원시는 기후환경정책관을 임용하여 기후환경정책을 추진, 기후위기에 선제적으로 대응하기 위한 조직 구성에도 박차를 가하고 있다. 김해시, 광명시, 성남시, 김포시 등도 기후위기와 관련하여 대응부서를 만들어 선제적으로 추진하고 있다. 특히 고양시는 기후환경국을 만들어 기후대기과와 기후변화대응팀, 신재생에너지 팀 등을 운영하고 있기도 하다.

기초 지방자치단체로서 기후환경 분야에 민간 활동가의 채용은 쉽지 않은 결정이다. 기존 공무원들과 소통의 어려움도 있지만 가시적 성과가 없을 경우 지역 언론과 사회단체로부터 뭇매를 맞을 수 있고, 정치적 위기로 연결되기에 부담이 크다. 그런데도 창원시는 환경운동가이자 활동가를 기후환경정책관으로 임용하여 기후위기 시대를 선제적으로 대응하고 있다. 의미 있는 도전에 박수를 보내며 다른 지방자치단체에도 확산되기를 기대해 본다.

04

나무를 심고 숲을
가꾸는 춘천시

우리나라는 오래전부터 '삼천리가 금수강산' 이라고 불릴 정
도로 경치가 매우 아름다운 곳으로, 백두산을 중심으로 하여 지리산
까지 연결되는 백두대간이 대간과 정간, 그리고 13개 정맥으로 이루
어져 한반도의 척추로서 비단을 수놓은 것처럼 아름다움을 자랑했다.

또한 백두대간의 정맥에 따라 산과 수계가 형성되어 전체 국토의
63%가 산림으로 되어 있어, 국토 면적 대비 산림이 많은 나라인 핀란
드73%와 일본68.5%, 스웨덴68.4%에 이어 세계 4위다.

우리나라의 산림은 일본 제국주의의 수탈과 미국과 소련의 냉전체
제로 인한 한국전쟁에서 대부분 벌목되거나 방화되어 생태환경이
파괴되었다.

그 후 1960년대부터 나무 심기 사업을 꾸준히 추진한 결과 산림은
628만ha로 늘어났고, 30년 이상의 산림이 41%, 40년 이상 산림이

35%, 50년 이상의 산림도 6%로 산림의 나이가 증가하는 추세다.

　대부분의 국가는 자국의 아름답고 생태적 가치가 높은 자연 지역을 국립공원으로 지정하여 국가가 체계적으로 관리하고 있는데 1964년부터 지리산을 국립공원으로 지정하자는 운동이 일어나 1967년 공원법을 제정한 후 지리산을 국립공원으로 지정하였다. 1980년 자연공원법이 제정되어 22개 지역이 국립공원으로 지정되어 있고, 1987년에 국립공원관리공단이 창설되어 관리하고 있다.

　2016년 조사에 의하면 우리나라 17개 산악형 국립공원 중 전통사찰이 편입된 국립공원이 16개　로 사찰 보전지　가 7%　이고, 나머지 25.5%　가 개인과 문중 등의 사유지로 관리되고 있어 쟁점이 되고 있다.

　산림의 체계적 관리와 보호를 위해 참여정부는 2006년부터 2020년까지 사유지 31.5㎢를 매입하였고, 2020년에는 138억 원, 2021년에는 550억 원을 편성하여 매입했다.

　국립공원 외에도 도립공원, 군립공원, 지질공원 등 자연공원법에 따라 기관들이 관리하는데 자원공원법의 울타리에 들어가지 않은 산림의 경우는 사유지가 많고 체계적인 관리가 안 되고 있는 현실이다.

　참여정부는 이러한 한계를 넘어서고자 제4차 산림 기본계획을 2003년도에 '사람과 숲이 어우러진 풍요로운 녹색 국가 실현'으로 목표를 수정하였고 '백두대간 보호에 관한 법률'을 제정하여 한반도의 산림생태계에 대한 보전 관리체계를 구축하는 계획을 수립하고 '심는 정책' 에서 '가꾸는 정책' 으로 산림의 가치를 증진하는 방향으로 전환하였다.

2005년에는 '산림자원의 조성 및 관리에 관한 법률' 을 제정하여 산림 자원의 지속가능한 보전과 이용을 통해 국민의 삶의 질 향상에 기여하는 법적 토대를 마련하면서 산림의 공익기능 증진과 산촌 개발사업도 추진할 수 있도록 토대를 마련하였다. 하지만 정부의 개발 욕구는 산림을 증대시키지 못하였고, 1990년에 648만ha이던 산림이 2020년 629만ha로 지속적으로 감소하였다.

정부는 산림을 보전해야 하는 산지를 개발이 어려운 공익용 산지 26%와 산림을 통해 경제활동과 연계한 임업용 산지 53%로 나누어 관리하고 있다. 산림을 기능별로 보면 수원함양림 14%과 산지재해방지림 8%, 자연환경보전림 22%, 목재생산림 47%, 산림휴양림 9%, 생활환경보전림 5%로 나누어 관리하고 있지만 사유림에 대해서는 산림의 질을 높일 수 있도록 하는 동기 부여책이 부족하였다. 그래서 나온 정책이 산림경영단지 제도다.

호반의 도시에서 지속가능한 도시로

춘천시는 철원군과 화천군에서 흐르는 북한강이 춘천의 북서쪽을 통해 남한강과 합류하고, 인제군에서 발원한 소양강이 춘천의 북동쪽을 지나 북한강과 의암호에서 합류한다. 그래서 춘천은 북한강의 춘천댐과 의암댐, 그리고 소양강 다목적댐 등 3개의 댐이 있으며 춘천 전체 면적의 7%가 하천으로 호수를 품은 수향의 도시다. 그러나 산림이 전체 면적의 73%를 차지하는 산림 도시이나 사유림이 34,832ha로 42.6%로 체계적인 관리가 미흡한 상황이었다.

이재수 춘천시장은 후보 시절 산림주 및 인근 주민들의 소득 증대 사업을 위하여 '산림자원육성관리'와 '산림가공업' 등 산림자원을 통한 일자리 창출 등 산림자원을 기반으로 한 농·산촌 6차 융복합산업을 약속하였다.

산림을 6차 산업화할 경우 새로운 부가가치와 지역 일자리를 창출함으로써 지역경제 활성화를 촉진하기에 지역주민 주도로 하되 지역에 있는 자원을 활용하여 생산 및 가공, 유통하여 소비하는 구조로 부가가치가 창출되면서 농·산촌의 일자리를 통해 산주와 주민들의 소득으로 연결되고, 기후 위기에 대응하는 이산화탄소 흡수까지 동시에 이룰 수 있는 합목적적 정책으로 전환하는 것이다.

이재수 시장은 "행정구역의 73%가 산림이며, 1읍 9개 면 중 8개 면이 산골마을로, 전국의 타지방자치단체에 비해 풍부한 산림 자원을 보유하고 있는데도 체계적인 관리와 소득 증대로 연결이 안 되었다. 산을 활용하여 산림 산업의 가능성을 열어두고, 산림자원을 활용하여 시민이 행복한 도시로의 구현과 함께 세계가 고통스러워하는 전염병 COVID-19으로 시대를 극복하고 미래 세대를 준비하기 위해 춘천에 산이 있음을 널리 알리고 싶다"라며 희망을 밝혔다.

춘천시는 산림청이 추진하는 선도산림경영단지(이하 산림단지)와 함께 목재 산업 단지도 조성하고 있다. 사유지인 산림은 소유 규모의 영세성, 임도 등 기반시설 부족, 장기간 투자해야 하는 산림의 특성상 개별 산주가 산림을 관리하여 수익을 창출하기가 어려워 방치가 많은 한계를 극복하기 위해 '산림자원의 조성 및 관리에 관한 법률'에 기반해 500ha 이상의 규모화 및 집단화된 사유림에 지방자치단체와 산주들의 참여로 산림사업을 하는 것이다.

이 사업은 산림청과 지방자치단체가 10년 동안 투자하는 사업으로 산주들과 지역주민들의 동의와 참여하에 전문적인 경영 주체를 만들어 산림을 관리하게 된다. 이 과정에서 산림단지의 운영이나 사업 실행이 부실할 경우 산림청의 시정 조치와 예산 삭감 등 지원을 중단할 수 있도록 평가 및 관리를 하게 되며, 감리원을 배치하여 감리도 하게 된다.

춘천시 사북면 지역에 조성될 산림단지는 1962년 설립되어 산림 자원 조성과 산림 경영 지도사업을 수행해온 춘천시산림조합이 맡았고 산주와 조합, 주민들로 구성된 운영협의회를 통해 운영하는 방식이다.

사북면 산림단지는 천연림 539ha와 인공림 162ha 등 총 732ha다. 인공림은 침엽수인 잣나무와 낙엽송이 대부분을 차지하고 있고 활엽수로 조림한 자작나무, 사시나무, 옻나무, 헛개나무 등이 분포되어 있는데 침엽수는 한옥건축, 구조재, 내장재 등으로 사용되며, 활엽수는 가구재, 내장재, 공예재, 신탄재 등으로 많이 사용된다. 우리나라는 원목을 포함한 목재 자급률이 15.7%로 나머지는 해외 수입량에 의존하고 있으므로 목재 산업이 지역의 새로운 동력이 될 수 있어 미래 전망이 매우 밝은 것으로 진단하고 있다.

산림단지는 지속 가능한 산림 경영SFM, Sustainable Forest Management에 맞게 산주와 지역주민이 참여하는 상생·소통체계를 구축하는 사회적 측면과, 고부가가치 활엽수 용재 생산 및 투명한 유통체계를 구축하는 경제적 측면, 생명체가 공생하는 건강하고 아름다운 숲 조성의 생태적 측면에 적절한 사업을 수립하였다.

단기적으로는 산주와 지역주민을 참여시켜 지속적인 교육을 통해 개인과 마을의 소득 증대를 추진하게 되는데 산마늘, 도라지, 고비, 표고버섯, 삼지구엽초, 산양삼 등의 임산물 생산과 가공·유통하는 직거래 사업을 추진하고, 장기적으로는 산림관광을 연계하되 활엽수를 통해 임목 수확 후 수종을 변경하여 조림·목재를 생산하는 산업으로 운영 전략을 수립하였다. 이 과정에서 단기 소득과 연계한 사회적 기업과 자원인 목재를 연계한 사회적 기업, 문화와 연계한 사회적 기업들을 육성하는 계획도 확정하였다. 산림의 무분별한 벌목을 방지하기 위하여 '산림을 경제·사회·환경적으로 유지·증진해 미래 후손들이 영위할 수 있도록 물려준다' 라는 지속가능한 산림 경영 개념을 이행하기 위해 한국임업진흥원으로부터 국제적인 산림인증제도PEFC, Programme for the Endorsement of Forest Certification인 산림경영인증Forest Management과 임산물 생산·유통인증Chain of Costudy을 획득하여 소비자로부터 신뢰를 높일 계획이다.

산림단지에서 가장 중요한 것은 풀베기, 덩굴 제거, 솎아내기, 가지치기 등 숲 가꾸기다. 사북면 산림단지는 6개 임반과 126개 소반으로 나누어 관리하며, 나무를 심고 나서 수확하기 전까지 수십 년 동안 산림 자원 정밀조사를 진행한다.

▲ 사북 특화임산물 재배단지를 방문하여 관계자들의 이야기를 경청하는 이재수 시장 (2021.03.04.) ⓒ 춘천시청

2020년, 춘천 목재협동조합을 설립하여 춘천의 목재인 '춘목' 으로 상표 등록하고, 56억 원을 투입하여 목재산업단지를 위한 기본 및 실시설계를 거쳐 도시계획

심의를 승인받아 목재산업종합단지 조성을 시작하였다.

산림 경영에 참여하여 관리를 책임질 최종하 춘천시산림조합 선도산림경영과장은 "산주들이 산을 경영한다는 것에 대해 아직도 낯설어한다. 나무를 심고, 심었으니까 키우고, 다 컸으니까 자르고……일반 사람들의 인식은 여기까지였다. 그런데 선도산림경영단지에서는 나무는 나무대로 키우고, 한쪽에서는 단기 소득 임산물을 재배하면서 소득사업을 하게 되는 것이다.

그 외에 특용수나 산채류 및 산약채류도 재배하게 된다. 산주와 임업인들에게 수익을 창출하는 사례를 만들어 드리고, '산에서도 소득이 날 수 있다'는 인식을 심어드리고, 산주와 지역주민들에게 성공했다는 평가를 받고 싶다"라며 전문가로서 산림단지 사업에 대한 목표를 설정하고 있었다.

최근 현대인들은 전염병COVID 19의 영향으로 환경뿐만 아니라, 건강과 치유에도 관심이 커졌다. 특히, 디지털 환경을 당연시 받아들이는 20~30대 사이에서도 탁 트인 야외에서 혼자서도 할 수 있는 활동에 관심이 늘어나면서, 비교적 쉽게 접할 수 있는 등산이 연결되고 있어 이에 대한 계획도 구상 중이다.

산림을 이용한 치유의 숲

춘천시는 시대 흐름에 걸맞게 '산림을 이용한 치유의 숲'을 조성하고 있다. 도비와 시비 등 총 62억 원을 투입하는 치유의 숲은 동면 감정리에 80ha 면적으로 조성된다. 숲을 찾는 시민에게 나무와 숲을 통해 면역력을 향상시키고 육체적·정신적 건강을 증진하면서, 면역력 증진과 현대인의 정신적 외상stress을 치유하는 것이 목적이다.

2020년부터 시유림 확보를 위해 3년 동안 100억 원을 투입하여 사유림에 대한 대지와 전답 등을 보상하고 임야 등 355ha를 매입하여 산림 정보화와 교육 과정도 개발하고 있다.

치유의 숲이 조성되는 동면 감정리 일대는 위치, 접근성, 수계를 비롯해 항균성Phytoncide과 음이온 등 치유 인자 지표가 우수한 것으로 확인되었다. 치유의 숲은 치유센터를 중심으로 주차장과 장애인을 위한 무장애 산책길 등 모든 사람이 접근 가능한 공간으로 만들고 경관이 뛰어난 기존 임도를 활용하여 치유숲길, 방문객 형태에 따라 총 5개의 주제별 숲으로 조성할 계획이다.

춘천은 산이 많다 보니 골짜기도 많다. 골짜기는 물을 품고 있으며, 물이 있는 곳은 집터가 있다. 산행을 하다 보면 외진 곳에 예전 화전민 또는 두메 살림을 하던 흔적을 흔치 않게 볼 수 있다.

최근 40~50대를 중심으로 귀산촌과 자발적 자연인 생활에 대한 수요가 생기고 복잡한 도시 생활과 경제적 부담에서 벗어나 건강하고 행복한 산속 생활을 추구하는 사람들도 늘면서 생태 회복을 목표로 개발 시대의 공간 사용 방식에서 벗어나 다양한 삶의 방식을 담을 수 있는 공간 수요를 예측하여 지속가능한 공간 관리 전략을 수립하고 있다.

특히, 사라진 마을 발굴 및 입지 조건 조사를 통해 미래 세대에게 공간 정보를 제공하는 계획도 수립 중이다. 소양강 물줄기에 분포했던 산골마을을 재발견하고, 지형도 분석 및 마을분포도를 작성하며 숨겨진 춘천의 과거를 찾아냄과 동시에 미래 세대가 살아갈 터전을 확보하자는 계획이다.

▲ 2050년 1억 그루의 나무심기 '봄내림' 선포식(2104.04.17. 공지천) ⓒ춘천시청

이재수 춘천시장은 "이제 도심에 모여 사는 것이 유리한 시대는 지났다. 전염병 이후 시대에는 땅을 넓게 써야 한다. 서면, 신북, 사북 등 농·산촌 지역이 새로운 삶의 터전이 될 것이다. 핵심거점지역 발굴을 통해 농·산촌 지역 주민들도 도심 주민들과 똑같은 생활이 가능하도록 할 계획이다"라고 말했다.

춘천시의 또 하나의 사업은 춘천시를 진정한 '숲의 도시'로 만들기 위해 2019년 '2050년 1억 그루 나무심기 종합계획'을 발표하였다.

문재인 대통령은 2050년까지 북한 3억 그루 포함 30억 그루 나무 심기를 선언했는데, 춘천시는 문재인 대통령이 약속한 나무의 1/30을 심겠다며 선제적으로 정책을 수립한 후 춘천시 관내의 공원과 가로수, 강변과 임야, 유휴 토지 등에 2021년까지 총 396만7,425그루가 심어졌으며, 옥상 녹화 및 통학로 녹화, 식물로 건물에 태양광 차단green curtain 등 입체적인 도심 녹화를 추진 중이다. '춘천의 숲, 춘천의 봄이 대물림되어 내리다'라는 의미인 '봄내림'이라는 상표를 걸고 시민 주도의 실천을 펼치고 있다.

또한, 바람의 방향과 속도를 분석하여 '바람길'과 '도심숲'을 체계적으로 조성하고 있다. 소음 감소 및 대기 정화 기능과 함께 아름다운 경관 조성으로 시민들의 휴식과 정서 함양에도 이바지하기 위함이다. 실제로 1ha의 숲은 연간 미세먼지 46kg을 포함한 대기오염 물질 168kg을 흡착·흡수한다고 하는데 춘천의 도심 기온은 여름 한낮 기준으로 평균 3~7℃가 완화되었고, 습도는 9~23%가 상승하였다.

이재수 춘천시장은 "춘천은 공장지대가 없는데도 1년에 2~3번은 전국 최악의 공기 질을 기록할 때가 있는데 분지라는 지형의 특성상 미세먼지가 도심에 정체하기 때문이다. 1억 그루 나무를 심고 바람길과 녹지 축을 조성하는 것은 우리 아이들이 편하게 숨쉴 수 있도록 하는 지속 가능한 도시를 만드는 일이다."라고 밝혔다.

춘천시는 그동안 방치되다시피 한 산림의 영세한 사유지를 모아 규모화·집단화하여 임업의 장기성을 보고 투자를 시작하였다. 1억 그루 나무 심기와 산림단지 조성은 기상이변을 일으키는 주범인 온실가스를 흡수하고 저장하며, 기후위기를 극복하고자 하는 기초 지방자치단체의 치열한 몸부림이다.

호반의 도시에서 숲의 도시까지, 도시를 확대하며 기후위기와 지역경제, 그리고 미래 세대를 위해 고군분투하는 춘천시의 의미 있는 행보가 더욱 확대되길 기대해본다.

분리 배출을 통해 자원순환을 추진하는 은평구

인류의 진화라고 하는 문명은 돌멩이로 시작하여 청동기와 철기시대를 거쳐 자연에너지 세대로 나가지 못하고 석유 시대에 머물러 있다. 석유 시대는 산업혁명과 두 번의 세계대전을 일으키면서도 빠져나오지 못하고 고갈을 모르는 듯 무한자원으로 착각하면서 석유의 '합성수지 시대Plastics Age'에 갇혀 헤매고 있다.

방송과 신문에서 하루가 멀다고 폐기물 문제를 접하고 있고, 폐기물 중에 특정 물질인 합성수지plastic로 인해 고통받는 동물들의 모습을 언론을 통해 매일 보고 듣고 있다. 합성수지 줄에 걸려 죽은 물개와 거북이, 죽은 고래와 새들의 뱃속에 가득한 비닐vinyl 등이 모두 산업혁명의 석유 시대의 산출물로 인해 나타난 결과물이다.

오션클린업재단OCF, Ocean Cleanup Foundation이 지난 2018년 발간한 보고서에 태평양에는 합성수지 1조 8,000억 개로 형성된 쓰레기섬

Great Pacific Garbage Patch이 존재하고 이러한 섬들의 넓이는 한반도 38도선 남쪽 면적의 15배인 155만㎢라고 밝혔으며, 대서양과 인도양도 합성수지 섬이 존재한다고 밝혔다.

합성수지 제거 운동을 하는 이 단체가 2017년에 국제연합에 '쓰레기섬The Trash Isle'을 국가로 인정해 달라는 운동을 통해 승인을 받았고, 1호 시민권자는 앨 고어 전 미국 부통령이고, 영화배우 크리스 햄스워스, 마크 러팔로 등 20여 만 명이 시민으로 등록하면서 인류에게 합성수지의 문제점을 지적하고 있다.

빗물이 모여 도랑물을 형성하고, 시냇물이 되어 강으로 가고, 여러 강물이 바다로 가는 것처럼 인간이 생산하고 배출한 합성수지가 바다로 몰려들면서 인간의 풍요로움을 위해 파괴한 환경만큼이나 반대급부로 역습하고 있다.

플라스틱 생산에 5초, 사용하는 데 5분, 분해되는 데 500년

인류가 발견한 여러 가지 물질 중 20세기 최고의 발견이라고 하는 합성수지의 역사는 100년이 안 된다.

합성수지인 플라스틱은 그리스어인 '플라스티코plastikos, 성장하다 또는 만들다'에서 유래되었고, 1907년에 발견하였지만 현재 사용하는 고밀도 폴리에틸렌의 합성에 최초 성공한 것은 1963년이다.

합성수지는 생산하는 데 5초가 소요되어 5분 동안 사용하고 나서 버려지는 쓰레기가 되어 분해하는 데만 500년 이상이 걸리는 물질이다.

1950년에 150만 톤 생산하던 합성수지는 2002년에는 2억 톤, 2014년에는 3억 1,000톤으로 증가하여 2015년까지 생산된 합성수지 총량은 83억 톤이라고 한다. 이중 약 47%가 2000년이 지나서 생산된 양이고, 2050년에는 누적 생산량이 340억 톤에 달할 것으로 추정하고 있다.

83억 톤의 무게는 코끼리 10억 마리의 무게로 추정되는 엄청난 양으로 재활용이 7억 톤, 소각이 8억 톤이며, 46억 1만 톤이 매립되거나 버려지고 있는데 바다로 흘러들어가는 합성수지는 매년 800~1,200만 톤으로 1분마다 트럭 1대 분량의 합성수지 쓰레기가 바다에 쌓이고 있다.

바다에 쌓인 합성수지는 햇빛과 바람 등의 풍화작용 때문에 잘게 부서지면서 미세합성수지가 되어 떠다니는데 약 51조 개의 조각으로 지구를 약 440바퀴 감을 수 있다고 한다.

합성수지는 이름만큼이나 성형하기 쉬운 물질인 데다 금속, 유리, 목재 등 타 소재에 비하여 가볍고, 내구성이 우수하며 부식도 잘되지 않는다. 또한, 전기 절연성이 크고, 대량생산이 가능하여 일상 생활용품은 물론 포장재, 절연재, 단열재, 전기·전자제품, 자동차 등에 광범

위하게 사용됐다.

합성수지의 장점은 편리성을 추구하는 현대인에게 일회용으로 디자인돼 재사용이 불가능한데 '생산-소비-폐기'의 선형 경제구조와 맞물려 한 번 쓰면 폐기된다. 제품이 제작될 때부터 재사용을 통한 순환이나 재활용을 목적으로 생산되지 않는다는 점이다.

이렇게 지구의 생태계를 위협하는 합성수지를 많이 사용하는 나라가 우리나라다. 2015년 기준으로 우리나라 국민의 1인당 연간 합성수지 원료 소비량은 132.7kg으로 미국 93.8kg, 서유럽 84.5kg, 일본 65.8kg, 중국 57.9kg에 비해 세계 최고 수준이라는 통계가 나타나고 있다.

한국해양과학기술원이 시중에 판매되는 멸치와 어패류에서 미세합성수지를 조사한 결과 바지락에서 34개, 멸치에서 14개, 홍합에서 12개, 가리비에서 8개, 굴에서 7개가 검출됐다. 100g당 최소 7~34개의 합성수지가 나왔다는 것이다.

〈KBS 환경스페셜〉에 의하면 태안의 궁시도에 서식하는 새 중 죽어있는 바닷새의 위 내용물을 분석한 결과 바다제비에서는 93.7%, 비오리 33.3%, 괭이갈매기 12.9%, 회색머리아비 10%로 플라스틱이 검출되었다.

해양수산부가 목포대에 의뢰하여 2017년부터 2018년 초까지 국내에 시판 중인 천일염 내 미세합성수지 잔류 실태를 조사한 결과에 따르면 조사 대상 6개 천일염에서 모두 미세합성수지가 검출되었다.

환경부의 수돗물 미세합성수지 실태 조사 결과에 의하면 국내 정수 과정을 거치지 않은 원수 12곳 중에서 인천 수산정수장 1곳의 원수에서 1리터당 1개의 미세합성수지가 검출되었고, 24개 정수장 중 서울 영등포, 인천 수산, 용인 수지 등 3개 정수장의 정수과정을 거친 수돗물에서 1리터당 각각 0.4개, 0.6개, 0.2개의 미세합성수지가 검출되었다. 육지와 바다 모두 합성수지로 오염되고 있어 빠른 시일 내에 대책을 마련하라고 경고하고 있다는 것이다.

눈에 보이지 않게 치워라

난초蘭草와 지초芝草가 어우러져 1950년대까지 신혼여행을 갔던 난지도가 쓰레기섬1977~1993으로 변하면서 우리나라의 폐기물 정책이 시작되었다.

1990년 초까지 우리나라의 폐기물처리 정책은 눈에 안 보이게 처리하는 것이어서 매립을 중심으로 이루어지다 난지도 쓰레기 산이 태어나면서 국토의 한계와 토양과 지하수 오염이 제기되자, 이제는 없애는 정책으로 전환하였으나 다이옥신으로 인한 대기오염이 발생하면서 또 정책 전환이 되었다.

1991년부터 폐기물을 자원의 가치가 있는 것과 없는 것으로 나누어 분리배출을 시작하였고, 1993년부터는 폐기물 예치금 제도를, 1995년에는 쓰레기를 배출한 만큼 비용을 부과하는 종량제도가 실시되면서 원천적으로 감량하여 자원을 절약하고 재사용하는 정책을 추진하였다.

즉, 유한한 자원의 사용을 최적화하여 폐기물 발생 자체를 줄이는 정책으로 전환한 것으로 이는 기업이 생산 단계에서부터 자연자원의 사용을 최소화하여 폐기물을 원천적으로 감량하는 것이며, 과다포장이나 접착제 등의 사용을 최소화하도록 한 것이다.

2003년부터는 재활용이 가능한 폐기물의 일정량 이상을 재활용하도록 생산자에게 의무를 부여하는 생산자책임재활용제도를 만들었고, 지금도 품목을 계속 확대하는 중이다.

합성수지는 화학적으로 합성한 물질이어서 종이처럼 재활용을 거듭할 때마다 품질이 나빠지는 특성이 있는 데다 유리나 알루미늄 작은 통, 종이 등의 물질과 달리 재활용하더라도 본래의 상태로 되돌릴 수 없는 만큼 재활용도 어렵다.

정부와 기업도 이러한 상황에 대해 고민하고 있지만 아직 특별한 대안을 찾지 못하는 상황에서 은평구는 폐기물의 재사용과 재활용을 위해 시민들이 모든 역량을 모아 분리배출을 추진하고 있어 관심을 받고 있다.

은평구는 지속 가능한 사회로의 전환을 위해 은평 시민이 모두가 참여하여 자원순환사회로의 정책 전환을 실현하고자 지금까지의 자원 소비 체계인 '생산→소비→폐기' 정책을 '생산→소비→회수→재활용'의 정책으로 전환을 선언하며 동네에서 작은 혁명을 시도하고 있다.

1995년부터 시행된 쓰레기 종량제도로 시민들의 분리배출 요령이 몸에 밸 만 한데도 혼합 배출이 많았고, 분리 배출한 품목에도 이물질이 많아 재활용할 경우 자원의 가치가 떨어지는 문제가 발생했다. 엎친 데 덮친 격으로 수도권 매립지의 여유 공간이 한계에 다다르게 되자 수도권 매립지에 반입되는 생활폐기물에 대해 2020년부터 '반입총량제'를 도입하면서 기초지방자치단체 입장에서는 발생량을 줄이지 않으면 안 되는 절박한 상황이었다.

지난 20여 년 동안 동네별로 고정된 간이 분리수거함에는 정해진 시간 외에 무단 배출하거나 음식물을 철저히 분리하지 않은 쓰레기에서 악취가 발생하는 등 주민들의 정주 여건과 도시 미관도 나빠져 불만도 높아가고 있었다.

김미경 구청장은 생활 정치인으로 폐기물 정책은 '현장에서 주민의 손에 결정된다'는 철학을 가지고 동네 골목으로 들어가 대안을 찾기 시작했다. 김 구청장이 구상한 주민 실천 방법은 은평구 관내 모든 행

▲ 매주 목요일 은평구 전역은 자원관리사의 도움을 받으면서, 주민들이 재활용품 분리수거를 하고 있다. ⓒ은평구청

정동에서 30명씩 추진단을 모아 580명이 참여하는 우리나라 기초지방자치단체에서 가장 큰 시민 추진단 '그린 모아모아'를 결성하는 것이었다. 주민들과 현장에서 재활용 쓰레기에 대한 실태 파악에 나섰고 배출된 종량제 봉투 1만5,406건을 파봉하며 분리배출과 간이 분리수거함의 문제점을 도출하였다.

구청장과 함께 동네를 돌아다닌 구성원들은 고정형 간이 분리수거함의 실태와 파봉된 종량제 봉투 안의 내용물에 당황스러워하면서 충분히 파악하였고, 이를 해결하기 위해 은평 시민추진단의 자원순환 활동가를 교육한 후 은평구 관내에 있는 학교와 주민 모임을 찾아다니며 분리배출 방법을 설명하였다.

자원순환 활동가들에게 교육을 받은 초등학생들은 각 가정으로 돌아가 부모들과 분리배출을 함께하며 실천력을 높이면서 부모들을 이끌어주었다. 쓰레기 불법투기장이 되어 해충 등 미관을 해쳤던 고정형 간이 분리수거함 150여 개를 모두 철수하여 경관을 새롭게 바꾸고 재활용품은 한시적으로 운영하는 배출 방법을 선택하였다. 그리고 특정 요일과 특정 시간오후 4시~8시에만 폐기물을 배출하도록 하였고, 배출 장소에는 은평구가 양성한 자원관리사 350여 명을 배출처마다 배치하여 적절한 분리배출 방법을 지속적으로 안내했다. 기후위기에 대응하기 위하여 '나부터 실천할 때 자원순환 사회로의 전환이 가능하고, 그 성과가 나타나야만 기후위기를 극복할 수 있다'며 시민 한 명한 명의 실천이 얼마나 소중한 일인지를 일일이 설명하였다.

현장 실천 분과에 소속된 자원관리사들은 마을에서 오랫동안 골목 골목 분리배출을 생활하여 공동체가 형성된 주민들을 우선 대상으로 공개모집을 통해 교육하고 골목 골목을 주민들과 소통하며 마을 만들기 운동까지 겸하는 공동체 운동으로 이끌었다.

분리배출 품목도 시민추진단에서 확정하였는데 재활용이 가능한 품목을 투명한 합성수지 병pet, 합성수지, 스티로폼styrofoam, 종이, 종이상자pack, 깡통can, 유리 등 총 8개 품목으로 확정하였다.

이렇게 정한 품목들이 제대로 배출되고 있는지 현장을 점검하는 점검분과를 만들어 현장을 기록하고 분석하여 개선 방안을 마련하는 등 지속적인 현장 실태 조사와 대책을 마련하여 은평구의 배출 정책의 전환을 통해 자원의 선순환 체계를 구축한 것이다.

은평구는 원도심이 많아 다가구 세대가 많은 데다 좁은 골목이 특징인데 고정형 간이 분리수거함을 없애자 평소 보다 길이 넓어졌다. 해당 시간만 사용하는 휴대용 분리수거함을 설치하여 수거가 끝나면 바로 철수함으로써 통행까지 원활히 하는 거점형 분리수거 방식을 선택하였으며 일주일 168시간 중의 4시간만 운영하는 체계로 전환하며 골목을 주민들에게 돌려주었다.

은평구의 '그린 모아모아' 정책이 추진되기 전까지는, 골목 골목마다 설치된 고정형 간이 분리수거함에 쌓여 있는 재활용품들은 압축한후 재활용 선별장으로 이동하여 다시 선별 과정을 거치며 분리 하다보니 시간도 길고, 효율성도 떨어지고, 예산도 많이 지출되는 문제가있었다. 일주일에 4시간만 배출하는 '그린 모아모아' 로 깨끗하고 이물질이 없도록 꼼꼼한 분리배출과 함께 배출된 재활용품의 파손과 혼합을 방지하고 다시 선별 과정을 거치지 않도록 현장에서 계근하여 바로 수거업체에 이관하였다.

재활용품의 판매도 중간 수거업자의 수입으로 처리가 되었으나, 시민들이 꼼꼼하고 깨끗하게 분리하여 배출된 재활용품은 최종 제품 업체가 바로 수거하여 중간 단계를 줄였고, 이 금액은 분리배출 하는 날 종량제 봉투로 시민들에게 돌려줌으로써 주민들의 노력에 답례로 환원하였다.

'은평 그린 모아모아' 박은미 자원관리사는 이렇게 말한다.

"자기 집 앞이나 동네 인근에 쓰레기 정거장인 고정형 간이수거함에 배출만 할 때는 분리배출의 문제점을 몰랐는데 이번 사업을 통해 비우고, 헹구고, 섞지 않고 분리 배출하는 것이 얼마나 소중한 일인지를 알게 되었다. 주민들이 초기에는 기존 방식을 주장했지만, 분리배출을 3회 정도 참여하더니 기존 배출의 문제점을 인식하고 적극적으로 분리 배출하게 되면서 시민들의 작은 움직임이 자원을 재활용하고 환경을 깨끗하게 만든다는 자부심을 가지게 되었다"고 밝혔다.

박은미 관리사는 "은평구의 그린 모아모아 분리배출 방법에 대해 인근인 영등포구와 중구 등에 강의도 다니고 있다"며 그린모아모아 정책의 가치를 알리는 전도사 역할도 수행하고 있다.

42년째 은평구에 거주한다는 유향숙 씨는 "가정에서 배출하는 재활용품들이 깨끗한 상태에서 들고나와 배출하게 되자 동네 골목도 깨끗해졌다. 아이들도 부모들과 함께 나오기 시작했다. 동네 사람들은 아이들을 보자 반갑게 사탕도 주고, 귀여워해주니 자연스럽게 인사도 나누고, 동네 소식도 나누게 되면서 짧은 시간이지만 골목이 이야기가 넘치는 공간이 되었다"며, 단순히 집안의 쓰레기를 배출하는 골목에서 벗어나 동네 이야기가 돌아다니는 골목으로 변화하면서 공동체를 회복시키는 효과까지 나타나고 있다고 하였다.

그간 노력으로 은평구의 재활용품은 2016년에 3,051톤에서 2020년에는 8,539톤의 재활용품이 선별되어 주민들의 작은 손길이 얼마나 소중한지를 증명하고 있다.

분리 배출한 재활용품 중 투명한 합성수지 병은 등산복 전문 생산업체인 ㈜비와이엔블랙야크에 판매되어 등산복과 활동복으로 제조된 후 매장에서 판매되어 은평구민들의 가치를 인정받고 있다.

은평구청으로부터 투명 합성수지병을 구매하는 ㈜비와이엔블랙야크 강태선 회장은 "산업혁명 이후 화석연료를 이용한 대량생산체계는 이산화탄소의 엄청난 증가로 지구의 기후위기를

은평구와 ㈜비와이엔블랙야크는 '은평 그린 모아모아를 통한 고품질 투명 페트병 확보 및 제공', '은평 그린 모아모아를 통해 수거한 투명 페트병으로 친환경 제품 생산' 등의 내용을 담은 업무협약 체결(2021.02.19.) ⓒ 은평구청

초래했는데 기초 지방자치단체의 투명 페트병 모으기 사업은 고갈되어가는 화석원료로부터 탈출하고, 재활용을 통해 탄소 배출량을 줄이는 등 일석삼조의 소중한 사업이다. 은평구의 그린 모아모아 사업으로 모인 플라스틱 페트병은 의류로 태어나 소비자에게 돌아가고 있다"라며 자원순환 사회로의 전환을 추진하는 은평구민들의 작은 손길의 의미를 강조하였다.

김미경 구청장은 "자원관리사와 시민들의 작은 손길이 골목 골목에 소통의 봄바람을 불어 넣어 공동체가 형성되었고, 깨끗한 재활용품의 배출을 설계하는 자원관리사라는 일자리도 생겨났다. 배출된 품목들이 새로운 제품으로 태어나 부가가치 창출로 연결되기까지 한다. 자원순환 사회로의 전환을 통해 기후위기 대응이라는 시대적 과제를 위해 노력해 주시는 은평구 시민들에게 감사하다"며 시민들과 현장에서 함께 하고 있다.

은평구의 '그린 모아모아' 정책이 유명세를 타자 환경부장관2021. 4월을 비롯해 전국의 많은 자치단체가 방문을 통해 자기 지방자치단체별로 응용 적용이 가능한지를 연구하고 있다.

은평구의 '그린 모아모아' 정책은 은평구와 이웃하는 서울의 북쪽 3개 기초 지방자치단체인 서대문구와 마포구를 중심으로 확대하면서 폐기물 감량과 올바른 분리배출을 위해 공동 노력하고, 지방자치단체별 역할을 나누어 은평구에는 1일 150톤 규모의 '광역자원순환센터'를 건립하며 자원의 선순환을 위한 노력을 지속적으로 추진할 예정이다.

국가적으로는 '자원의 절약과 재활용촉진에 관한 법률'로 '빈용기 보증금제도'와 '분리배출 표시제도', '포장재 재질 구조 평가제도' 등을 확대해 가고 있으며, '생산자 책임 재활용 제도'를 활용하여 2022년부터는 순차적으로 해당 제품의 생산자인 기업에 적극적인 회수 · 재활용 의무를 부여해 관리할 계획이다.

'은평 그린 모아모아' 정책은 시민들의 손길이 필요한 사업이라 포장재를 배출하는 제품에 대해 의무적으로 재활용 등급최우수, 우수, 보을 의무적으로 표시하도록 하는 '포장재 재질 · 구조 평가제도'도 2022년부터 실시된다. 포장재와 제품의 용기가 재활용이 어려우면 '재활용 어려움' 글씨를 표기해야 하며, 재활용이 어려우면 환경부담금도 최대 30%까지 부담하도록 하고 있다.

인류의 문명으로 태어난 쓰레기.

쓰레기가 없는 인류의 삶은 어려울 것이나 제품의 생산부터 자원의 투입을 최소화하고, 최종 소비 이후에도 재사용과 재활용을 할 수 있는 체계로의 전환을 통해 현명한 소비 실천 운동이 그 어느 때보다 시급한 상황에서 '그린 모아모아'를 통한 은평구민들의 노력이 자원의 선순환을 통해 지속 가능한 사회로의 큰 걸음을 내딛고 있다.

2장

경제 살리기

지역 경제를 살리는
신기한 화폐, 부여군

　부여군은 1970년 농촌 인구가 1,500만여 명이던 것이 2020
년에는 220만여 명으로 85%가 감소하면서 급속한 인구 유출과 저출
산·고령화의 여파로 경제적 위기에 처해 있다.

　지방자치단체장들은 위기에 처한 지역경제를 활성화하기 위해 지
역의 자금이 밖으로 유출되는 현상을 최소화하고 자금이 지역에 순환
할 수 있는 지혜를 짜고 있다.

　노무현 대통령은 2003년 6월 '대구 구상'을 통해 국가균형발전 정
책 방향을 제시하고, 2004년 1월 '지방화와 국가균형발전 시대'를 선
포하여 수도권 중심의 불균형 발전전략에 대한 궤도 수정으로 낙후된
지역의 발전이 국가의 경쟁력임을 강조했다. 그 후 수도권에 있는 공
공기관을 이전하여 비수도권 11개 도시를 만드는 혁신도시 건설 사업
을 추진하였으나 혁신도시의 파급 효과가 지역 전체로 확대되는 초기

단계이며, 혁신도시가 없는 지방자치단체들은 독자적으로 지역 활성화 정책에 대한 고민이 깊어가고 있다.

지방자치단체들의 노력으로 기업들이 조금이나마 지방으로 이전되었지만 본사들은 여전히 수도권이나 대도시에 있고, 지역에서 거래되는 화폐는 현금 거래에서 비현금 거래로의 결재로 소비자들이 결재하는 순간 지역에서 한 번도 회전하지 못하고 지역 밖의 본사 거래은행으로 입금이 되어버리면서 경제는 나아질 기미가 보이지 않게 되자 지방자치단체 차원에서 화폐 발행을 고민했다.

과거 금을 중심으로 하던 금본위제gold standard에서 미국의 달러가 국가 간의 결재나 금융거래의 기본이 되는 기축통화check currency가 되었지만 각 국가에서는 중앙은행이 발행하는 법적 화폐를 통해 국가경제를 이끌어가는 것처럼 지역 내에서도 자체적으로 화폐를 통해 경제를 순환하고자 하는 것이다.

지역화폐local currency란 대안화폐로서 '지역 자체적으로 화폐를 발행하여 유통시키는 데 일반적으로 통용되는 법정통화 대신 특정지역 내에서 주민들이 서로에게 재화와 서비스를 교환할 때 주고받는 통화'로, 지역경제 활성화 및 지역경제의 역외유출을 방지하고 지역의 순환경제체제 구축의 도구로서 지역화폐에 관한 관심과 참여가 이루어지고 있다. 사용되는 종류로는 휴대용 전화기형mobile 모바일 QR, 직불카드형check card, 선불카드형, 종이인 지류형 등이 일반적이다.

1997년 외환위기 이후 지역경제 및 공동체 활성화를 목적으로 마을 공동체에서 '한밭레츠'나 '품앗이' 등의 화폐가 발행되었으나 본격적으로 이루어진 것은 고향을 떠나 수도권에 거주하는 사람들을 대상으로 고향을 생각하는 마음을 활용하여 공급한 '고향사랑 상품권'이었고, 지역 내에서는 소상공인이나 전통시장 활성화 등 지역경제의 순환체계를 구축하기 위한 목적으로 사용되고 있다.

특히 고향사랑 상품권 혹은 지역사랑 상품권이나 온누리 상품권은 문재인 정부의 국정과제로 채택되어 활성화되면서 경기도는 31개 기초 지방자치단체가 모두 지역 화폐를 발행하고 있으며, 충청남도, 전라남도, 부산시 등도 2019년부터 지역화폐 조례를 제정·발행을 통해 지역 경제 활성화를 위해 시도하고 있다.

우리나라의 지방자치단체가 직접 발행하는 지역화폐는 2015년 892억 원 30곳에서, 2019년에는 177개의 지방자치단체에서 2조 2,573억 원으로, 2020년에는 230개 지방자치단체에서 9조 원 규모의 지역화폐를 발행하며 빠르게 확산되고 있다.

2017년 기준으로 우리나라에서의 역외유출은 충남이 26.7%, 충북이 21.3%, 울산이 20.1% 순으로 발생하고 있는데, 가장 심하다는 충청남도의 2019년 역외유출은 25조 원으로 지역경제에 미치는 영향이 심각한 상황에서 지역화폐에 대한 고민은 더욱 커졌다.

양승조 충청남도지사는 2018년 한국은행 및 통계청 등 관계자들과 함께 '충남 소득 역외유출 대응토론회'를 개최한 후 "개방경제 구조에서 자유로운 자본 이동을 인위적으로 막을 수 없고 또 다른 시각에서 보면 이 같은 자본의 이·출입은 자연스러운 현상으로도 여겨질 수 있다"라고 하면서도 "역외유출을 어떻게 하면 조금 더 완화하고, 우리 도에서 생산된 부가가치가 전부는 아닐지라도 일정 수준 이상으로 도내에 머물 수 있게 만들 방안은 무엇인지 고민이 필요하다"라며 자본의 지역 내 순환성을 위하여 역외유출을 막을 방법을 요청하였다.

충청남도가 현재처럼 역외유출이 지속될 경우, 기초 지방자치단체들이 소멸할 것을 예상하는데 2015년 조사에서 기초 지방자치단체로는 부여군이 281개 마을로 가장 높게 나타났고, 2020년 조사에서도 부여군이 84.2%로 전체 436개 마을 중 가장 많은 367개 마을이 소멸할 것으로 예상하였다.

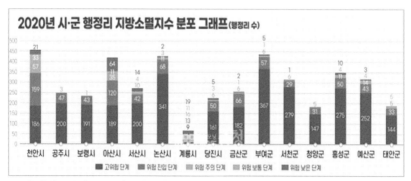

▲ 충남연구원이 2021년 6월 발표한 충남의 행정리별 지방소멸지수에 따른 예상 분포도 ⓒ충남연구원

게다가 부여군의 인구는 매년 1,000명씩 감소하고 있는데다, 저출산 고령화 사회인 우리나라의 노인 인구는 15.1%인데 비해 부여군은 두 배나 많은 35.7%2021. 6. 30 현재로 초고령사회로 심각한 상황이다.

저출산·고령화로 인한 생산가능인구의 감소는 필연적으로 소비 감소로 이어지게 되면서 소득 격차는 계속 심화하고, 지역경제는 활력을 잃고 무너지게 된다. 그런데다 전염병COVID-19 상황으로 고령화가 높은 부여군은 엄청난 타격을 받아 더욱 어렵게 된 것이다.

부여군은 전문가들과 공무원들이 모여 그간 발행되었던 지역화폐의 문제점을 분석하고 지역화폐의 한계를 역으로 활용하는 지혜를 모았다.

2012년에 종이 형태로 발행된 부여사랑 상품권은 연간 7억 원이 발행되었으나 발행액의 80%를 공무원이 사용하고 있었다. 소비와 환전의 불편함으로 인한 기피 현상과 함께, 분실했을 경우도 법정화폐처럼 안타까워하지 않았다. 많은 상품권이 사용되지 않고 집안에 쌓이는 현상까지 나타났다.

부여군은 첫째, 지역화폐의 유동성 한계를 타파하고 자금이 지역에 머무르게 하되 한 번 사용해서 끝나는 것이 아니라 자유롭게 지역 내에서 선순환하며 거래될 수 있어야 하며, 둘째, 중앙은행이 발행하는 법정화폐가 아니지만, 유통 시 지급보증에 대한 신뢰를 지역에서 보장하고, 셋째, 거래비용이 과다하게 발생하는 것을 방지하고 지역경제 활성화에 기여해야 한다는 원칙하에 붕괴되고 있는 지역 공동체를 살리기 위한 대안을 찾기 시작하였다.

박정현 부여군수는 "역사의 주체는 주민이기에, 주민의 참여를 통해 제도 개선을 진행하여 주민의 삶에 녹아드는 행정으로 지역 공동체가 회복된다"라는 철학을 가지고 소통을 시작했다.

박 군수는 2018년 7월 취임직후 지역화폐를 통한 지역경제 활성화 전략을 수립했고 주민의 대의기관인 의회에서도 조례를 발의한 후 2019년 9월에 '부여군 지역 화폐 발행 및 이용 활성화에 관한 조례'를 제정하여 법적 장치를 마련하였다.

부여군은 지역화폐 제도의 설계 과정에서 네 가지 추진 방향을 설정하였다.

첫째, 소비가 미덕이 아닌 저축이 미덕으로 알고 살아온 지역 주민들의 주머니를 열도록 해야 한다는 점이다. 그리고 이를 위한 마중물로 행정에서 지출되는 예산을 지역화폐에 넣더라도 역외유출이 안 되도록 하는 정책 발행이 필요하다는 방침을 확정했다.

둘째, 지속성을 위해서는 카드 수수료 등 불필요하게 들어가는 운영비를 최소화한다.

셋째, 화폐가 과거 상품권처럼 1회사용으로 끝나 폐기되는 것이 아니라 지속적으로 순환돼야 한다.

넷째, 군 단위의 특징 중 하나가 대부분 소상공인이므로 이들에 대한 배려가 있어야 한다. 부여군은 화폐 형태에 대해서도 사용이 불편하고 심리적으로도 외면당한 기존 종이 화폐가 아닌 21세기에 맞는 전자식 화폐를 구상하였고, 15개 읍·면을 일일이 찾아다니며 설명회를 하면서 주민들의 이해를 높였다.

다른 시·군과 다르게 부여군은 전체 인구의 35.7%가 노인인 데다 합성수지 카드나 비접촉 근거리 통신 결재NFC, near field communication 방식과 휴대전화Mobile 방식에 대해 이해가 높지 않기 때문에 사용 방법에 대한 충분한 설명과 공감대가 필요했기 때문이다. 이를 위해 박군수는 "흔들리지 않고 피는 꽃이 어디 있으랴"라는 도종환 시인의 시를 인용하면서 전자식 지역화폐 도입에 대해 우려하는 주민들과의 대화와 소통을 이어나갔다.

지역화폐 이름도 주민 공모를 통해 부여군의 공동체에 맞는 '좋은 뜰에서 사용하는 화폐'라는 뜻의 '굿뜨래페이'로 확정하여 2019년 12월에 지역 화폐를 발행하였다.

농민수당을 지역화폐로

무엇보다도 부여군이 지역화폐를 발행한 후에 가장 주안점을 둔 것은 화폐 유통량 확보였다. 사람들이 지역화폐를 많이 사용할수록 가맹점도 지역화폐를 받을 것이고 사용량이 늘어나면 신뢰도 쌓일 것이라고 여겼기 때문이다. 부여군은 굿뜨래 화폐의 활성화를 위해 충청남도 지역에서 처음 시도하는 농민수당을 지역화폐로 지급했다.

부여군의 재정 규모가 열악함에도 인구 대부분이 농민인 데다 농업·농촌의 환경을 보전하고 식량안보라는 절대적인 공익적 기능에 대한 보상의 필요성과 함께 안정적 식량 생산 및 지속 가능한 농업을 유지하기 위해서도 반드시 추진해야 할 중요한 과제였기에 농민수당 도입과 관련하여 다양한 의견 청취를 통해 농민수당을 도입했다.

박 군수는 "농업·농촌은 자연경관과 대기 정화, 홍수 방지 등에 이바지할 뿐만 아니라 식량안보와 지역 공동체 유지 등 다양한 공익적 기능이 존재한다. 그래서 이에 대한 보상과 함께 농민의 소득 안정을 통해 지속 가능한 농업·농촌을 유지하기 위해서 꼭 필요한 사항"이라며 농민수당의 필요성을 강조하며 도입하였다.

그리고 부여군은 농민수당 19억 원과 이와 유사한 성격의 농업환경 실천사업 56억 원을 합하여 75억 원을 지역화폐로 발행했다. 농민수당을 통해 농민은 기본 소비력이 생겨서 좋고, 농민들은 농민수당으로 지급되는 지역화폐를 관내 상권에서 사용하면 상권은 실질적인 매출 상승으로 이어질 것이기 때문이다. 또한, 지역화폐를 사용하는 사람이 많아지면 자연스럽게 가맹점도 확보될 것이며, 처음 시행되는 지역화폐 제도를 안착시키는 데 큰 도움이 될 것이라는 현실적인 고려도 있었다.

부여군이 도입한 지역화폐인 굿뜨래화폐는 2019년 91억 원을 발행하였으나 실제 이용액은 4.5억 원으로 높지 않았다. 그러나 사용자 수는 농민수당을 기반으로 한 1만 6,000여 명으로 희망을 품고 추진한 결과 1년 만에 910억 원을 발행하였고 이용액이 855억 원이라는 엄청난 효과를 달성하였다.

정책 발행을 통한 지역화폐의 안정적인 운영을 위해 농민수당을 시작으로 여성 행복 수혜자 등을 위한 지원금도 지역화폐로 정책 발행했으며 특히 21년에 충청남도에서 처음으로 도입한 보편적 재난지원금 200억 원도 현금성인 굿뜨래화폐로 지급하였다.

부여군의 굿뜨래는 2021년 12월 2일 현재 1,965억 원을 발행하였고, 사용자 수가 5만8,174명으로 나타났는데 이는 부여군에 거주하는 인구 6만 3,891명 중 91%가 사용함으로써 굿뜨래화폐가 군민들의 일상 삶에 뿌리내리는 데 성공하였다.

▲ 설날을 앞두고 부여군이 발행한 전자식 화폐인 굿뜨래화폐로 결재하며 홍보하는 박정현 군수 (2020.01.23.) ⓒ부여군청

부여군은 주민들의 지속적인 사용을 위해 카드 수

수료 같은 불필요한 운영비를 줄이도록 설계했다. 다른 지역화폐인 경우 가맹점과 소비자 모집 등을 빠르게 하기 위해 기존 금융권 카드 망을 사용했으나 사용량의 0.7~1.6%가량이 카드 수수료로 나갈 수밖에 없는 구조에서 다른 지방자치단체처럼 하지 않고 카드 수수료가 전혀 발생하지 않는 QR 결제와 근거리 통신 결재 NFC, Near Field Communication 방식을 도입하여 다른 지역에 대비 절감되는 수수료가 14~32억 원에 이르고 있다 카드 수수료는 0.7~1.6% 중 최소 부여군의 2018 年 이용 자료 기반 2000억을 기준으로 환산.

선순환 되는 굿뜨래화폐

굿뜨래화폐가 다른 지역화폐와 다른 점은 공동체 내에서 순환할 수 있다는 것이다. 다른 지역화폐는 한번 사용되고 나면 신용카드 정산 하듯이 결제된 전체 매출금액이 법정화폐로 환전되지만, 굿뜨래화폐 는 매출이 통상 50%만 자동으로 법정화폐로 환전되고 나머지는 가맹 점에서 다른 가맹점에 바로 사용할 수 있어 부여군이 유인하는 예산 지출에 대한 부담이 상대적으로 적은 편이다.

부여군은 굿뜨래화폐의 순환성을 높이기 위하여 유인책을 계속 사용하고 있는데 소상공인도 생산자에게 굿뜨래화폐로 결재할 시 5%를 할인해주면서 선순환을 유도하고 있다.

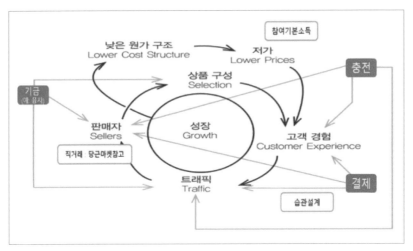

▲ 부여군이 구상하고 실행하는 굿뜨래화폐의 선순환 구조 ⓒ부여군청

마지막으로 부여군은 공동체 내에 굿뜨래화폐의 자원이 고르게 배분되기 위해 노력하고 있는데 지역의 공동체 의식을 반영하기 위해 다른 지자체에 없는 매출 총량제라는 사회적 상생 합의를 이끌어냈다.

굿뜨래화폐의 사용 장려금 합의를 통해 월 가맹점 매출이 큰 곳은 사용 촉진장려금incentive을 적게 받고 월 매출이 적은 골목상권에서는 굿뜨래화폐 사용에 대한 촉진 장려금을 더 받을 수 있게 설계한 것이다. 즉 월 4,000만 원 초과 가맹점은 충전 장려금 외에 굿뜨래 화폐를 많이 사용했다는 이유로 사용 장려금을 더 제공하지 않지만, 월 300만 원 이상~월 4,000만 원 이하의 매출이 있는 업체는 3%의 사용 장려금을, 월 300만 원 이하 가맹점은 6%의 사용 장려금을 소비자가 받도록 설계한 것이다.

농민과 소비자, 농·축협, 소상공인 등이 함께 만든 이런 상생 방안 덕분에 굿뜨래화폐는 골목상권에도 고르게 사용되고 있고 매출 총량제 이전과 비교하여 월 4,000만 원 초과 가맹점의 매출 증가에 비해 월 300만 원 이하 매출가맹점의 매출 증가율이 3.4배로 나타났다.

부여군이 지급하는 사용 장려금 할인비용이 전부 군비인 것은 아니다. 동기부여를 위해 할인되는 비용은 중앙정부와 충청남도에서 할인비용의 86%를 지원받는 것으로 나타났다. 즉 부여군은 할인비용의 14%만 부담하고 나머지는 중앙정부와 충청남도에서 지원받는 구조로, 사용하면 사용할수록 국비와 도비를 관내에 끌어오는 구조를 갖추게 되었다.

"굿뜨래화폐의 사용으로 매출이 증가하다 보니 전염병 COVID-19으로 경기가 어려운 소상공인 지원금을 받지 못했다"라는 장수미 씨는 "굿뜨래화폐는 환전 시 일반카드와는 다르게 원하는 시점에 바로 할 수 있는 데다, 1% 내외의 카드 수수료도 나가지 않으며, 사용량에 따라 지원되는 유인 비용도 있어 영세상인으로서는 도움이 된다. 전통시장에서 50년째 대를 이어 채소가게를 운영하면서 그간 어르신들이 현금을 사용했는데 어느 순간부터 굿뜨래화폐로 다 바뀌었다"라며 "부여에서는 굿뜨래화폐가 기본 결제 수단이 되었다"고 밝혔다.

어르신들의 정보 접근성 어려움을 극복하고 5만7,996명 남여고 인구에

약 90%이 사용하는 공간상의 정보 자산을 체계적으로 연결하여 출향 인사들과의 직거래 등을 가상공간SNS상의 소통 기능을 강화하여 참여 효율성을 높이기 위해 고도화upgrade를 준비 중이다.

충청남도에서 고령 인구가 많은 지역이자 역사 속으로 사라질 가능성이 가장 컸던 부여군에서 실시한 작은 실험인 굿뜨래화폐는, 자금의 역외유출을 막고 선순환을 통해 지역경제를 활성화한다는 취지에서 중요하다. 더욱더 중요한 것은 지역화폐를 통해 지역 주민들의 신뢰 회복과 연대를 통해 지속할 수 있는 공동체를 복원했다는 점이며, 이를 통해 사회 신뢰 자본이라는 무형자본의 형성과 확충에 있다는 점이 아닐까 한다.

부여군의 굿뜨래화폐의 도전으로 여러 기관과 단체에서 수상하면서 안정화를 넘어 전국적으로 확대의 가능성을 검증하고 있다.

부여군이 발행하는 굿뜨래화폐를 기반으로 지역소멸의 구조적 위험 속에서도 지역 공동체 살리기와 지역 경제 활성화를 위해 펼치는 부여군민과 공무원들의 부단한 노력이 지방자치 시대 우리에게 전하는 의미는 남다르게 다가온다.

소상공인에게는 조건 없이 1%
대출하는 광주 광산구

우리나라에서 자영업은 경제의 실핏줄 같은 역할로 2021년 6월 기준으로 전체 취업자의 20.2%가 종사한다.

우리나라의 자영업자 수는 경제협력개발기구OECD 국가 중 일본의 2배10.0%이고, 생산성은 미국보다 4배0.7%나 낮으며 고령화, 부채 증가 등의 문제에도 불구하고 고용 노동시장이 품지 못하는 실업층이 결합하는 곳이자 폐업과 재창업이 빈번하게 일어나는 산업 영역이라 볼 수 있다.

전 세계적인 전염병COVID-19 유행으로 2년 가까이 제대로 영업을 못한 우리나라 자영업자들의 대출 잔액은 2021년 3월 기준 831조 8,000억 원으로 2020년보다 18.8%가 증가하였으며, 같은 기간 가계대출 증가율 9.5%보다 두 배나 높다.

자영업자들은 개인사업자 대출로 541조 원, 가계대출로 290조

8,000억 원이라는 엄청난 채무를 안고 있다. 2021년 4월부터 8월까지 은행권의 개인사업자 대출이 16조9,000억 원 증가했음을 고려하면 2021년 8월 말 현재 우리나라 전체 금융권의 자영업자 대출 잔액은 850조 원을 넘을 것으로 추정하고 있다. 850조 원은 정부가 전염병 COVID-19 위기극복을 위한 확장 재정으로 "포용적 경제회복·도약과 사람 중심 선도국가로 대전환을 기본 방향"으로 설정하여 편성한 2022년도 대한민국의 슈퍼예산 604조 원을 훨씬 뛰어넘는 금액으로 실로 엄청난 부채다.

채무를 짊어지고 있는 자영업자는 246만 명으로 1인당 평균 3억 3,800만 원의 빚을 안고 있는데 금융회사 3곳 이상에서 빚을 낸 다중 채무자는 126만 명이며 이들의 부채는 약 500조 원이라는 분석이 나올 정도로 심각한 상황이다.

경제적 상황이 너무 안 좋다 보니 자영업자의 제1금융권 대출이 신용도의 제한에 걸려 어렵게 되자 대출금리가 상대적으로 높은 제2금융권으로 이동하였고, 이마저 어려운 자영업자들은 비은행권으로 몰려들었는데 은행권의 대출이 지난해 대비 9.7%가 증가했지만 제2금융권과 비은행권은 22.1%가 증가하였고 대출 잔액도 219조 원 정도로 커서 경제위기의 뇌관으로 작용할 가능성이 있다.

소상공인연합회에 따르면 전염병 COVID-19으로 인해 영업시간의 통제와 이용자의 제한을 강제했던 지난 1년 6개월간 총 45만3,000개의 매장이 폐업했는데 이는 하루 평균 1,000여 개의 매장이 문을 닫은 셈이다.

2021년 9월 7일 서울 마포구에서 맥줏집을 하던 ㉮씨가 스스로 삶을 정리했다는 기사가 났다. 23년 동안 가게를 운영해 왔지만, 갑작스러운 전염병(COVID-19) 사태로 인한 위기를 넘어서기 어려웠다. 숨지기 전 ㉮씨는 자신이 살던 방을 빼 남은 직원의 마지막 월급을 줬다고 한다. 9월 12일에는 전라남도 여수시의 한 튀김 닭집 주인 ㉯씨가 삶을 등졌다. ㉯씨가 마지막으로 남긴 말은 "경제적으로 힘들다. 부모님께 죄송하다"라는 내용이었다고 한다. 15일에는 강원도 원주에서 유흥업소를 운영하던 ㉰씨가 숨진 채 발견되었는데 가게 임대료를 버거워하며 주변에 "힘들다"는 고민을 털어놨다고 한다.

우리나라의 자영업자(소상공인)들은 한계치에 다다른 듯하다. 그럼에도 불구하고 자영업자들의 특성상 또 오뚝이처럼 일어나 생존을 위해 다시 나서고 있는데 정부도 이러한 현실에 대해 여러 가지 대책을 마련하며 회생시키기 위해 노력하였다.

2020년 2월부터 경영안정자금과 소상공인 인건비 경감을 위한 지원자금을 지원하였고, 9월에는 소상공인 300만 명에게 현금으로 최대 200만 원까지 지원하였다. 2021년 1월에는 영업금지와 영업제한에 협조한 소상공인과 연매출액이 4억 원 이하인 소상공인 280만 명에게 버팀목 자금으로 4.1조 원을 지원하였다. 3월에는 소상공인과 자영업자 등 690만 명에게 500만 원의 재난지원금을 지급하기로 하여 8조 원의 추경예산 편성과 대출 원금 상환 만기 연장 및 이자 상황 유예 등 지속적으로 노력해오고 있다.

2021년 9월에는 전염병COVID-19으로 위기를 겪는 소상공인을 지원하기 위해 중소기업부에 전담과소상공인 전염병COVID-19회복지원단, 소상공인손실보상과 등를 신설하고 지난 2년 동안 정부의 영업제한으로 인한 손실을 보상하는 긴급자금을 지원하는 등 노력을 하고 있다.

국회는 침체된 지역 상권을 살리기 위해서 '지역상권 상생 및 활성화에 관한 법률'을 제정2021.07하고 정부는 2022년 4월부터 시행 예정이다.

전 세계적인 경제위기에 각국의 노력은 중앙정부에 한정된 것이 아니라 기초 지방자치단체까지 나서서 총력전을 펴고 있는데 광주광역시 관내 광산구청의 노력이 눈에 띈다.

광산구 자영업자는 2만4,566명으로 광주광역시의 25.7%지만 광산구의 사업체 수가 3만2,061개라는 점을 고려할 경우 광산구 사업체 수 대비 76.62%로 아주 높은 비중을 차지하는 산업 영역이다.

자영업자를 살리는 길이 지역경제 살리는 길

광산구청은 지난 2020년 2월에 광주광역시 관내에서 최초로 전염병

COVID-19 확진자가 발생하면서 방문객들의 발길이 끊기자 한 달 동안 전 공직자 위원 1,138명가 광산구 관내 자영업자들의 매출 실태조사를 시행하였고, 자영업자 93%가 매출이 반 토막이 되었다는 사실에 충격을 받았다.

소상공인들에게 매출액의 감소는 바로 유동성 자금의 위기로 나타나 치명적이라 '영업점의 금융지원은 사람에게 응급조치를 취하듯 신속성이 생명을 살리는 길' 이라 판단하고 광산구는 서둘러 대책을 수립하고자 하였다.

광산구는 과거 관이 주도하는 관행을 탈피하여 관이 나서되 민과 산업, 학교, 언론이 참여하는 민·관·산·학·언이 모여 사회적 가치를 실현하기 위한 현장형 협력 방안의 장을 마련하였다. 그렇게 하여 탄생 2020.01.07한 것이 광산 경제백신회의 1명으로 구성이다. 사람의 몸에도 백신을 처방하여 사람에게 항체를 일으켜 보호하듯이 골목 경제에도 경제백신을 처방해 골목상권을 살려 지역경제를 회복시킨다는 것이다. 경제백신회의에서는 '경제가 어려운 만큼 시민들의 자발적인 노력을 통해 위기를 극복할 때 진짜 희망이 생긴다는 가치를 중심으로 움직인다' 는 원칙을 세우고 시민들의 주머니를 열기로 하였다.

첫 번째 주머니는 소상공인들의 통장을 맡은 지역의 상호금융기관으로 광산구 관내 광주 어룡·비아·우산 3개 신협과 서광주·한마음 2개 새마을금고가 나서서 소상공인들을 위하여 무담보로 1%의 이자로 희망대출을 결의하였다.

광주광역시의 '3무 특례보증 융자지원' 의 경우 금리가 2.7%로 저신용자는 대출할 수 없어 신용보증재단에서 보증서를 발급받아야 가능한 경우다. 경기도의 1% 이자는 소상공인뿐만 아니라 저소득 주민까지 대상으로 하는데 신용등급이 7등급 이하로 제한되었다.

광산구의 경우는 신용등급과 관계없이 광산구에서 운영하는 기업주치의센터2018.12. 설립의 1차 상담과 지역 상호금융기관 대출상담만으로 신용보증재단의 보증 절차가 필요 없는 저신용자를 위한 대출로 설계한 것이다.

두 번째 주머니는 대출 시 이자가 1%를 초과하는 대출금리인 2~3.5%는 시민들의 주머니를 열기로 했다.

과거 금융기관에 참가를 요청할 경우 대출원금에 대한 손실 위험의 부담 때문에 참여를 꺼렸지만, 이번에는 시민들의 성금으로 마련된 금액으로 부족한 이자를 지원하는 상생 경제를 구축한 것이다.

1% 이자의 무담보 대출

광산구청이 설계한 무담보 희망대출에 650여 명의 시민이 참여하여 마련한 516,945,000원의 자금은 2020년 6월부터 가뭄에 단비 같은 희망자금이 되어 1%의 이자로 대출을 시작하였다.

소상공인들은 아무 담보 없이 1,000만 원까지 대출을 받을 수 있었고, 2021년 10월 현재 총 4차까지 진행된 희망대출은 626여 명에게 총 44억 3,000만 원이 대출되어 골목상권에 희망을 주고 있다.

김삼호 구청장은 "골목의 상호금융기관이 대출한 44억3,000만 원은 부실 채권이 아니라 희망을 담보로 서민금융이 소상공인에게 맡긴 예치금"이라며 "경제 백신으로 소상공인들이 회복되어 골목에 희망이라는 햇살이 넘치는 광산구의 골목 경제가 될 것"이라며 희망을 이야기하였다.

▲ 전염병(COVID-19)으로 힘들어하는 골목상권의 자영업(소상공인)을 살리기 위해 무담보 1%의 희망대출을 지원한다는 지역 상호금융기관의 4차 협약식(21.03.10) ⓒ광산구청

지역경제를 살리는 데 공적자금 없이 지역민들의 주머니에서 나온 성금으로 이자를 보전하였으며, 지역의 상호금융기관이 원금의 손실

위험을 안고 서민금융으로서의 임무를 수행하면서 공생의 길을 찾았다는 점이다. 특히 과거 관이 끌고다니는 것이 아니라 관은 장을 마련하고 민·산·학·언이 모일 수 있도록 매개 역할을 통해 경제협력체계를 마련하였다는 것은 지방자치가 희망임을 알려주는 작은 사례인 것이다.

광산구가 이렇게 발 빠르게 골목상권을 살리기 위해 대응이 가능했던 것은 현 김삼호 구청장이 취임하고 나서 기초 지방자치단체에서는 처음 설립한 '기업주치의센터 경영, 기술, 금융, 마케팅'가 존재했기 때문이다.

포용경제 기반을 구축하기 위해 중소기업과 소상공인을 위한 민·관 중간 지원조직으로, 현장에 맞는 경영과 노무 등의 상담을 통해 지원하는 조직을 만들었고, 골목상권에 대한 조사와 대책을 준비할 수 있는 기반이 되었다는 점이다.

광산 경제백신회의에는 시민사회단체와 금융기관, 투게더광산나눔재단, 관내 평동과 하남, 소촌 산단운영협의회, 호남대, 광주여대, 남부대 등의 대학, 〈전남일보〉, 〈전남매일〉, 〈자료 공방〉 등의 언론사들 결합도 한몫했다.

광산구 경제백신회의의 민·관·산·학·언의 5개 기관·단체 등이 결합하였는데 민간의 영역에서는 기업 대표와 소상공인 등 지역경제와 관련한 민간단체와 경제 대표들이 지역경제의 현장 목소리를 수시로 생생하게 대변하면서 지역경제 활성화를 위한 제언을 하였으며, 공공기관은 민·관 중간 지원조직인 기업주치의센터와 구청, 구의회 등이 행정적 지원을 통해 협력의 공간을 마련하였다.

산업현장에서는 광산구 관내 산업단지 협의회장을 비롯해 지역의 기업 대표들이 결합하여 대안을 제시하였고, 지역 대학은 자문과 함께 새로운 정책들을 제시해주었다.

언론은 감시의 영역을 넘어 경제백신회의의 내용을 자영업자와 시민들과 소통할 수 있도록 하는 임무를 수행하며 지역경제를 살리기 위해 모두 하나 되는 노력을 보이며 마음을 모으는 계기가 되었다.

영상 및 마케팅을 하는 소상공인 이승환 대표는 "여러 가지 사유로 제도권 금융기관을 이용하기도 힘든 상황이었습니다. 직원 급여와 함께 장비의 고도화 등이 필요한 시점이라 대부업체나 제3 금융을 이용해야 하는 위급한 상황에서 광산구가 추진하는 광주 어룡신협의 1% 희망대출을 기업주치의센터의 상담을 통해 대출받아 어려움을 극복하는 계기가 되었다"며 1% 희망대출의 역할에 희망을 얻고 업체를 운영하고 있다고 한다.

전염병COVID-19의 장기화로 직격탄을 맞은 데다가 정부의 지원정책의 사각지대에 있는 저신용·저소득의 골목상권 자영업자들은 담보 능력의 절대적 부족으로 자금 조달이 어려워지는 등 경영난에 시달리는 상황에서 무담보 1% 대출은 자영업자들에게 봄 햇살과 같은 역할을 해주어 2021년 광산구는 광주광역시 평균 경제활동 57.42%를 넘어 62.32%를 활성화했고, 이러한 노력으로 2021년 대한민국 사회안전지수 Korea Security Index 2021가 광주·전남에서 가장 우수한 기초 지방자치단체로 선정되었다.

광산구청은 기업주치의센터를 통해 금융지원에 멈추지 않고 폐업 위기하는 소상공인들이 손실을 막고자 사업을 정리하고 재기하는 것을 돕기 위해 '사장님 다시 서기' 사업도 진행 중이며. 사업정리 상담과 집기 철거비 지원 등의 도움을 주고, 자영업 애로, 휴·폐업 절차, 채무 연체, 신용 관리, 퇴직금과 공과금 정산, 부동산 관련 등 각종 상담도 지원하고 있다.

광산구청의 이러한 골목 현장의 노력은 지역의 상호금융기관과의 상생 의지를 확인할 수 있었던 계기가 되었으며, 자치구 차원의 지역 주도형 실질적·맞춤형 경제 정책의 가능성을 보여주는 사례가 되었다.

광산구청의 성과는 국회에서도 거론되었는데 지난 2021년 2월 사회·교육·문화 분야 대정부 질문에서 더불어민주당 이광재 의원 강원원주시갑이 '전염병 COVID-19 장기화로 인한 파산 및 현금 가뭄 극복 방안'의 하나로 "광주 광산구의 경제백신 1% 희망대출을 전국으로 확산합시다"라고 제안하였고, 행정안전부는 전국의 지방자치단체에 소상공인 저금리 대출 사업을 국비를 지원하면서 "지역 소상공인 희망대출

지원사업은 광주광역시 광산구가 지난해 도입해 큰 호응을 얻은 '1% 희망대출' 사례를 전국으로 확산한 것"이라고 밝혀 '광산구의 경제백신 1% 희망대출'의 가치와 의미를 대변하였다.

광산구청은 골목상권을 살리기 위한 경제백신 1% 희망대출의 활성화와 지역의 골목상권이 지속적인 안정화를 유지하기 위해 두 가지를 제안했다.

첫째, 지방 회계법상에 규정되어 있는 기초 지방자치단체의 금고 기준을 완화하여 금고 수를 2개

▲ 더불어민주당 참좋은지방정부위원회에서 광산구의 풀뿌리 금융과 함께하는 무담보 1% 희망대출의 의미를 설명하는 김삼호 구청장(21.02.25) ⓒ광산구청

에서 3개로 늘리는 방안과 둘째, 행정안전부가 관리하는 지역사랑 상품권에 지역의 상호금융기관이 참여할 수 있도록 허용해야 한다는 점이다. 그렇게 될 때 광산구처럼 지역의 골목상권과 함께 하는 상호금융이 소상공인들과 하나가 되어 골목상권이 더욱 활성화될 것이라고 밝히고 있다.

광산구청의 경제백신 1% 희망대출은 2020년 12월에 더불어민주당 참좋은지방정부위원회에 광역·기초단체장들의 경진대회에서 최우

수상을 받았고, 행정안전부의 국정 목표를 실천한 우수 지자체 경진 대회에서도 수상하는 등 모범 사례로 인정받고 있다.

광산구의 무담보 1% 희망대출은 전염병COVID-19으로 소득과 신용의 저하로 어려운 소상공인에게 공적자금 없이 지역민의 손수 성금만으로 이자를 보전한 사업으로 골목 상호금융과 시민들의 주머니 등 지역사회가 합심하여 소상공인과 골목상권을 활성화하기 위해 노력한 사례로서 다른 지역에도 응용되어 확산하길 응원한다.

일하는 기쁨과 일자리 희망을
산하는 울주군

사람이 사람답게 살기 위해서는 노동을 통해 그 가치를 실현한다. 대한민국 헌법도 제32조는 노동의 권리를 통해 인간의 존엄성을 보장하도록 하고 있다.

노동의 가치를 존중한다는 것은 노동하는 사람을 존중한다는 것이며, 노동하는 사람을 존중한다는 것은 노동자가 사람답게 살 수 있도록 기본 환경을 조성하는 것이며, 노동자는 이러한 환경에서 삶의 가치를 실현하는 것이라 할 수 있다.

전 세계 노동자들의 기본권을 확보하기 위해 만들어진 국제노동기구(ILO, International Labour Organization, 1919)는 자유롭고 평등하고 안전하게 인간의 존엄성을 유지할 수 있는 노동을 보장하기 위해 활동하고 있으며 전 세계 187개국이 가입했다. 우리나라는 1991년에 152번째 회원국이 되어 노동의 가치를 증대시키겠다는 약속을 하였다.

대한민국은 한국전쟁 이후 산업화를 통해 성장하면서 도시 노동자의 일자리를 창출하였다. 독재정권하에서는 수출정책을 위해 저임금과 임금 상승을 억제하며 노동자로서의 기본적인 인권이 제대로 보장되지 않음 속에서도 이 나라의 젊은이들은 죽어라 일했다.

1970년 평화시장에서 일하는 노동자 전태일의 분신 항거와 1979년 가발 제조업체인 YH무역회사 노동자들이 신민당사를 점검하며 벌인 농성은 일자리와 노동의 가치 충돌을 보여주는 사례였다. 그 후 이 땅의 노동자들은 열악한 환경에서도 노동의 가치를 실현하며 조금씩 변화해 왔다.

그러나 1997년 외환위기 이후 국제통화기금IMF, International Monetary Fund의 통제로 대한민국 국민은 많은 일자리를 잃는 아픔을 견디어야 했다. 공기업이 팔려나가고, 기업의 부도로 또다시 일자리를 잃고 거리로 내몰렸지만 국민의 정성으로 국가 경제가 회복되었다.

참여정부 들어 노동의 가치를 보다 존중하기 위해 '차별시정'을 해소하기 위한 조직을 만들고, 국가 중장기 정책을 수립하기 위해 12개의 위원회 중 하나인 '사람 입국 일자리 위원회'도 만들어 일과 삶의 조화를 이루는 방향을 설정하고, 과거의 물적투자 중심에서 인적투자 중심으로 투자 개념을 전환하고 일과 삶이 조화된 사회, 성장과 일자리 창출이 병행하는 국가 고용 발전 전략을 수립하였다.

문재인 대통령도 대통령 후보 시절 일자리 정책포럼2017.01.18에서

"일자리가 경제이고 일자리가 복지다"라며 일자리의 중요성을 밝혔고, 대통령으로 취임하자마자 대통령집무실에 일자리 현황판을 설치하고 대통령 업무지시 제1호로 대통령 직속의 일자리 위원회를 구성하라는 지시와 함께 국무회의에서 의결 2017.05.16. 되어 조직이 만들어졌다.

5월 1일 노동자의 날에는 "모든 성장은 노동자를 위한 성장이어야 한다. 그래서 노동의 가치와 존엄은 바로 우리 자신의 가치와 존엄이다"라고 밝히면서 일자리와 노동의 의미를 이야기했다.

2016년 세계 최고의 바둑 선수인 이세돌 씨와 구글 Google 회사에서 만든 인공지능 바둑 프로그램인 알파고 AlphaGo 와의 대결에서 기계가 승리하는 것을 두고 4차 산업혁명 도래를 보여주는 상징적인 사건으로 불렀으나, 통신 기술의 발달과 인공지능이 결합하면서 노동자들의 일자리는 줄어들고 있다.

과거 증기기관의 발명과 석유와 전기의 발명, 그리고 자동화 기기의 도입 등 산업혁명이 일어나 인간의 물질적 삶은 나아졌으나 반대급부로 노동자들은 대량 실업과 임금 삭감 등으로 고통을 감내해야 하는 시간을 거쳐야 했다.

대한민국 정부는 이러한 시대의 흐름에 맞게 교육하고 일자리를 만들어 노동을 통해 인간의 삶을 영위할 수 있도록 하는 일자리와 노동 시장 정책을 담당해왔다. 그러다 보니 일자리의 업무가 지방자치단체의 사무가 아닌 중앙정부인 노동부의 업무로 인식됐으나 지방자치제도가 부활한 이후 지방자치단체에서도 노동의 문제를 현실적으로 접근하고 있다.

2020년 우리나라 실업률은 4%대이지만 고용률은 66.8%로 경제협력개발기구OECD 국가 중에는 28위로 하위권에 있으며, 2020년에는 임시직 비율이 26.1%로 경제협력개발기구OECD 국가 중에 2위를 차지할 정도로 노동의 질에 대한 문제는 심각하다 할 수 있다.

우리나라의 조선업은 1980년대부터 호황을 이루다 2008년 금융위기 시 물동량 급감과 2014년 유가 하락으로 시장이 침체하다가 2016년에는 전 세계 조선소들이 구조 조정으로 위기를 맞았다.

조선업은 노동집약적 산업으로 많은 숙련공이 필요한 만큼 숙련공을 육성하는 데에도 많은 시간과 노력이 필요하다. 하지만 경기가 나빠지면 그동안의 노력이 물거품이 되고 많은 사람이 일자리를 잃어 실업자로 전락하게 된다.

협업을 통한 일자리 창출의 모범, 울주군

울주군은 온산국가산업단지와 일반산업단지에 조선 선재와 관련한 여러 기업이 있었는데 전 세계의 여파를 받고 울주군 관내 조선 선재에 종사하는 노동자의 실업률이 43.4%2016가 발생하면서 위기에 봉착하여 새로운 일자리가 시급한 상황이었다.

이선호 울주군수는 군수 출마 시 일자리와 관련하여 다양한 공약을 제시하였고, 이를 위해 19년에 일자리 전담부서인 일자리정책과를 신설하고 공약 추진을 위해 9개 협력부서를 구체적으로 정하고 주관부서와 협력부서와의 협업의 중요성을 강조했다.

이선호 군수는 "위기의 시대를 넘어서기 위해서는 산업과 계층을 넘어 수요 중심의 일자리 발굴을 위한 입체적 사고와 기능의 통합이 필요하며, 담당자들은 협업을 통해 군민을 살린다는 공무원의 자세로 업무에 임해야 한다"라며 공직자들에게 입체적 사고와 국민에 대한 봉사자의 역할을 지속해서 주문하였다.

공공기관은 예산과 사람이 일하듯이 울주군은 전담부서의 신설과 함께 일자리 예산도 증액하였다. 2018년 30억 원에서 2019년에는 78억 원, 2020년에는 120억 원으로 전체 예산 대비 1.1%를 편성했다. 2021년과 2022년에는 각각 133억 원과 125억 원을 배정하여 울주군 행정의 많은 역량을 일자리 창출에 집중했다.

울주군의 일자리 창출 사업은 크게 3가지 분야로, 지역산업 고도화를 통한 일자리 창출, 산림을 통한 일자리 창출, 고용 서비스 및 지역협력의 활성화를 통한 일자리 창출 분야로 나누어 추진했다.

지역산업 고도화를 통한 일자리 창출 분야로는 에너지 융합 일반산업단지를 조기 분양하며 원자력 및 원전 해체 융복합단지로 추진하면서 기업의 유치를 통해 일자리를 창출하였고, 오랫동안 이루어진 대기업의 의존도를 줄이고 기업의 체질 개선을 통해 일자리를 창출하는 에너지 중소기업 상생협력 지원사업과 지역 고숙련자들의 창업을 지원하는 기술창업사업을 통해 일자리를 창출하였다.

산림 일자리 사업으로는 도시 숲 및 정원 관리 분야의 교육을 통해 일자리를 창출하였다.

특히 지역 목재를 활용한 사회적경제기업협의체 구성consortium을 통해 지역의 사회적경제기업이 울산시설관리공단과 협약을 맺고 도시 숲 가꾸기 사업을 통해 버려지는 목재를 재활용하는 사업진환경 교구 제작을 시도하고 있다.

찾아가는 구직자 상담과 동행 면접 등을 통해 일자리를 지원하며 고용 서비스 및 지역 협력 활성화 사업에도 정성을 들였는데 이 영역은 사회적경제의 활성화를 위해 마을기업과 청년 사업체의 지원을 통한 일자리 창출과 함께 사회적경제 우선구매제도를 활용한 결과 매출로 이어져 일자리와 기업의 성장을 이루고 있다.

울주군의 노력은 사회적경제기업도 꾸준히 증가하여 2017년 71개 사업체가 2021년에는 161개 업체로 증가하여 꾸준한 성장을 통해 일자리를 창출하고 있다. 특히 마을기업이 2017년 8개소에서 2020년에는 18개소로 증가하였고, 지역 향토수종인 돌배나무의 상품화돌배청, 돌배주로 마을의 소득 증대와 일자리로 연결하면서 공동체 일자리를 창출한다는 점에서 의미가 크다 할 것이다.

일자리의 숫자만 늘리는 것으로는 군민들의 삶의 질에 한계가 있어 일자리의 질 향상을 위한 노력도 추진하였다.

노동자들의 처우 개선과 노사문화의 개선을 위해 2019년 3월 한국노총과 민

▲ 울주군 관내 중소기업 공장에서 생산한 제품과 노동 환경에 대해 경청하는 이선호 군수 (2019.05.28.) ⓒ 울주군청

주노총, 그리고 산림조합과 가구산업, 목재산업, 임업기술훈련원, 울산대학교 등 16개 기관과 단체가 참여하는 노·사·민·정 협의회를 출범시키고 실무협의회와 분과협의회 협의 체계를 구축하여 노·사·민·정 협력 증진을 위해 필요한 사항을 16회에 걸쳐 협의하였으며, 성희롱 예방 교육을 통해 양성평등의 사회적 가치 확산에도 정성을 기울였다.

2020년에는 울주군만의 인권 증진 시행 계획을 수립하고 세부 68개를 확정하여 시행하면서 울주군민의 인권 향상에 기여하였다. 최근에는 그간 울주군의 인권정책 추진사항에 대한 분석과 다양한 사례 등을 종합 검토하여, 울주군민의 인권정책 비전 및 목표 설정과 세부 실행 계획 등을 반영한 제2차 울주군 인권 증진 기본계획

2023~2027년을 수립하여 울주군민의 인권 보장 및 증진에 기여하기 위한 준비도 한참이다.

경력보유 여성의 고용문화 개선을 위해 육아종합지원소의 사업을 가정양육·어린이집·운영지원에 대한 3개 분야에 집중하고, 돌봄 부문으로는 초등학교 어린이를 대상으로 하는 다양한 비교과 과정을 개발하여 방과 후 돌봄을 하는 '다 함께 돌봄시설' 4개소를 운영하고 있으며, 결혼이민자 등 다문화 관련 취약계층을 위해 '건강가정·다문화 가족지원소'에서 결혼이민자 다이음 사업과 다문화 가족 활동 등 23개 사업을 통해 7,988명을 지원하였다.

울주군은 일자리 창출을 위해 고용노동부의 문을 집중적으로 두드렸다. 그 결과 '지역 산업 맞춤형 일자리 창출 지원', '신중년 사회공헌 활동 지원', '신중년 경력형 일자리 지원', 사회적 경제 자치단체 지역 특화등의 사업에 공모하여 일자리 예산을 확보하였다. 이외에도 행정 안전부의 '마을 공방' 공모사업과 '지역 주도형 청년 일자리' 사업 등 총 336억 원의 예산을 확보하며 청년과 공동체 일자리를 위한 지원 사업을 추진하였다.

울주군은 백두대간을 남북으로 이어주는 산맥으로 고헌산1,033m, 가지산1,240m, 신불산1,209m 등 1,000m 이상의 준봉이 7개 있는 데다 군 면적의 68.5%가 산림자원으로 '영남의 알프스'로 불리고 있는데 이러한 지역적 특성을 활용하여 추진한 산림 분야에서도 일자리 창출에 주력하였다.

영남알프스 복합문화공간도 군비 38.5억 원 등을 투입하여 휴양과 관련한 여러 체험 사업과 백년숲 가꾸기, 산촌 생활공동체, 목재 부산물 가공, 목재 기반 가구산업 등의 육성으로 지역의 자연 특성을 활용한 일자리 산업으로 평가받고 있다. 특히 관내 대학에서 곤충과 효소 관련하여 산업 연계를 통한 맞춤형 일자리 창출과 창업은 군 단위로서는 찾기 힘든 사례로, 행정, 산업, 대학의 긴밀한 연계로 어우러진 성과라 할 수 있다.

곤충의 생육과 표본 제작, 그리고 생태 체험장을 통해 농촌 융복합 산업으로 인정받아 연구기관과 시민들에게 제공·판매하는 사회적 기업인 '숲속의 작은 친구들' 이용화 씨는 "행정이 찾아와서 무엇을 지원할지를 상담하고, 관련기관과 연계할 수 있도록 지원하고, 판매를 위해 홍보를 해주는 등 찾아오는 행정으로 도움이 되고 있다. 덕분에 울산시 동구와 울주군 등 흩어져 있던 사무실과 체험장, 생육시설 등을 울주군으로 모아 현재의 공간에 자리를 잡을 수 있었다"라며 울주군 행정이 현장에서 체감할 수 있도록 다가가고 있음을 확인할 수 있었다.

'숲속의 작은 친구들' 은 애완학습용과 식용, 2급 보호종을 증식하는 항온 기술로 지속 가능한 6차산업 시설이다.

이선호 군수는 "울주군의 산울림은 제조업 산업과 울주군민을 위한 임자 있는 일자리 창출 사업으로, 사람이 희망인 울주를 위해 추진하는 협력 사업이다. 군민의 삶의 질과 기후위기에 대응할 수 있는 일자리로 지속 가능한 미래를 준비하고 있다"라며 친환경 일자리를 통해 울주군민의 삶의 질 향상을 강조하였다.

울주군은 다른 군 단위의 기초 지방자치단체의 인구 구성과는 다르게 청년이 28%, 중장년이 43%로 은퇴자 및 귀농·귀촌이 많은 지역이다. 제2의 인생을 준비하기 위해 이주하는 인구도 많아 이들의 숙련 능력과 경력을 활용하여 창업과 고용을 연계한 일자리도 창출하고 있다.

기술창업지원센터의 지원을 받은 업체는 선박평 형수용 전처리 장치를 발명하였고, 울주군 중장년기술센터는 중소기업벤처부와 창업진흥원의 평가에서 중장년기술창업센터 중 최우수 등급을 달성하여 기술과 일자리를 이끄는 역할도 하였다. 그간 울주군의 지원을 통해 등록된 지식재산권이 15건, 출원이 21건 등으로 기술창업도 확대되는 추세다.

울주군의 일자리 숫자는 고용보험의 피보험자 수 증가로 확인이 가능한데, 피보험자 수가 2019년 대비 1,445명이 증가하였고 일자리 창출은 1만8,732명으로 223%가 증가한 것으로 집계되었다. 울주군은 2023년까지 창업 및 일자리 종합지원시설을 건립하여 일자리 업무의

체계적 지원체계로 전환하여 창업 활성화와 일자리 창출로 울주군의 지역 경쟁력을 높일 예정이다.

그동안 일자리 창출을 위한 노력에 대해 정부와 여러 기관으로부터 지역자활센터와 가족 친화 도시 등으로의 지정과 수상을 받으며 검증을 받았다. 2021년에는 '산울림' 이라는 이름으로 산업과 산림 중심, 울주군만의, 임자 있는 일자리 사업으로 '2021 전국 지방자치단체 일자리 대상' 일자리 공시제 부문에서 최우수상을 받았다.

울주군은 지금 우리나라가 안고 있는 제조업과 조선업의 위기와 인구 유출, 그리고 중장년층과 고령화의 증가에 대해 대응하며 지역 산업의 고도화와 일자리 창출을 통해 지역을 활성화하는 등 소중한 성과를 보이고 있다. 여러 지방자치단체에서 응용 benchmarking 되어 지역 산업의 혁신과 일자리 창출에 도움이 되었으면 한다.

04

21세기의 새로운 산업을
육성하는 경기도의회

이스포츠! 시대별로 놀이문화와 표현이 다르듯이 '놀이' 나 '경기' 또는 '오락' 이란 명칭에 익숙한 세대가 있지만 게임이나 전자 기구를 활용하는 경기인 이스포츠 Esports, e-sports 놀이에 익숙한 세대도 있다.

전자기기의 보급이 대중화되기 전에는 놀이와 오락, 또는 경기라는 용어는 건전성과 공정성을 생각하고, 게임이라는 단어는 도박이나 파친코 등이 떠올라 선정성, 사행성, 폭력성 등으로 부정성을 연상하는 세대도 있다.

놀이를 할 수 있는 개인용 또는 가정용 전자기기의 보급이 확대되면서 가정과 학교에서는 청소년들이 게임에 중독되거나 가상세계에 빠져 현실 적응 회피를 우려해 전자기기를 활용한 가상의 게임을 통제하였고, 청소년들이 게임 중독에 빠지지 않도록 정부가 대책을 마련하는 등 사회적 쟁점이 되기도 하였다.

게임에 대한 과거의 부정적인 인식은 사라지고 누구나 즐기게 되었고, 전자기기를 이용한 게임을 만드는 업체와 함께 전문적으로 이용하는 사용자들의 경기가 등장하는 등 산업으로서의 가치가 창출되기 시작하자 국가가 보호하며 장려하고 있다.

우리나라가 전자적 공간에서의 가상 경기가 시작된 것은 1990년 후반부터 가정에 PC가 보급되면서 여러 명이 동시에 할 수 있는 '스타크래프트'가 공급되었다.

이 게임은 2009년까지 우리나라에 약 450만 장이 판매되면서 청소년들이 이 게임에 빠져들었고 도시마다 구동 용량이 높은 PC방이 자리를 잡으면서 청소년들의 놀이터가 되었다.

이러한 청소년들의 놀이문화를 보며 전통 놀이가 '스타크래프트'가 되었다며 기성세대들은 시대의 변화를 걱정할 정도였다. 게임을 전문적으로 하는 게임 경기가 생겼고, 2004년에는 10만 명의 관중이 모이면서 청소년과 젊은이, 시민의 인기를 대변하였다.

전자기기를 활용한 놀이문화가 한때 부정적인 놀이에서 벗어나 조직의 결합력과 전략 등이 주목받고, 산업으로서의 가치가 인정되면서 정식 이스포츠로 자리를 잡아가게 되었다.

대학에는 전자체육과 관련한 학과가 신설되었고, 광주와 부산, 대전에는 문화체육관광부가 지원하는 전용 경기장이 준공되었으며, 시장점유율이 높은 '리그오브레전드'라는 게임 전문 경기대회

of Legends Champions Korea가 개최되어 10개의 모둠이 참여하면서 국내에서도 산업으로서 시장이 형성되었음을 증명하였다.

기성세대들이 부르던 게임은 사라지고 이스포츠로 불리면서 세계의 흐름으로 인정되었다.

2018년 자카르타 · 팔렘방 아시안경기[1]에서는 150여 명이 등장하는 전투League of Legends, 미래 우주 전쟁StarCraft, 카드놀이Hearthstone와 관련된 이스포츠game 6개 종목이 시범종목으로 채택 · 진행되었다.

2022년 9월 항저우 아시안경기에서는 리그 오브 레전드, 하스스톤, 스트리트 파이터 등 8개 종목이 정식 경기 종목으로 채택되어 우리나라도 국가대표를 출전시키기 위해 선수 양성을 하고 있다.

우리나라는 개인용 휴대기기의 발전과 빠른 보급으로 시간과 장소에 구애 없이 이 게임을 할 수 있는 여건이 형성되었다.

2006년에 '게임산업진흥에 관한 법률'이 제정되어 국가 차원에서 게임산업의 기반 조성 및 진흥을 위한 계획을 수립하도록 했다. 그리고 게임 관련 창업 활성화를 지원하고 상품 개발과 게임물 관련 시설의 현대화 지원을 넘어 국제 협력과 해외시장 진출도 지원하고 있다.

2012년에는 '이스포츠 진흥에 관한 법률'을 별도로 특화하여 이스포츠를 활용한 국민의 여가 선용 기회를 확대하고, 국민경제의 건전한 발전을 위하여 산업 기반 조성을 통해 경쟁력을 강화한다는 계획이다. 그

---

1) 2018 Jakarta-Palembang Asian Games는 인도네시아에서 2918년 8월 18일부터 9월 2일까지 진행

러면서 이스포츠의 정의를 '게임산업진흥에 관한 법률' 제2조 제1호에 따른 '게임물을 매개로 하여 사람과 사람 간에 기록 또는 승부를 겨루는 경기 및 부대 활동'으로 규정하였고, 국가와 지방자치단체는 '이스포츠의 진흥을 위하여 필요한 시책을 수립·시행'하도록 의무화하였다.

게임을 넘어 국제 산업으로

문화체육관광부는 2019년에 이스포츠 전용경기장을 광역자치단체별로 3개를 공모하자, 경기도도 같은 해에 이스포츠 조성 공모를 통해 국가와 보조를 맞추어나갔다.

2021년 9월 서울 올림픽공원 핸드볼 경기장에서 개최된 '2021 한·중·일 이스포츠 대회' 개막식에서 문화체육관광부 황희 장관은 "오늘날 이스포츠는 다양한 세대가 함께 즐기고 소통할 수 있는 여가문화이자 국경을 뛰어넘는 소통과 교류의 장으로 자리 잡았다"며 "이번 대회가 이스포츠의 도약과 발전을 위한 발판이 되어줄 거라 믿으며, 이스포츠를 사랑하는 세계인이 교류하는 장으로 꾸준히 이어지길 바란다"고 밝혔다.

정부의 이런 움직임을 전후하여 게임 개발 기업의 거점지역 경기도는 2016년에 국제챔피언십(IEM, Intel Extreme Masters)대회를 유치하였고, 2018년에는 '경기 이스포츠 육성계획'을 발표하며 산업으로서의 이스포츠 기반 시설 구축과 인재 양성을 중심으로 진흥 사업을 발표하였으나 경기도의 자체 법규가 존재하지 않았다.

경기도 내 게임을 개발하는 사업체가 43%나 모여 있고, 전국 매출액의 50% 이상을 차지하는 성남의 상황을 잘 알고 있는 성남시의회 출신 최만식 의원은 법률적 장치를 통해 육성해야 함을 인식하고 조례를 준비하였다.

경기도의회 최만식 의원은 조례를 대표 발의하며 "어릴 적 동네 오락실에서 이스포츠를 할 수 있었는데 당시는 불량 학생들이 드나드는 장소로 인식되었지만, 지금은 정보화시대 새로운 문화로 등장하여 4차산업으로 성장하고 있는 만큼, 국제 교류 및 협력을 강화하는 등 경기도의 이스포츠 산업 발전을 위해 기초를 튼튼히 하는 노력이 필요하다" 라며 제도적인 지원을 담보할 법규

▲ 경기도의회가 주최한 '경기도 이스포츠 산업 진흥을 위한 전문가 토론회' (2019.08.23., 판교창조경제혁신센터)

를 준비했다고 밝혔다.

2019년은 지방자치단체들이 가상 놀이를 중심으로 하는 이스포츠의 법규를 만들기 시작한 원년으로 부산과 대전, 광주, 그리고 경기도 등이 '이스포츠 진흥 및 지원' 조례를 제정하였고, 기초지방의회에서도 성남시가 조례를 만들어 산업 육성을 준비하였다.

최만식 의원이 대표 발의한 '경기도 이스포츠 진흥 및 지원 조례' 심의 시 경기도의회 경제노동위원회에서 검토한 심사보고서에 의하면, 2018년 한국콘텐츠진흥원의 전자체육 실태조사를 근거로 "국내 이스포츠 산업 규모는 2017년 기준 973억 원으로 전년 산업 규모 933억 원 대비 4.2% 증가하였고, 중국의 경우 이스포츠 산업의 시장 규모가 2018년 기준 15조 원을 넘었으며 매년 두 자릿수 성장세를 보여 산업적 측면에서 진흥 및 육성을 통한 지역경제 활성화 가능성이 높다"라고 판단하였다. 그리고 "2017년 기준 전 세계 이스포츠 시청자는 3억8,500만 명으로 이스포츠를 직접 즐기거나 시청하는 방법을 통해 여가와 친목을 도모하는 기능을 한다"며 조례 제정의 필요성을 밝혔다.

제정된 조례에는 이스포츠 진흥을 위한 기반 조성과 전문 인력 양성, 시설 구축, 국제교류 등의 사업과 함께 이스포츠의 발전에 이바지한 공로가 많은 사람이나 기관과 단체에는 포상할 수 있도록 규정하였다.

경기도는 경기도 관내 지방자치단체를 대상으로 '전용 경기장' 조성을 위한 공모를 시행하여 성남시의회 서은경, 최미경, 최현백 의원도 '성남시 이스포츠 진흥에 관한 조례'를 공동 발의하였다. 서은경·최미경·최현백 성남시의원은 상위 법률을 '게임산업진흥에 관한 법률' 제2조 제1호를 근거로 발의하였으며, 경기도 조례에 추가하여 전담부서와 연구개발센터, 이스포츠 진흥위원회 등을 의무적으로 설치하도록 하였다.

성남시의회에서 조례 제정을 이끈 서은경 의원은 "이스포츠에 대한 문화와 산업의 기반을 조성하여 경쟁력을 강화하고, 이를 통해 지역 경제의 활성화와 이스포츠의 중심 기지로서의 위상을 만들기 위한 제도적 장치를 통해 제도권에서 본격적인 준비가 필요한 상황"에 조례를 제정되어 행정이 선제적 준비를 하는 계기를 만들었다.

이스포츠 관련하여 문화체육관광부는 게임콘텐츠산업과에서 담당하지만, 경기도는 2019년에 '이스포츠' 업무와 '게임산업' 업무를 '차세대 성장 산업'으로 규정하여 '미래산업과'를 신설하였고, 성남시도 '게임콘텐츠팀'을 만들어 행정의 역할을 강화하였다.

경기도는 세계 전자 체육 도전를 3년째 개최 중인데 2019년에 5개국에서 170여 명이, 2020년 10.31-11.1에는 9개국에서 440여 명이 참석하였고, 2021년에는 11월 6일부터 7일까지 이틀 동안 한국, 중국, 일본, 말레이시아, 필리핀 등 12개국에서 200명이 참여하였다.

2020년 종목은 '레인보우식스시즈' 와 '배틀그라운드', '카트라이더' 등 세 가지였고, 2021년에는 '레인보우식스시즈' 와 '배틀그라운드', '이터널리턴' 등 세 가지 종목으로 개최되었다.

경기도에서는 관내에 약 2,500개의 개발 업체에서 2만여 명이 일하고 있으며 연간 10.8조 원 규모인 한국 시장에서 약 4조 원이 발생하는 곳이라며, 이스포츠 산업을 차세대 성장 동력산업으로 규정하고 게임을 개발하는 중소기업을 지원하고, 이스포츠의 기반 조성, 그리고 회의 및 전시 산업과 연계하여 육성한다는 계획이다.

경기도와 성남시는 의원 발의로 조례 제정을 통해 의회의 지지를 받으며 본격적으로 사업을 추진하고 있다.

경기도는 행·재정적 지원과 완공 후 이스포츠대회 개최 및 지원에 협력하고, 성남시는 경기장 부지 제공과 예산 확보 등 차질 없는 사업 추진과 경기장 운영에 노력하기로 하였고, 한국이스포츠 협회는 경기장 건립사업 자문 및 협조, 완공 후 전자 체육대회 개최 지원 및 전자 체육 사업에 적극적으로 협력하기로 했다.

2021년 9월 경기도지사와 성남시장, 한국이스포츠 협회장이 '경기 이스포츠 전용경기장 활성화 협약식' 을 하면서 경기도지사는 "게임이 옛날에는 전자오락으로 불리다, 한때 마약과 동급으로 취급한 적도 있었지만, 이제는 미래에 주목받는 이스포츠 산업으로 인정받게 됐다" 라며 시대의 변화를 설명하였다. 전용경기장과 관련하여서도

"물리적 공간이 확보된다는 것은 중요한 일"이라며 "전용경기장을 기반으로 하여 인재 양성, 직업 개발, 대회 중계 개발 등 새로운 산업 영역을 선도적으로 확충"해 나갈 것을 밝혔다.

경기도는 광명시에 전자 체육 훈련 시설를 10월에 개관할 예정이고, 성남시는 2021년 7월에 '이스포츠진흥위원회'를 구성하면서 행정이 미래 산업으로 육성하기 위한 행·재정적 지원을 통해 2024년을 목표로 도비 100억 원을 포함하여 총 393억 원을 투입하여 전용경기장을 건설하고 있다.

이스포츠는 가상 공간에서 아이들이 노는 이스포츠에서 신성장 전략 산업으로 변신하였지만, 부정적 시각도 만만치 않다.

2006년 제정된 '게임산업법' 제12조는 게임의 과몰입을 예방하고, 과몰입한 사람들을 치료하기 위한 계획을 수립하도록 하고 있다. 특히 게임 과몰입에 대한 실태조사와 정책 대안 개발, 예방을 위한 전문인력의 양성과 예방을 위한 상담 및 교육 등을 하게 되어 있으나 '이스포츠 진흥에 관한 법률'은 이에 대한 대책을 별도로 규정하고 있지 않다.

'청소년 보호법'의 개정 제26조에 따라 2011년부터 16세 미만의 청소년에 대해 심야시간 0시~06시대의 인터넷 게임을 제공하는 것을 금지하였고, 대상 게임물의 적절성에 대해서는 2년마다 평가하여 개선 등의 조치를 하도록 하였다.

세계보건기구(WHO)도 2019년에 게임중독을 질병으로 분류하면서 위험성을 지적하고 있으나 개발 업계의 매출 감소의 우려와 함께 해외에서 제공하는 게임과 전자 기기를 활용할 경우는 강제할 수 없는 한계로 청소년을 보호할 수 없다는 평가가 지배적이라 풀어야 할 과제로 남아 있다.

과몰입을 방지하기 위한 상담 및 치료 시설 설치

이재명 경기도지사는 "제가 성남시장 할 때 성남시가 게임의 메카이기도 했는데 박근혜 정부가 게임산업을 4대 중독으로 규정을 하는 바람에 대중국 경쟁에서 우리 게임업체가 상당히 피해를 입었다"며 "이제는 광저우에서도 정식 종목으로 채택되는 등 미래 산업의 한 부분을 차지하고 있는 만큼 부정적인 부분은 최소화하고 긍정적인 부분, 미래지향적인 부분은 최대한 키워나가야 할 상황이라고 생각한다"라고 밝혔다.

경기도는 2021년 3월부터 민간위탁으로 경기문화센터 내에 총 26명의 상담사를 통해 게임 과몰입 학생들을 대상으로 상담을 통해 예방 및 치료를 하고 있다.

성남시도 2021년 2월에 성남 게임힐링센터를 개소하여 전문 상담사

2명을 배치하여 시민을 대상으로 게임 과몰입 정도 검사와 예방 상담, 게임 과정 이해하기 교육, 게임 과몰입 치유를 위한 음악, 체육 등의 문화예술을 운영하고 있다.

경기도는 2020년 7월에 "상담 및 치료가 필요한 도민에게 상담·진료비를 1인당 100만 원까지 지원하고 경기도의료원 수원병원과 의정부병원을 치료기관으로 지정해 연계할 예정"이라고 밝히면서 "과몰입 예방을 위해 게임의 올바르게 사용할 수 있는 능력 교육을 시행하고 경기도 온라인 평생학습 서비스 지식과 연계해 건강한 게임문화 관련 콘텐츠를 제작·배포한다는 계획"이다.

최만식 의원은 "과몰입 등을 해결하고 미래 성장산업으로 나가기 위해 정부와 학교, 학부모와 관련 업체 등이 지혜를 모아 풀어나가야 할 과제이며, 의회에서도 이러한 문제를 해결하기 위한 대책을 수립하도록 준비해 나가겠다'고 밝혔다.

이스포츠 산업은 우리의 일상에서 이루어지는 산업이 되었다. 이스포츠 산업 조례는 더 미룰 수 없는 상황에서 수동적으로 끌려가는 것이 아니라 능동적으로 시대의 흐름을 이끌어가야 한다는 관점에서 의미 있는 조례로 평가받고 있다.

도로에서 철도로의 녹색교통 전환,
진천군과 안성시

인류의 진화와 함께 변화한 것이 운송 수단이다.

수렵채취의 운송부터 잉여 농산물의 운송, 그리고 침략과 함께 경제 활동을 위한 운송까지 인간의 욕구를 충족하기 위해 운송 수단은 없어서는 안 될 필수 조건이었다. 동물에 의한 운송을 넘어 산업혁명을 거치면서 자동차와 기차, 배와 항공기 등 다양한 교통수단의 탄생으로 이어지는 운송 수단은 국가의 기간산업이 되었다.

한반도에서는 대한제국 시기 고종황제가 성내에 전철을 설치함으로써 대중교통의 첫 문을 열었고, 고속도로는 5·16 군사반란으로 정권을 잡은 박정희에 의해 추진되면서 개별 교통수단의 확대로 연결되었다.

철도는 시내 중심과 연결되는 편리성과 주요 거점별로 빠르게 이동하는 신속성, 그리고 출발·도착을 정확히 지키는 시간 정확성 외에도 자동차 사고로부터의 안전성을 실현하고, 물류의 대량 이동을 통한 경쟁력 강화 등 여러 가지 장점을 갖고 있을 뿐만 아니라 철도 통과 지역의 발전을 유도하는 효과까지 있어 환경적으로도, 경제적으로도 큰 의미를 부여한다.

특히 지구 위기 시기에 탄소 배출을 줄이는 교통수단으로서 중요한 의미가 있어 환경시민단체에서 지속해서 요구해왔으나 자동차와 도로 중심으로 구조화되어 있는 우리나라의 교통정책을 변화시키기에는 역부족인 상황하에서 정책을 전환하기 위한 특별한 명분이 요구됐는데, 이것이 균형발전 정책으로 '지역이 발전해야 국가가 발전한다' 는 논리다.

2003년 노무현 대통령이 주재한 국가균형발전 국정과제 회의 시, 지역의 발전을 통해 성공한 국가들의 경우 잘 짜인 철도체계가 균형발전의 핵심 요소 중 하나라는 것을 재확인하고 대한민국의 철도를 거미줄 같은 방사선 환승체계로의 구축을 구상하고 전국에 혁신도시를 건설하면서 국토 공간을 권역별로 발전시키는 다핵화 전략도 수립하여 임기 동안에 추진하였다.

대통령 자문 기구인 국가균형발전위원회와 지속가능발전위원회는 균형발전과 친환경 교통수단을 통한 지속가능성을 확보하기 위한 연구와 협의를 통해 2005년 제10회 환경의 날에 '국가 지속발전 비전' 을 선언하면서 '친환경 교통수단의 확대' 를 제시하였고, 7월에 철도건설

법이 제정되었다.

2006년 3월에는 제1차 국가철도망 구축 계획을 고시하면서 대한제국 이후 처음으로 도로 중심에서 철도와 병행하는 정책이 확정되었다. 환경부와 산업자원부, 건설교통부 등 정부 부처는 '국가 지속발전전략 및 이행계획'의 세부 과제로 '도로와 철도간 시설 투자의 형평성'을 위해 기존 도로 중심에서 철도와의 '수송에 대한 분담'에 균형을 맞추는 이행계획을 발표하였으나 대한민국의 철도 수송 분담률은 11.5%에 머물며 고탄소, 저효율의 도로 수송정책을 유지하고 있다.

2019년도 우리나라의 수송은 통행량을 기준으로 할 때 도로가 전체 물량의 88.3%를, 철도는 11.5%를 차지하고 있어 도로에서 발생하는 이산화탄소의 증가가 기후위기의 주범이라는 것이다. 교통수단 중 탄소 배출량과 관련하여 유럽환경청의 발표를 보면 승객 1명이 1㎞ 이동 시 비행기의 이산화탄소 배출량은 285g이고, 자동차는 158g, 기차는 14g으로 지구의 기상위기를 일으키는 탄소 배출량의 주범이 항공기와 자동차라는 점이다.

세계에서 철도가 가장 발달한 나라는 두 번의 세계대전을 일으켰던 독일로 인구 1,000명당 철도 연장 길이가 0.46㎞로 가장 높다. 균형발전 정책의 모범이라는 프랑스는 0.43㎞, 관광의 도시 이탈리아는 0.28㎞, 영국은 0.24㎞인데 반해 우리나라는 0.08㎞로 비교 자체가 의미

없을 정도이다.

그런데도 2019년 유럽연합은 2050년까지 탄소 기후 중립 목표 달성을 위해 탄소를 포함한 온실가스 배출량을 줄이겠다는 녹색대응계획 Green Deal을 발표하였고, 2021년 1월에는 '유럽 녹색 대응 투자계획'을 제시했다.

이 계획에는 온실가스 배출량을 높이는 도로의 수송을 지속가능한 지능형 이동수단으로 전환하고, 2015년 대비 고속철도는 운송량을 3배 확충하며, 화물 철도도 운송량을 2배 확대한다는 계획과 함께 유럽을 9개의 간선 교통망으로 구축하기 위해 환유럽수송망TEN-T, Trans European Transport Network을 건설한다는 계획이 포함되어 있다.

우리나라의 철도에 대한 투자는 수도권과 영남 및 호남 중심으로 이루어져 있어 내륙 및 해안 지역은 낮은 대중교통의 접근성으로 인해 지역의 발전 기회를 마련하기 어려워 국가의 균형발전에 큰 도움이 안 되었다.

특히 비수도권의 철도는 고속철도와 일반철도에 투자하고 있어, 수도권 대비 광역철도의 투자는 너무 부족하였으며, 비수도권의 투자도 기존 선로를 개량하는 광역철도 사업 추진으로 지방과 중심도시를 연결하는 광역철도망 시설이 부족하다는 점이다.

그런데다 지방은 저출산에 고령화로 인한 소멸 위기에 놓여 있어 이를 극복할 계획이 절대적으로 필요한 시점이다. 그리고 날로 높아가는 국제사회의 높은 문턱은 친환경 교통수단인 철도의 수송 분담률을 높여서 온실가스 배출량을 줄이고, 국제 경쟁력을 확보해야 하는 과제도 당장에 닥친 숙제이기도 하다.

진천군수의 철도 시대 공약

송기섭 씨는 2016년 진천군수로 출마하면서 진천의 미래 성장 동력으로 '철도 시대'를 개막하겠다는 공약을 제시하였다.

청주공항과 진천, 그리고 경기도 안성과 화성시 동탄을 연결한다는 내용이었으나 주민들은 "하늘의 별을 따는 게 쉽다"라며 진천군수 당선을 위한 헛된 '공약'으로 생각했다.

송기섭 진천군수는 "진천군 이월면에서 태어나 초등학교를 졸업하고 나서 중학교를 읍내로 유학을 가야 했습니다. 고등학교는 청주로, 대학은 서울로 유학을 가는 등 삶의 과정이 이사였는데요. 고향 진천이 성장하기 위해서는 철도를 통해 진천 밖의 세상과 교류할 때만이 가능하고, 이를 통해 진천군민들의 삶의 질을 향상시켜야 한다는 생각을 늘 하고 있었지요. 제게 진천의 철도는 평생의 과제"였다고 밝혔다.

진천은 조선 시대에는 광혜원(廣惠院, 역참)이 있어 교통의 중심지 역할을 하였으나 이후 특별한 위상을 갖지 못하다 일제 강점기 진천평야에서 생산되는 쌀 때문에 일시적으로 주목받게 되었다. 즉, 일제는 진천의 쌀을 수탈하기 위해 철도를 구상_{서울-용인-안성-진천-청주-대구-부산}한 것으로 알려졌다. 그러나 일본은 진천평야에서 생산되는 쌀의 수송보다 대륙 침략의 군사적 상황이 우선하여 부산—대구—영동—대전—서울—만주로의 철도를 개설하였다고 한다.

그래서일까? 먹고 살기 어려웠던 시절의 표현처럼 생거진천_{生居鎭川, 실어사후: 진천에 살다}이었으나 유학 등의 이유로 도시로 나간 젊은이들은 돌아오지 않았다. 특히 교통의 불편은 인구 유입을 막는 역할에도 이바지한 것이다.

송기섭 씨는 군수에 당선되자마자 철도 시대의 개막을 만들겠다는 공약을 추진하기 위해 10년 계획을 수립하고 진천군 장기발전계획에 반영하며 동분서주하였으나 철도 건설 타당성 용역의 '비용-편익분석'이 낮게 나와 위기에 봉착했다. 그러나 송 군수는 용역 과정에서 나타난 한계를 극복하기 위해 노선 구간별 수요와 노선의 필요성 개발에 대한 논리를 재수립하였다. 그리고 2017년 제19대 대통령 선거 공약으로 건의한 후, 철도 수요를 늘리기 위해 인구 유입 정책을 추진하면서 2018년부터 다시 준비하였다.

2016년 송 군수가 취임할 때 인구가 6만8,368명이었던 것이 2021년 말에 외국인을 제외하고서도 8만5,051명으로 증가시켰고, 고속철도의 병목 구간_{평택-오송}의 교통 수요 분담 및 충북혁신도시와 청주국제공항, 그리고 오송역의 접근성을 통한 지역경쟁력 강화를 위해 75㎞에 복선 전철을 설치할 수 있도록 '제4차 국가철도망 구축 계획'에 반영의 필요성을 다시 제기하였다.

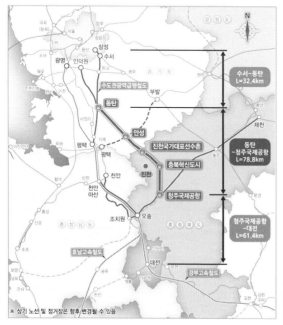

◀2019년 3월 13일 진천군이 국토교통부에 제안한 철도 노선 ⓒ 진천군청

2019년 해를 넘기기 전에 경기도와 충청북도, 그리고 공항이 있는 청주시, 철도가 있는 화성시, 그리고 철도 유치를 준비하는 안성시와 함께 6개 광역 및 기초자치단체가 공동협약을 체결하였다. 이러한 노력에 공동협약을 체결한 6개 지방의회와 충청북도 11개 기초의회 의장단 협의회에서도 6개 지방자치단체가 제안한 노선이 제4차 국

가 철도망 구축 계획에 반영할 것을 촉구하는 결의대회를 개최하며 힘을 실었다.

시민들도 나섰다. 수도권 내륙선 철도를 유치하는 4개 지자체 주민들이 유치위원회를 결성하여 힘을 실었다. 수도권 내륙철도 유치를 위한 각종 행사의 사회를 맡았던 진천군 철도유치위원회 민간위원 이유림 씨는 "도시에서 유학 생활을 하면서도 고향 방문을 잊지 않았다. 하지만 그럴 때마다 대중교통의 불편함이 너무 컸던 기억에 이번 철도 유치가 더욱 간절했다. 수도권 내륙선 광역철도 유치 확정은, 민간위원들과 함께 철도 노선이 보이는 옥정재에 올라가 안성과 진천을 두루 보면서 어르신들과 철도 유치의 염원을 담아 '기찻길 옆 오막살이' 동요를 부르는 등 모두의 정성과 마음이 모인 결과라며 한마음으로 최선을 다했던 진천군민 모두의 성과"라고 말했다.

▲ 진천군 여성단체들의 철도 유치 홍보 참여
(2021.05.13.) ⓒ진천군청

철도 유치 민간위원들과 관계 공무원들이 혼연일체가 되어 국토부의 문을 두드리다 보니 조금씩 열리기 시작하였고, 협의 과정에서 제4차 국가철도망 구축 계획의 방향과 목적을 분석하여 정부의 정책 방향에 만족할 수 있도록 6개 지자체와 재협의하여 '일반철도에서 광역철도'로 전환하고 다시 건의하였다.

송 군수는 "현대 사회에서 지역의 획기적 발전을 위해서는 도로와 공항, 항구와 철도 등 4개 분야의 사회간접자본시설이 필수적이다. 진천군은 사통팔달의 도로망을 비롯해 인접한 거리에 청주국제공항과 평택항을 두고 있으나 철도가 지나지 않아 철도교통망 구축이 절실했다. 지난 5년 동안 절절함을 전하기 위하여 중앙정부와 국회 등 수없이 다녔는데 그 결실로 진천의 희망을 열게 되었다"며 수도권 내륙철도의 의미를 부여하였다.

일반적으로 광역철도는 서울과 부산, 대구, 대전 등 광역시의 대도시권에만 가능한 시설로 진천군 및 6개 지방자치단체가 제안한 철도노선은 반영이 어려운 구조이나 '대도시권 광역교통관리에 관한 특별법' 시행령의 개정을 통해 '광역철도'의 지정 범위를 조정하는 제도개선을 통하여 광역대도시권으로 지정한 후 추진하게 된다.

2021년도는 6개 자치단체장과 지방의회, 그리고 민간 유치위원회 위원들의 다양한 활동으로 국토교통부의 문턱을 닳게 했을 것이라는 덕담을 할 정도이니 군민들과 관계 공무원들의 노고가 컸을 것 같다.

▲ 제4차 국가철도망 수도권 내륙선 확정 관련 4개 지자체 기자회견(2021.06.29.)
송기섭 진천군수(가운데 왼쪽), 김보라 안성시장(가운데 오른쪽) ⓒ안성시청

진천군은 철도 시대를 준비하여 중부권에서 신재생에너지 도시로 전환하기 위해 태양광 사업을 확대하고 있다. 추억의 농다리를 중심으로 녹색도시와 함께 국가대표 선수 마을과 연계한 체육 관광, 그리고 진천평야를 통해 지속가능한 친환경 농촌으로의 중장기 계획도 구상하고 있다.

옛 영광의 부활 시도

2020년 4월 보궐선거에서 당선된 김보라 시장이 취임하자마자

'제4차 국가철도망 구축 계획'에 수도권 내륙철도를 반영하기 위해 뛰어들었다.

과거 안성은 경상도와 전라도, 충청도를 연결하는 삼남의 요충지로서 '제2의 개성'이라 불릴 만큼 상업이 발달한 지역이었고, 1980년대까지 천안과 안성, 장호원까지 철도 안성선이 운영되기도 했다. 그러나 자동차에 의한 수송정책으로 1989년 안성선이 폐선되었고 경기 동남부에서 수도권과 중부권인 충청을 연결하는 나들목 기능 또한 사라지게 된 것이다.

김보라 시장은 선거 시 "과거 안성시는 사통팔달의 요충지였음에도 불구하고 도로 중심의 정책으로 경기도에서 유일하게 철도가 없는 지자체가 되었다. 지방의 소멸을 막고, 저탄소와 국가균형발전을 위해 수도권 내륙선 국가철도사업과 평택~안성~부발 국가철도사업을 반드시 이루겠다"고 약속한 바 있고 "안성시는 대한민국 동서남북을 잇는 교통의 핵심 근거지가 되고 효율적인 철도운영은 도로정비와 주변 기반 조성으로 이어져 물류 중심도시로 성장, 안성의 옛 명성을 반드시 회복하게 될 것"이라고 강조했다.

안성시와 진천군, 화성시와 청주시 등 4개 시·군 주민들의 철도연결을 촉구하는 시민운동을 지원하여 7만 5,000여 명의 서명을 국토교통부에 전달했다. '나도 함께 도전' 운동 과 결의대회 와 건의문 등 6개 지방자치단체가 수도권 내륙선 실현을 위해 행정력과 시민들의 마음을 모으며 여론화 작업을 진행한 것이다.

▲ 수도권 내륙철도 유치를 염원하는 깃발을 동탄에서 청주까지 전달하는 김보라 시장 (21.03.30, 안성시 내혜홀광장) ⓒ 안성시청

2021년 4월에는 6개 지방자치단체가 공동으로 정부에 보낸 건의문에서 "수도권과 충청권을 연결하는 수도권 내륙선은 단순히 도시와 도시를 연결하는 교통수단에 그치지 않고, 철도교통 소외지역의 교통 접근성 개선을 통해 지역경쟁력 강화 및 지역발전의 신성장 동력을 이끌어내어 국토의 균형발전을 실현할 수 있는 모범사례가 될 것"이라며 수도권 내륙철도의 필요성을 설득했다.

안성시민들도 마음을 모으는 여러 행사를 통해 철도 유치를 위한 의지를 표출했다. 4대째 안성에 살며 꽃길 조성 운동을 추진한 정효양 씨는 "안성시민의 꽃길 조성은 수도권 내륙철도가 연결되어 안성의 미래가 활짝 피어 행복하길 바라는 염원을 담아 추진했는데 내륙철도가 확정되어 너무 기쁘다"라며 안성의 발전에 기대하는 희망을 전했다.

2021년 확정된 철도 정책으로 안성시는 저탄소 친환경 정책을 준비하고 있다. 특히 기후위기 대응을 위한 기후 예산제 도입과 안성의 65

개 호수와 다양한 문화재를 연결하여 '여유 있는 생태관광 도시'로의 전환, 경기도 반도체단지의 편입을 통한 일자리 창출 등 저탄소와 친환경, 그리고 일자리를 통한 경쟁력 확보를 위한 도약을 준비하고 있다.

화성시와 청주시도 함께 힘을 모았다. 특히 화성시민단체인 화성의 수원 군공항 이전반대위원회는 진천과 안성의 유치위원회처럼 유치운동을 열심히 한 것으로 평가받고 있다.

2021년 6월 철도산업위원회의 심의 의결된 제4차 국가철도망 구축사업에 반영된 수도권 내륙선은 동탄~안성~진천 국가대표 선수촌~충북 혁신도시~청주국제공항을 연결하는 총연장 78.8㎞의 고속화 철도로, 비수도권에 광역철도를 대폭 확대하여 지방의 권역별 대도시권 조성 및 국가균형발전을 위한 핵심 기반시설이 될 것이다.

수도권 내륙철도는 권역을 뛰어넘는 지방자치단체장들의 정책적 의지와 정무적 판단까지 합쳐져서 이루어낸 성과로, 30년 만에 부활한 지방자치의 의미를 부여할 수 있는 소중한 협력 사례로 지방자치의 발전에 한 획을 그은 역사로 기록될 것이라 본다.

3장

복지 넓히기

약물 치료에서 심리 치료로
전환하는 경기도의회

자살 공화국! 우리나라는 경제협력개발기구OECD 회원국 중 10년 넘게 1위라는 아픔을 가지고 있는 나라로 경제협력개발기구OECD의 평균 자살률 11.5% 2018년 기준보다 2배나 높은 26.9%2019년 기준로 나타났다.

청소년 자살률도 경제협력개발기구OECD 국가들은 낮아지지만 우리나라는 1.8배나 높게 조사가 되었으며, 2001년에 5.9%, 2019년에는 8.2%로 지속적인 증가 현상을 보이면서 심각한 사회문제가 되고 있다.

불평등과 부족한 사회 안전망 속에서 경쟁에서 뒤처진 사람들은 쉽게 우울과 절망으로 빠져들기 쉽지만, 이들을 지탱해줄 지지체계는 거의 없다. 특히 최근 전염병COVID-19 여파로 사회적 거리 두기까지 강화되면서 다양한 우울감 현상이 발생하고 있고, 특히 10~20대의 자살률이 심각하게 상승하고 있는데, 이를 지원하기 위한 예방적 성격의 심리상담은 그 의미가 더 크다.

세계보건기구(WHO)는 2021년 6월 '지역사회 정신건강 서비스에 대한 지침'을 발행하면서, 정신건강 의료치료의 근본적인 변화를 촉구하였다.

주된 내용은 의료사례에 기반한 낙인과 의료가부장주의 등의 인권침해 폐해를 벗어나 생물학적 병인학보다는 심리·사회적 이해, 진단 없이 고통스러운 외부환경에 대한 이해, 낙인보다 공감, 약물치료보다 심리치료 등 새로운 접근을 강조하는 심리·사회적 사례와 지역사회 중심의 심리 건강 지원을 위한 지역사회 정신건강 지원 지침이다. 즉, 정신질환의 진단과 병인학의 추구를 그만두고, 대신 심리적 현상의 인과적 기제들을 밝히고 이해해야 한다는 점이다.

우리가 진행하는 건강 지원들은 정서적 고통을 다루는 약물에 대한 우리의 의존을 대폭 감소시켜야 하며 존재하지도 않는 기저 질환을 치유하거나 심지어 대처하기 위해서 약물을 고려하지 말아야 한다는 것이다. 사람들로부터 힘을 빼앗는 것이 아니라, 그들이 자신과 서로를 돕도록 개인적 주체(personal agency)를 촉진하는 심리학적 지원이 필요하다.

이 사업은 다학제(여러 학문 계열들을 횡의하는 조직구성) 심리학자와 노동자들의 소통을 포함하고, 의료적 해결책보다 심리·사회적인 해결책을 촉구한다. 개인 치료가 필요할 때 효과에 기반한 심리치료가 이용될 수 있어야 한다는 것이다.

현재의 질병 사례가 부적절하다면 병원에서 사람들을 돌보는 것도 부적절하다. 결론적으로 세계보건기구 WHO 는 의료적 초점에서 심리·사회적 초점으로의 근본적인 변화와 변혁을 주문한 것이다.

우리나라에서는 1995년 '정신보건법'으로 제정된 법률이 2016년에 '정신건강 증진 및 정신질환자 복지서비스 지원에 관한 법률'로 개정되며 국가와 지방자치단체는 '국민의 정신건강을 증진하고, 정신질환을 예방·치료하며, 정신질환자의 재활 및 장애 극복과 사회적응 촉진을 위한 연구·조사와 지도·상담 등 필요한 조치를 하여야 한다 '라고 명시하고 있다.

2000년에 제정된 '보건의료기본법'도 국가와 지방자치단체가 '국민건강의 보호·증진을 위하여 필요한 법적·제도적 장치를 마련하고 이에 필요한 재원을 확보하도록 노력'하여야 하며 '건강 관련 활동으로부터 발생할 수 있는 위해를 방지하고, 각종 국민건강을 위해 요인으로부터 국민의 건강을 보호하기 위한 시책을 마련하도록 노력'해야 한다며 공적인 역할을 주문하고 있다.

문재인 정부는 2018년에 '자살 예방 국가 행동계획'을 발표하며 범부처 차원의 계획을 수립하고 중앙자살예방센터 2019년 한국생명존중희망재단으로 확대를 만들어 생명을 존중하고 희망을 만들 수 있도록 노력하고 있다.

미국과 영국, 독일 등 대부분 유럽연합 국가와 호주 등도 '박사급' 심리 분야 전문가와 의료 및 복지 전문가가 함께 정신건강에 대한 증진사업을 공공분야에서 제공하도록 다루고 있는 것이 세계적 흐름이다.

박원순 서울시장도 2015년에 서울형 심리지원프로그램 모형개발을 통해 심리지원서비스의 접근성과 예방 지향성, 전문성, 지역사회와의 연계성, 이용자의 비용 부담 감소 등을 통한 서비스가 가능하도록 노력했다.

2020년부터 전 세계는 전염병 COVID-19을 극복하기 위한 여러 정책으로 시민의 심리적 불안과 우울증, 그리고 사회적 거리 두기로 인한 고립감이 많이 증가하고 있어 그 어느 때보다 심리상담과 치유의 중요성이 부각 되고 있으며, 청소년도 '성적압박과 불안 장애, 학교에서의 왕따와 폭력, 우울증' 등으로 충동적 자살이 지속적으로 증가하고 있어 정부만이 아닌 지방자치단체에서도 대책을 시급히 마련해야 하는 상황이다. 경기도는 우리나라 17개 광역 자치단체에서 인구가 가장 많은 지역이다 보니 자살하는 인구도 비례하여 많은데 2019년 한 해 동안 3,310명이 스스로 삶을 포기 2021 자살 예방백서한 지역이다.

우리나라 국민의 우울증 전국 평균 경험률은 5.5%로 조사되고 있으나 경기도는 이보다 높은 6.5%이며, 정신적 고통 stress 도 전국 평균인 25.5%보다 높은 27.7%로 나타났다. 전염병 COVID-19으로 인해 정신적 외상을 받았다고 한 사람도 64.8%로 나타나 시민들을 위한 심리상담의 필요성을 대변하고 있다.

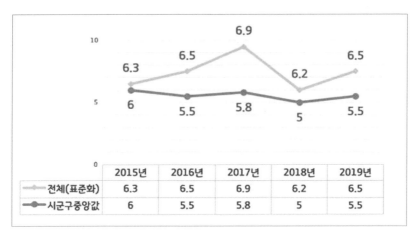

	2015년	2016년	2017년	2018년	2019년
전체(표준화)	6.3	6.5	6.9	6.2	6.5
시군구중앙값	6	5.5	5.8	5	5.5

▲ 경기도민의 우울증 경험률이 전국 평균보다 높은 6.5%로 나타났다(2020.06.) ⓒ 2019년 경기도 지역사회 건강 통계

더불어민주당 경기도당은 지난 2018년 경기도의회 비례대표로 상담 및 복지 전문가인 김은주 박사를 선출하였다.

김 의원은 중앙정부가 추진하는 정신질환 치료 중심의 정신보건 및 자살 예방 의료사례뿐 아니라 지방자치단체에서 일반 도민들을 위한 예방 차원의 심리서비스를 확대함으로써 도민의 삶의 질을 개선하고, 10년간 경제개발협력기구(OECD)에서 최고인 우리나라의 심각한 자살률을 낮출 수 있다는 철학을 기반으로 경기도의회가 개원하자마자 여러 토론회를 개최하며 공공 심리서비스의 확대를 주장하였다.

2019년과 2020년에도 세 번의 토론회를 개최하여 "아동 청소년의 긍정적인 심리 정서발달 지원을 위해 학교와 가정에 정신건강 지원체계의 통합서비스체계를 구축하여 교육과 심리치료, 재활 및 훈련 등의 통합지원"의 필요성을 역설하였으나 경기도의 소극적 움직임에 "의료적 개입이 아닌 통합적이고 교육적인 마음 건강 지원체계 구축에 대한 제도적 근거로서 조례를 제정"하겠다고 발표하였다.

김은주 의원은 "기존의 정신보건 사업은 심리적 장애 단계에 있는 정신질환자의 치료, 요양, 재활에 초점을 두어 일반 시민이 접근하는 데 제약이 있는데 심리지원은 심리적 안정과 사회적 적응을 도모하기 위한 상담 활동과 같은 심리학적 서비스를 제공"하는 것이자 "민간 차원의 심리 상담은 비싼 비용문제로 접근이 어려운 시민들을 위한 공적 심리서비스의 제공으로 도민들의 적극적인 삶을 영위할 수 있도록 지원하는 사업이라는 점을 강조"하면서 행정을 설득하였다.

심리지원센터는 우리나라에서 서울시가 처음 연구를 통해 조례가 만들어져 설치·운영이 되었고, 이후 서울시 4개 권역으로 확대 설치·운영하고 있다.

어린이재단인 초록우산 경기아동보호센터도 조례안에 대해 "아동의 경우에도 경제적 어려움, 물리적 시간, 보호자 부재 등 어려움, 사회적 어려움 정신 장애와 심리지원에 대한 부정적 사회 인식으로 나이가 등으로 치료까지 이어지지 못하고 있으며, 아동·청소년기의 발달 특성을 기반으로 한 맞춤형 예방치료로 지역사회 내 적응을 위한 통합적 측면을 지원하는 복지적 접근"이 필요하다는 의견을 제출하였다.

서울시는 발달상의 문제나 정신과적 문제로 인한 부적응 아동·청소년들의 사회적응을 위한 지속적인 사례 관리 및 행동발달치료 등 종합 심리평가를 위한 행동발달 프로그램을 운영하는 아이존센터도 운영하고 있다.

김은주 의원은 초기 아동·청소년 대상 아이존센터와 일반 성인 대상 심리지원센터 조례를 별도로 추진하다가 집행부인 경기도가 하나로 합쳐달라는 요청에 따라 하나의 조례에 아동·청소년의 심리지원 내용까지 포함하여 조례 제정을 진행했다.

김 의원이 대표 발의한 조례에는 '일반 정신건강 취약계층과 아동·청소년의 회복을 돕는 동시에 도민의 정신건강 문제 예방 및 건강한 성장과 행복 추구 실현'이 가능하도록 지원하는 기관을 경기도 4개 권역에 설치하도록 하였다.

총 13개 조문으로 구성된 조례에 3개 조항이 '아동과 청소년' 만을 위한 조문이며, 심리센터의 설치 목적과 기능에도 미래 세대를 반드시 포함하도록 하여 조례 제정의 본질을 명확히 하였다. 또한, 심리센터가 일반행정의 영역을 넘어 전문성을 필요로 하는 사업이기에 행정에서 직접 운영의 어려움을 고려하여 '아동·청소년 심리 건강 사업'은 위탁이 가능하도록 하였다.

집행기관인 경기도와 세부적인 협의를 통해 심리지원센터의 조례가 제정될 경우 5년 동안 68억 원의 예산이 소요되는 것으로 합의를 이끌었고, 경기도의회 입법담당관실에서도 발의된 조례를 검토한 결과 '심리지원센터가 설치될 경우 일반 정신건강 취약계층과 아동·청소년의 정신건강의 문제를 예방하고 회복하는 데 기여' 할 것이라 분석했다.

▲ 경기도 내 아동·청소년의 정신건강 증진 방안 모색을 위한 토론회(2020.01.17., 경기도의회), ⓒ 경기도의회

김은주 의원의 대표 발의로 서울시 이후 2번째로 '경기도 심리지원 센터 설치 및 운영에 관한 조례'가 경기도의회를 통과하였고, 제정된 조례를 근거로 2021년 9월 경기도 심리지원센터가 설치되어 운영을 시작하였다.

심리지원 서비스로 행복할 권리

경기도 심리지원센터장을 맡은 아주대학교 김은하 상담심리학과 교수는 "많은 사람이 박탈감, 좌절감, 우울감, 불안감을 느끼지만, 시간과 비용 등으로 심리상담이 멀리 있었으나, 조례 제정으로 누구나 심리전문가로부터 다양한 심리지원 서비스를 받고 행복해질 자격이 있음을 공포한 것"이라며 조례 의미를 평가했다.

김 의원은 "성인뿐만 아니라 아동·청소년의 우울증과 주의력 결핍 과다행동장애ADHD가 증가하는 등 아동·청소년의 심리를 돌보고 관리할 수 있는 비의료 기관인 심리지원센터의 설치가 예방적 측면에서 도움이 될 것"이라고 강조했지만, 집행부의 움직임은 조례의 취지를 충분히 반영하지 못하고 있는 것으로 나타났다.

심리센터의 영역이 전문성이 강한 데다 고질적인 칸막이 행정으로 아동과 청소년 정책은 여성국보육청소년과이, 발달장애 등 장애진단을 받은 아이들의 성장 발달 지연은 복지국장애인복지과에서, 정서·행동 및 정신적 문제는 보건 건강국정신건강과이 담당하고 있어 심리지원센터라는 종합행정의 기능을 담당할 주무부서 결정도 녹록지 않았다.

2021년 7월 경기도는 '경기도심리지원센터'를 설치하기 위하여 수탁기관을 공모하여 확정8월하였으나 그 역할을 '일반 도민 대상'이나 '정신건강 취약계층'으로 한정하고 있고, 상담 수준도 '단순·경미한

정서 문제 _{우울, 불안, 분노, 소진 등}' 수준의 심리상담이나 '공공 심리지원 서비스'로 한정하는 것으로 제한하고 있어 조례에 명시된 정책 일부만 추진하는 센터가 될 가능성이 있다는 지적도 있다.

2020년 법적 장치인 조례의 제정으로 2021년 첫 사업이라 행정의 많은 준비가 필요하고, 시범사업 성격으로 우선 '일반인 대상 심리상담지원'을 추진한다고 애써 해석이 가능할 수 있지만, 시범사업이기에 핵심 대상인 '어린이와 청소년들의 비의료적 행위의 범위 내에서 심리지원'을 최대한 반영하기 위한 노력이 없음은 행정이 법률적 장치인 조례를 너무나 자의적으로 해석하는 것이라는 지적도 제기되었다.

덕성여자대학교 사회복지학 김진우 교수는 "제8조에 도지사가 아동·청소년의 사회적응 및 심리 건강증진을 위한 서비스와 사례관리 프로그램을 운영할 수 있고, 제10조에 업무위탁 또한 아동·청소년 심리건강 관련 내용으로 제시하고 있는 점, 제5조 제3항에 동 센터가 수행하는 사업을 아동·청소년 심리건강증진 프로그램으로 한정한 조문을 종합적으로 고려해 볼 때 아동·청소년을 제외한 나머지 인구집단에 국한하여 사업을 추진한다면 조례 제정 사유를 무시한, 심각한 내용적 일탈 행정에 해당"한다며 경기도의 심리지원센터 사업의 문제점을 지적하였다.

제35대 경기 도정의 5대 정책 목표 중 하나가 '삶의 기본을 보장하는 복지'로 경기 기본소득과 청년수당, 복지전달체계 개선 등의 사업을 추진하고 있으나 미래의 주체인 아동과 청소년들을 비롯해 시민의 불안함을 사전에 감지하여 상담을 통해 자살을 방지하고 사회활동을 할 수 있도록 조성하는 사업은 깊게 다가가지 못하고 있는 것 같다.

김은주 의원은 "인간은 누구나 행복한 삶을 살아갈 권리가 있다. 인간적인 삶을 누릴 복지 기본선은 정부와 지자체가 보장해야 한다. 행복하고 만족스러운 사람들이 많을수록, 그리고 사회가 행복할수록 나도 행복해질 가능성이 커진다"라며 지방자치단체의 복지 영역의 확대와 전문적인 심리서비스의 중요성을 강조하였다.

대한민국 국회의원의 절반이나 되는 많은 경기도의원을 기억하는 사람들은 없을 것이다. 특히 지역구 의원도 아닌 비례대표 도의원은 더더욱 기억하기가 쉽지 않다. 그럼에도 비례대표 출신인 김은주 의원이 지난 4년 동안 대표 발의하고 제정한 조례들의 공통점은 사회적 약자를 포함해 경기도민의 삶의 질 향상을 다룬다는 점이다.

김 의원이 대표 발의한 조례는 재가 서비스의 법적 근거 마련을 위한 '경기도 재가 노인지원서비스 지원에 관한 조례' 2019.01.25 , 취약한 돌봄 노동자들을 지원하기 위한 '경기도 사회서비스원 설립 및 운영지원 등에 관한 조례' 2019.06.28, 장애인식 개선 교육의 전문성 향상을 위한 '경기도교육청 장애인식개선 교육 지원 조례' 전부 개정(안)2021.07.02. 등 사회적 약자를 위한 조례들이다.

김은주 의원이 발의한 조례들은 전국 최초가 많다. '경기도 노인의 지역사회 지속 거주를 위한 기본 조례' 2020.05.29., 「경기도 심리지원센터 설치 및 운영에 관한 조례」 2020.06.26. , '특수교육지원센터 운영 조례' 2021.01.02. , '행복한 학교 만들기 지원 조례' 2021.01.02. 등의 제정으로 지방자치제도의 범위에서 소외되었던 정책들이 경기도민들의 삶의 질 향상을 위해 태어난 것이다.

전문가인 김은주 의원의 열정과 노력이 경기도민의 삶을 더욱 안전하고 따뜻하도록 길을 밝히는 촛불이라면, 작은 촛불이 더 성장하고 발전하여 방 전체를 따뜻하게 하는 모닥불이 될 수 있도록, 정당에서 공천되는 비례대표 지방의원들이 이해관계에 의한 공천이 아니라 분야별 전문가의 공천을 통해 지역 주민의 삶의 질 향상에 기여할 전문가들의 공천을 기대해본다.

장애와 비장애를 넘은 공정한 권리, 제주도의회

대한민국 헌법은 '모든 국민은 법 앞에 평등제11조하고 인간으로서의 존엄과 가치를 가지며 행복을 추구할 권리제10조를 가진다. 국가는 개인이 가지는 불가침의 기본적 인권을 확인하고 이를 보장할 의무를 진다' 고 규정하고 있으나 현실은 그렇지 않다. 우리 사회의 많은 제도에는 장애와 비장애에 대한 차별이 존재한다.

장애인들이 길거리에서 "동정심에 기반한 시혜적 혜택이 아니라 국민의 한 사람으로서 당연히 누리고 보장받아야 할 천부적인 권리"로서 대우해달라고 싸우고 있다.

1981년 '심신 장애자 복지법' 으로 제정된 장애인의 권리를 위한 법률은 그동안 68회에 걸쳐 개정되면서 '장애인복지법' 으로 태어났으나 아직도 많이 부족하다고 주장하고 있다.

UN은 2001년 제56차 총회에서 멕시코 대통령이었던 빈센트 팍스의 제안으로 전 세계 모든 장애인이 기본적인 인권과 자유를 동등하게 누릴 수 있도록 촉진하기 위해 2006년 12월에 장애인권리협약을 제정했다.

신체장애와 정신장애 그리고 지적장애를 포함한 모든 장애인의 존엄성과 권리를 보장하기 위해 평등과 비차별의 원칙에 따라 장애인의 권리를 보장한다는 내용으로, 장애인 권리 보호와 증진을 위한 국제적 장전이라고 할 수 있다.

우리나라는 2007년 협약에 서명했지만, 협약의 실효성을 담보하는 내용 중 일부인 '장애인권리협약 선택의정서'와 제25조 마항인 '생명보험 제공 시 장애인 차별금지' 조항은 비준을 계속 유보하다가 2021년 국회의 비준을 받음으로써 국제사회에 장애인 차별금지조항의 실질적 이행을 명시적으로 밝혔다.

노무현 대통령은 2005년 '장애인차별금지법안'을 발의하였고, 10월 국회 시정연설 총리대독에서 '장애인차별금지법'을 제정하겠다고 밝혔으며, 2007년에 제정되었지만, 여전히 차별이 존재하고 있다.

그동안 민주노동당의 故 노회찬 의원을 비롯한 여러 국회의원의 발의를 통해 지속적으로 개정했으나 시청각장애인에 대해서는 2022년 1월에야 '시청각장애인 권리 보장 및 복지진흥에 관한 법률안'을 발의할 정도로 사각지대로 존재했다.

우리나라는 미국을 비롯해 유럽 국가와는 다르게 '장애인복지법'에서 시청각 중복 장애에 대한 장애 유형이 분류되지 않았고, 관련 현황에 대한 실태조사나 지원도 미비하다는 지적이 많다.

우리나라에 등록된 장애인은 262만 명으로 국민 20명당 1명 수준인데도 국가나 지방자치단체를 비롯해 공공기관의 의무고용은 3.4%이며 50인 이상의 사업체 의무고용도 3.1% 수준에 머무는 상황이다 보니 장애인과 비장애인의 차별금지를 통한 평등한 권리의 보장을 요구하는 운동이 끊임없이 제기되고 있다.

장애인도 비장애인처럼 이 사회의 일원으로 공평함을 넘어 공정하기 위해서는 더 많은 제도적·사회적 노력이 필요한데 이러한 움직임이 한반도 최남단인 제주특별자치도의회에서 일어났다.

2019년 5월 제주의 일간 신문에 "복지 사각지대에 놓인 시청각 중복 장애인을 지원하기 위한 일명 '헬렌 켈러 조례안' 이 전국에서 처음으로 제주에서 발의" 됐다는 기사 제민일보, 한라일보, 2019.05.14가 났다.

헬렌 켈러는 시각과 청각, 언어를 잃은 장애인이지만 이를 극복하고 촉수화 수화를 사용하는 농·맹 중복장애인이 상대방의 손 위에 자신의 손을 얹어 상대방의 수화를 이해하고 확인하여 대화하는 방법로 의사소통을 한 세계적인 인권운동가로 역사적 위인의 이름을 붙인 기사에 놀라움이 컸다.

국내 최초의 시청각중복장애인 정의

대한민국 국회보다 먼저, 그리고 전국에서 처음 '제주특별자치도 시청각중복장애인의 권리 보장 및 지원에 관한 조례(이하 시청각 장애인 권리 조례)'가 제정되었다.

대표 발의한 고현수 제주도특별자치도의회 의원은 "시각과 청각의 중복 장애는 장애 유형으로 분류되지 않아서 시청각장애인의 특성과 욕구가 반영된 정책이 전무하다. 장애인복지의 또 다른 사각지대로 시청각장애인의 의사소통과 자율적인 이동 및 정보 접근에 어려움을 겪을 뿐만 아니라 교육 기회를 박탈당하는 등 근본적인 문제가 있다. 제주도에도 1,000여 명에 달하는 시청각장애인들에 대하여 기본적인 권리를 보장하기 위한 최소한의 복지 체계를 확립하여 사회의 일원으로서 당당한 삶을 주체적으로 살아갈 수 있도록 하기 위함"이라며 조례 발의의 취지를 설명했다.

▲시청각장애인 서비스 지원체계에 대한 고찰 (2019.11.11., 제주특별자치도 경제통상진흥원) ⓒ 제주특별자치도의회

고 의원은 시청각장애인의 권리 보장을 위해 장애 전문가들과 함께 발표회와 토론회 등을 통해 조례 제정의 필요

성을 알렸다.

대한민국의 장애인복지법 제20조에는 "국가와 지방자치단체는 사회통합의 이념에 따라 장애인이 연령·능력·장애의 종류 및 정도에 따라 충분히 교육받을 수 있도록 교육 내용과 방법을 개선하는 등 필요한 정책을 강구"하여야 하며 제22조에는 "국가와 지방자치단체는 장애인이 정보에 원활하게 접근하고 자신의 의사를 표시할 수 있도록 전기통신·방송시설 등을 개선하기 위하여 노력"하도록 규정하고 있다. 그리고 "국가와 지방자치단체는 국가적인 행사, 그 밖의 교육·집회 등 대통령령으로 정하는 행사를 개최하는 경우에는 청각장애인을 위한 한국수어 통역 및 시각장애인을 위한 점자 및 인쇄물 접근성 바코드음 성변환용 코드 등 대통령령으로 정하는 전자적 표시가 삽입된 자료 등을 제공"하도록 하고 있으나 시각과 청각의 중복장애인에 대하여는 별도의 규정이 없는 것이 현실이다.

고현수 의원이 대표 발의한 조례 제2조에서 '시청각중복장애인'을 "시각장애인과 청각장애인으로 시각장애와 청각장애가 중복된 장애인을 말한다"라며 법률의 개념을 넘어서 정의하고 있으며 조례 적용 범위도 우리나라의 '장애인복지법'의 한계를 고려하여 "시청각중복장애인의 권리 보장 및 지원에 관한 사항은 우리나라가 비준하여 시행하고 있는 국제연합의 '장애인권리협약'과 본 조례의 기본이념에 맞게 해석"하도록 규정하여 국제적으로 권고한 장애인 협약에 따라 해석하도록 했다.

전국 최초의 이 규정은 우리나라 자치단체의 장애인에 관련된 그 어느 조례보다 큰 의미를 가지고 있다 할 것이다.

제주도의 시청각장애인 권리 조례 제정 이후 경기도와 서울시가 조례를 제정했지만, 조례 내용이 제주도의회의 조례를 넘어서지 못하고 있다.

제주도 시청각장애인 권리 조례는 실태조사를 3년마다 하도록 의무화 하였고, 시청각장애인과 일반인의 의사소통을 위한 지원 사업과 함께 시청각장애인의 의견수렴, 적합한 의사소통방식으로 의견 진술의 충분한 기회 제공을 의무화 하고 있다.

그리고 시청각장애인을 위한 전문 통역사와 활동지원사의 양성과 지원도 명시하고 있다. 특히 시청각중복장애인 지원 정보 시스템의 구축 및 운영과 시청각중복장애인의 국제교류 및 협력 지원도 제주도의회 조례의 특징이라 할 수 있다.

3년마다 수립해야 하는 시청각장애인 실태조사에는 ①기본계획의 목표 및 기본 방향, ②시청각중복장애인의 지원에 관한 사항, ③재활 및 자립 등과 관련한 연구·조사·시행에 관한 사항, ④정보 접근을 위한 의사소통 보조기구 개발·보급 및 의사소통 지원 전문인력 양성·파견에 관한 사항, ⑤복지 수준 향상과 그 가족의 부담 경감 및 관련 정보제공, 홍보에 관한 사항, ⑥권익 옹호에 관한 사항, ⑦시청각중복장애인과 그 가족에 대한 정기적인 실태조사 계획, ⑧시청각중복장애인 대상 범죄 예방 및 근절 대책, ⑨시청각중복장애인지원센터 등 시청각중복장애인 관련 시설의 운영 및 지원에 관한 사항, ⑩권리 보장과 자립 지원을 위하여 필요한 사항 등을 의무적으로 반영하도록 하고 있다.

시청각장애인에 대한 지원 사업에는 ①시청각중복장애인의 재활치료와 심리상담, ②시청각중복장애인의 독립생활 및 직업 지원, ③평생교육 지원 사업, ④문화 · 예술 · 여가 · 체육활동 지원, ⑤복지 서비스를 위한 전문인력 양성 사업, ⑥거주 시설 · 주간 활동 · 돌봄 지원 , ⑦ 시청각중복장애인 보호자에 대한 정보제공과 교육, 전문 심리상담 지원, ⑧시청각중복장애인 가족의 휴식 지원, ⑨시청각중복장애인지원센터 설치 · 운영을 지원하도록 하고 있다.

시청각장애인 지원센터의 기능은 ①시청각중복장애인에 관한 연구 수행 지원, ②시청각중복장애인에 대한 개인별 지원계획의 수립, ③시청각중복장애인을 위한 보조 공학 기술훈련, ④시청각중복장애인의 의사소통 교육 및 지원, ⑤시청각중복장애인의 독립생활 교육 훈련 제공, ⑥시청각중복장애인의 보행 훈련, ⑦시청각중복장애인 및 그 가족에 대한 상담 지원, ⑧시청각중복장애인 가족 및 관련 서비스 종사자에 대한 교육지원, ⑨시청각중복장애인에 대한 의사소통 보조 기구 보급 및 의사소통 지원 전문인력 양성 · 파견, ⑩시청각중복장애인 전문 활동보조사 양성 및 지원, ⑪시청각중복장애인의 의사소통 및 사회통합을 위한 복지정보 데이터베이스 구축 및 정보제공, ⑫시청각중복장애인 교육 및 고용 지원과 삶의 질 향상을 위한 프로그램 개발 제공, ⑬시청각중복장애인에 대한 인식개선을 위한 지역사회 홍보 ⑭시청각중복장애인의 권익 옹호를 위한 활동 ⑮시청각중복장애인 자조단체 지원 등이다.

조례의 제정으로 시청각 관련된 기관과 단체들이 빠르게 움직이기 시작했다. 2019년 7월에는 (사)한국사회복지정책연구원, 밀알복지재단 헬렌켈러센터, (사)한국수어통역사협회, (사)한국농아인협회 제주도협회, 제주특별자치도 수어통역센터 등이 모여 시청각중복장애인 서비스 지원사업 출범식을 시작으로 시청각장애인의 권리 보장을 위해 움직였다.

2020년에는 예산이 반영되어 '시청각중복장애인 실태조사 및 기본계획 수립 연구사업제주한국사회복지정책연구원' 이 진행되었고, 21년도에는 '시청각중복장애인 서비스 지원 사업' 이 제주도 농아복지관의 주관으로 진행되어 11개 사업에 3개년간 연인원 3,412명2019년 372명, 2020년 1,339명, 2021년 1,701명이 서비스를 지원받았는데 조례 제정 이후 서비스 인원이 급격히 늘었음을 알 수 있다.

2021년 9월에는 '시청각장애인 지원계획' 이 수립되었고, 2022년 제주도는 농아복지관의 '시청각장애인지원센터' 에 2억 4,000만 원의 예산을 편성하였다. 그리고 각 중복장애인 실태조사 및 복지 관련 연구개발, 서비스 지원을 위한 전담 인력 3명도 확보하였고, 향후 독립된 서비스 기관으로 소요예산 40억 원의 '시청각중복장애인지원센터' 설치를 위한 중기 재정계획을 검토 중이다.

2021년까지 추진된 사업은 시청각장애인의 가족 상담을 비롯한 시청각장애인 생활 실태 및 욕구 조사와 시청각장애인의 일상생활 지원 활동을 위한 개발 사업, 촉수어 및 지문수어 등 의사소통수단인 교육 사업, 시청각장애인의 지원 인력 양성 및 활용사업, 시청각 장애아동들의 또래 관계 형성을 위한 지원사업, 시청각 장애아동들의 개인별 감각발달교육 등 장애아동 지원사업, 집안 정리 기술 교육과 개인위

▲ 시청각장애 의사소통수단인 촉수화 교육 사업(2021)
ⓒ 제주도 농아복지관

생관리 교육 등 가정 적응 지원사업, 그리고 촉각과 후각, 균형 감각 등의 감각발달 지원사업 등을 통해 시청각장애인들이 일상생활을 할 수 있도록 하는 사업들이 진행되었다. 지방의회의 수많은 조례 중 시청각장애인 권리 조례처럼 예산 편성을 통한 사업 진행 조례가 흔치 않다.

의회에서 발의한 조례 중 예산이 수반되는 조례는 행정기관의 재정 투입 우선순위에 밀려 예산 편성이 굉장히 어려운데 제

주도의 경우는 조례 제정 전부터 행정기관과 긴밀한 소통을 하며 움직였다는 점은 행정과 의회 모두 공감대가 형성되었음을 의미하며 제주도청 공무원들의 의식 수준도 상대적으로 높다는 것을 대변한다.

제주특별자치도청은 노인장애인복지과에서 장애인 업무를 분리하여 장애인복지과를 신설한 후 장애인정책팀, 장애인시설팀, 장애인 자활팀, 장애인 일자리 팀 등 4개 팀으로 개편하여 탄력을 받았다.

강석봉 제주특별자치도 장애인복지과장은 "행정과 의회의 협력은 전국 최초로 새로운 복지제도 도입에 대한 개척성과 선진성을 제고하고, 시청각장애인에 대한 정의, 권리 보장, 지원 책임에 대한 전문적 논의의 준거와 틀을 마련하였다" 라며 그 의미가 크다는 것을 강조하였다.

장애인복지법 개정 단초 마련

제주도의 시청각장애인 지원조례의 제정(2019.06)과 함께 장애인단체 등의 많은 노력은 장애인복지법 제35조 제2항에 "시청각장애인" 이라는 용어가 삽입되는 데 큰 역할을 하였다.

제주특별자치도 농아복지관장 문성은 씨는 "개념조차 생소한 시청각장애는 제도적인 지원을 받지 못하는 사각지대였는데 조례의 제정으로 전국에서 최초로 시청각장애의 특수한 상황을 고려한 맞춤형 서비스를 개발하고 지원할 수 있게 되었다"며 국내외에 시청각장애인 복지서비스의 단초가 되었음을 강조하였다.

고현수 의원은 장애인 및 복지 관련 조례로 우수의원과 우수 의정대상 등 여러 상을 받았다. 고현수 의원은 지체장애인으로 대학 시절부터 장애인 인권운동을 해온 활동가 출신이다. 제주특별자치도 의회 복지안전위원회 정책연구위원으로 전문직 활동을 하였으며, 사회복지미래연구회장과 제주장애인인권포럼 상임대표 등 장애인의 인권 증진을 위해 젊음을 오롯이 바친 경험과 열정으로 발의된 최초의 조례가 전국으로 퍼져 이 땅의 장애인들이 비장애인들과 차별을 넘어 동등한 삶의 행복을 누릴 수 있기를 바란다.

고현수 의원은 더불어민주당 제주도당 비례대표 의원으로 장애 인권 분야에 최고 전문가다. 각 정당에서 지방의회의 비례대표를 어떤 사람으로 추천해야 하는지를 대변하는 또 하나의 사례다.

온 마을이 노인한글대학인
논산시

주민자치센터를 방문한 어르신께 공무원이 행정 절차를 진행하기 위해 서류에 대해 서명을 청했으나 어르신은 아무 표정 없이 서 있기만 했다. 이에 담당 공무원은 어르신께 도장은 가지고 오셨냐고 묻자 어르신은 얼른 도장을 꺼내어 공무원이 가리키는 곳에 도장을 꾹 눌렀다. 이제는 예전처럼 서류에 도장을 찍는 평범한 풍경이 사라지고 80~90세 넘은 어르신들도 서류를 읽고 필기도구를 들어 서명하는 풍경이 일상화된 것이다.

우리나라는 경제협력개발지구 OECD 에 가입한 나라 중 10위권에 드는 경제 대국이지만, 우리나라 성인의 문해능력은 국가 경쟁력에 비해 낮은 편이다. 문해 능력은 단지 글을 읽고 쓸 줄 아는 능력이 아니라 사람이 사회 생활하는 데 가장 기본적인 능력으로 사람의 성장은 물론 민주주의의 가치 실현에도 반드시 갖추어야 할 생애 기초능력이다.

1990년 국제연합 교육과학문화기구 UNESCO는 '모든 이를 위한 교육 Education for all'이라는 세계 선언을 공표하면서 문해를 '알기 위한 학습, 행하기 위한 학습, 함께 살기 위한 학습, 존재하기 위한 학습'의 개념을 표방하였다.

우리나라 평생교육법 제2조 제3항에 "문자해득 교육 문해 교육이란 일상생활을 영위하는 데 필요한 문자해득 능력을 포함한 사회적·문화적으로 요청되는 기초 생활능력 등을 갖출 수 있도록 하는 조직화한 교육 프로그램이라고 설명하고 있다.

그리고 평생교육법 제39조에 "국가와 지방자치단체는 성인의 사회생활에 필요한 문자 해득 능력 등 기초능력을 높이기 위하여 노력"하도록 규정하고 있으나 우리나라의 경우 '일상생활에 필요한 기본적인 읽기와 쓰기, 셈하기가 불가능한 수준'인 초등 1~2학년의 학습 수준에 해당하는 사람이 200만 명 4.5% 정도이며, '기본적인 읽기, 쓰기, 셈하기는 가능하지만, 일상생활에 활용은 미흡한 수준'인 초등 3~6학년의 학습 수준에 해당하는 사람이 185만명 4.2%으로 약 9%가 일상의 생활을 영위하는 데 불편을 겪는 것으로 조사되었다. 60세 이상의 고령층에서는 초등학교 2학년 수준의 문해 능력이 14.2%로 나타났다.

2015년 광역 지방자치단체별 20세 이상 대상으로 하는 인구 중 초등학교 수준의 성인 문해 교육 잠재 수요조사 결과 전체 평균은 4.1%로 나타났으나 논산시는 10.6%로 인구 대비 가장 높게 나타났다.

도·농 복합형 기초 지방자치단체에서 나타나는 현상처럼 논산시도 1980년에 20만 명이 넘던 인구는 40년 만에 40%가 줄어들어 12만 명으로 감소하였고, 이와 맞물려 노인 인구가 꾸준히 증가하면서 1988년 11.8%였던 65세 이상 인구가 2020년 5월 현재 전체 인구의 26%로 초고령사회로 진입하게 되면서 주민들의 문해 능력률이 급격하게 떨어지는 상황이 발생했다.

그런데다 홀몸인 어르신들이 증가하자 소통의 어려움과 외로움은 주민의 삶의 질 저하로 이어져 지역사회의 현안으로 떠올랐다. 특히 어르신들은 일본 제국주의 강점기 때 태어나 우리말과 우리글이 금지된 시대에 자라났고, 전쟁을 거치며 글을 배울 시간이 없었던 아픈 역사를 살아온 분들이다.

2014년에 명품교육 도시를 만들겠다고 공약한 논산시장은 평생학습도시 조성사업을 추진하기 위해 조례를 개정하고, 2015년 지방자치단체별 성인 문해교육 잠재수요자 조사 결과를 바탕으로 행정조직을 개편하였다. 기존에 자치행정과에서 담당하던 교육 업무를 평생교육과로 개편하고 본격적인 성인들의 문해능력 향상을 위한 행정 체계로 정비하였다.

논산시는 평생교육 활성화를 위해 평생학습에 대한 인식과 참여 현황, 활성화 방안 등에 대해 지역 주민을 대상으로 조사를 시행하여 논산시에 적합한 평생교육 중장기 종합계획을 수립한 후 의회와의 협의를 통해 4년간 사업의 안정적 추진이 가능하도록 의회 차원의 결의문을 통해 힘을 받으면서 평생교육과에 평생 교육사 1급을 배치하였다.

2016년에는 '평생교육과' 외에도 새롭게 '100세 행복과'를 설치한 후 '노인복지팀'을 '행복배움팀'으로 개편하면서 어르신들의 문해능력 향상을 위한 정책을 더욱 적극적으로 추진하였다.

논산시의 100세 행복과 '행복배움팀'의 주요 업무를 살펴보면 ①한글 대학 정책 수립 및 추진, ②어르신 한글대학 운영, ③한글 교육 관련 생활·문화 등 프로그램 운영 및 연계, ④한글대학 강사 관리, ⑤마실 음악회 운영 등으로 어르신들이 혼자서도 사회생활을 하는 데 불편함이 없도록 행정의 역량을 집중한 것이다.

황명선 시장이 취임 전 한글대학은 동 지역 소재의 복지관, 문화원 등에서 추진되어 읍·면 어르신들이 대중교통을 갈아타며 글을 배우러 이동해야 했으나 '찾아가는 한글대학'은 거동이 불편함에도 배움에 대한 열정 하나로 먼 거리를 다니시는 어르신들에 대한 죄송함과 존경심에서 시작된 사업으로, 시민의 더 나은 삶을 위해 행정이 직접 찾아나서야 한다며 온 마을에 설치했다.

또한, 황명선 시장은 초고령사회 어르신의 삶에 주목하여 고독사孤獨死를 방지하고 어르신들이 행복한 삶을 살아가기 위해서는 나눔과 배려가 있는 공동체 복원이 우선되어야 한다는 철학을 배경으로 '따뜻한 공동체 동고동락'의 첫 사업으로 2016년에 마을에 있는 경로당을 공동체의 거점으로 만들기 시작하였다.

논산시 관내 마을별 경로당이 찾아가는 한글대학의 강의실이자 홀몸 어르신의 공동생활로 이어지고, 경로당에 나가면 공동으로 건강을 관리할 수 있고, 어르신들의 작은 마실음악회로 이어지면서 주민들이 마을회관으로 모이고, 그리웠던 사람들의 공간이자 공동체의 공간으로 변화를 시작한 것이다.

황명선 시장은 "헌법의 권리를 떠나 시민 한 사람 한 사람 모두가 행복을 추구할 권리를 지닌 존엄한 주체이고 가치 있는 사람"이라며 "행정은 '예산'이 중심이 되는 수혜적 복지 전달 체계를 벗어나 '관계'를 중심으로 하는 공동체 복지체계로의 전환을 통해 따뜻한 행복 공동체 복지 도시를 만들고자 했다"라며 민·관 협력을 통한 동고동락의 중요성을 강조하였다. 타 지방자치단체 업무분담과는 다르게 어르신들을 위한 구체적인 업무를 명시하며 공무원들의 역할과 분담을 명확히 하여 추진한 것이다.

2017년 3월에는 특별한 입학식이 있었다. 논산 시내에 있는 연무체육공원 강당에 칠순을 넘긴 연무읍 어르신 256명이 검정 학위복을 입고 한글 대학 입학식을 진행한 것이다.

논산시는 매년 3월이 되면 마을로 찾아가는 '어르신 한글대학 입학식'을 진행하는데 검은색 학위복을 입고 진행하며 온 동네를 잔치 분위기로 만들어 행복한 웃음이 넘치는 마을을 만들고 있다.

초등학교 문턱 한 번 밟아보지 못한 할머니는 70년이나 늦은 나이에 입학식에 참석하여 "평생의 한을 풀었다"며 눈시울을 붉혔다고 한다. 한 할머니는 "10년 전 먼저 세상을 떠난 그리운 남편에게 직접 손으로 편지를 쓰고 싶어 용기를 냈다"며 한글 공부를 시작한 이유를 설명했다. 또 100세가 넘은 시어머니와 함께 참석한 며느리 등 한글을 배우고자 하는 어르신들의 학구열은 그 어느 마을보다 뜨거웠다.

90이 넘은 임 모 할머니는 "연필만 들면 없던 기운도 생긴다. 종이를 보면 생각이 떠오른다. 작은 수첩을 항상 들고 다니며 그때마다 적어둔다. 이제 내 인생에도 비로소 꽃이 하나 피었다. 인생의 '글자 꽃'. 수첩 속에 있는 '글자 꽃'을 피우고 있다"고 한다.

금융권에서 정년 퇴임하고 문해교육사이자 한글대학 강사로 활동

▲ 한글대학 학습자인 노성면 송 씨와 성동면 오 씨의 손글씨 편지 ⓒ 논산시청

하는 김재신 씨는 "과거에 은행에서 입출금을 하려면 전표를 작성해야 했는데 어르신들은 글을 몰라 직원들의 도움을 청하는 것이 불편하여 은행을 출입하는 자체를 꺼렸다. 농협에서 마을마다 다니며 물품을 전달하고 수령증을 받을 때도 어르신들이 당황하며 힘들어했는데 한글대학을 다닌 후로는 은행에 가는 것도 당당해졌고, 휴대전화에 자녀 이름을 등록하여 전화 통화도 하신다. 시장에서 간판을 읽고 물건을 구매할 수도 있고, 버스정류장에서도 여러 사람에게 문의하지 않고 버스의 숫자와 글을 읽고 귀가하는 등 어르신들이 많이 밝아지셨다"라며 한글대학을 통해 고령의 어르신들이 당당한 사회생활을 하고 있음을 밝혔다.

논산시는 한글대학을 통해 대한민국의 경제발전 주역이었던 어르신들이 지역사회의 따뜻한 배려 속에서 배움에 대한 소망을 이룰 수 있도록 지원함으로써 더 행복하고, 더 존경받고, 더 존엄한 삶을 영위할 수 있도록 만든 것이다. 경로당에서 운영되는 한글대학은 대부분이 고령의 어르신들이고, 일주일에 2번, 2시간씩 공부하는 어르신들이 관절 및 허리 질환 등 건강상의 이유로 학습을 중단하는 사례가 발생하기 시작했다. 이에 논산시는 더욱 편안한 수업 분위기를 위해 등받이용 좌식 의자를 배치하여 교육 환경을 개선하는 등 2016년에 첫 문을 연 '찾아가는 한글대학'은 2021년까지 80여억 원의 예산을 지원하였다.

온 마을이 한글 대학

2016년 22개 마을에서 시작한 한글대학은 2021년 말 350개 마을 논산시 전체 마을의 67%에 3,200명이 참여하는 우리나라 최고의 한글대학이 되었다.

논산시는 온 마을을 배움의 공간으로 만들기 위해 문해교육사를 7회에 걸쳐 275명을 양성하였다. 논산시의 문해 교육사는 강사들의 모임을 만들어 정기적인 간담회를 통해 수업의 애로사항을 나누고, 자체적으로 보강 교육을 통해 실질적인 역량을 강화해나갔고, 한글대학에서 사용할 보조교재도 직접 개발글술술 말술술, 한글 대학 아름다운 도전하는 등 선순환하는 글 배움의 학습공동체를 형성해나갔다.

여느 시골 마을의 경로당과는 다르게 논산시의 마을별 경로당은 한글대학의 강의실이자 어르신들이 읽고 싶은 책들이 자리를 잡기 시작하였고, 1만여 권의 책이 벽장을 차지하면서 작은 도서관으로 바뀌었다.

▲ 2019년도 상월면 백일장(최고령자 윤정구 어르신)

한글대학을 다니는 어르신들을 격려하고 실력을 뽐내기 위하여 매년 백일장총 1만 2,000 명 참여이 열리고, 지역별로 시화전시를 개최하고, 당선 작품들을 모아 책으로 발간하였다. 어르신들은 자신들의 이름을 책을 통해 만나게 되는 인생의 첫 경험을 통하여 새로운 세상을 만났다.

황명선 논산시장은 "한글 대학은 어르신들을 위한 배움의 장을 넘어 새로운 인생의 2막을 열어가는 동시에 함께 성장하고, 함께 공동체 꽃을 피우는 공간이 되었다" 며 "글을 통해 세상을 배운 어르신들과의 소통으로 세대 간 화합과 공동체 회복을 이뤄냈고, 우리 마을을 바꾸겠다는 적극적인 참여를 끌어내며 풀뿌리 민주주의 실현이라는 큰 가치에도 도달할 수 있었다" 라고 말했다.

내 이름 / 슬 수 있어 / 행복하다 / 물어보지 안고 / 버스 탈 수 잇어 / 살맛난다 / 물어보지 안고 / 마트에서 / 간장 식용유 고치장 / 살수잇어 폼난다 / 내인생 살맛난다.

논산시는 지난 5년 동안 운영한 한글대학 학생들의 백일장 우수작품 212점을 모아 2020년에 안도현 시인과 박범신 작가 등의 서평을 통해《내 이름 쓸 수 이따》를 발간하여 전국의 서점에 자리를 잡도록 하면서 어르신들을 행복하게 하였다. 그리고 논산시는 어르신들의 한글대학과 마을의 학습공동체를 점검하고 제도 개선과 대책을 마련하기 위해 두 차례나 용역을 추진하며 발전 방향을 수립하였다.

▲ 한글 대학 어르신 백일장(2017.09.01.) ⓒ논산시청

한글대학을 통해 자신감을 얻은 어르신들이 직접 제작·발간에 참여하고 있으며, 한글대학과 마을 이야기, 삶과 추억 등 소소한 이야기를 담아 〈한마음 글마실〉 소식지를 분기별로 발행하는 것을 넘어, 악기 연주단을 구성하여 연극과 음악극musical, 동화 구연, 영상 촬영 등의 모임을 만들어 평생의 벽이었던 문화를 직접 만들고 즐기기 시작하였다.

특히 어르신들은 동화구연 모임과 음악극을 다른 동네에 가서 공연도 하고 어린이집 등을 방문하여 재능기부를 통해 세대를 넘어, 마을을 넘어 논산만의 공동체를 만들어나가고 있다. 논산시는 전염병COVID-19으로 인해 대면을 통한 한글대학 운영이 어려워지자 어르신들이 학습할 수 있도록 학습자료를 만들어 집으로 배달하고 한글대학 강사가 각 가정을 방문하는 개별 맞춤형 수업과 전화 등 비대면 수업으로 전환하여 지속해서 한글 대학을 운영하고 있다.

논산시와 같은 성인 '문해 교육 지원' 조례는 충청남도에서 보령시와 서산시가 먼저 제정하여 추진하였으나 운영 면을 볼 때 논산시가 통합 행정을 통해 확장해나가는 것으로 분석됐다. 성인 문해 교육 지원 조례는 금산군, 서천군, 아산시, 공주시, 홍성군, 당진시 등 충남의 많은 기초 지방자치단체들이 제정하였으며, 경기도의 가평군과 경상남도의 거창군 등 전국으로 확대되고 있다.

논산시는 한글 대학 정책으로 2017년부터 지방자치 정책대상, 지방정부 정책대상, 협치government 지방정치 대상, 선거공약marilesto 경진대회 등에서 최우수상 등 여러 번 수상하였고, 2019년에는 문해교육상, 2020년에는 대한민국 평생학습대상을, 21년도에는 평생학습도시로 재지정되는 등 대한민국이 인정하는 평생교육 도시의 위상을 이뤘다.

2021년 9월에는 아시아태평양학습도시연맹에서 '아시아태평양 최고의 글로벌 평생학습도시'로 선정되어 명예의 전당에 이름을 올리는 성과도 얻었다.

경로당마다 이루어지는 한글대학은 경제성장의 주역이었던 어르신들을 개인에서 지역사회의 당당한 구성원으로 변화시켰고, 과거의 의존적인 노인에서 권리를 가진 시민으로 변화시켰다. 그리고 선거 시마다 후보의 이름과 정당을 몰라서 참정권을 제대로 행사하지 못하였으나 한글대학은 주권자로서의 참정권을 제대로 행사할 수 있도록 하여 민주주의의 발전에도 큰 역할을 수행하고 있다.

100원으로 택시를 타는
행복한 서천

이 나라의 경제와 먹거리를 책임지던 동네 삼촌들은 이제 백발이 허연 어르신이 되어 아픈 곳은 늘어가고 이동은 불편해지면서 집 밖 출입이 줄어들었다. 사람을 만나는 간격은 멀어지고 외로움은 더 늘어만 가면서 나이가 든다는 것이, 늙음이 서러워짐을 느끼는 농촌의 외곽에서 사는 사람들에게 단비처럼 반가운 소식이 들렸다.

택시비 100원.
2021년 9월에 〈뉴욕타임즈〉에 소개되며, 대한민국의 이목이 쏠린 서천군의 '100원 희망택시' 이야기다. 서천군의 100원 희망택시를 응용하여 이낙연 전 전라남도지사가 2014년 출마할 때 농어촌에 100원 택시를 공약한 바 있고, 2017년에는 더불어민주당 문재인 대통령 후보가 농어촌을 대상으로 100원 택시를 공약하여 훌륭한 정책으로 인정을 받은 바 있으나 세상의 반응은 조용하였다.

그런데 2021년 9월 〈뉴욕타임즈〉의 소개로 국민과 지방자치단체의 이목이 쏠리고 조명을 받기 시작한 것이다.

노박래 서천군수는 "40여 개 마을에서 연간 4만 7,000여 명이 이용하면서 어르신들의 발이 되어주고 있으며, 얼굴을 보며 삶의 안부를 확인하는 어르신들에게 행복을 주고 있다. 그리고 희망택시를 살려서 학교 수업으로 파김치가 된 학생들의 밤거리 안전을 위해 2019년부터 운영하는 안심 택시로 희망찬 서천을 만들어가고 있다"라며 밝은 미소로 밝혔다.

충청남도의 서남쪽 끝에 있는 서천군은 〈공동경비구역 JSA〉의 촬영지인 금강 하구의 억새밭과 철새들의 군무 탐조로 유명하다.

2006년 10월에는 노무현 대통령이 논란이 된 장항갯벌을 비공식 일정으로 방문한 후 노태우 대통령의 공약이었던 장항 인근 374만 평의 갯벌 매립 계획을 철회하고, 국내외에 생태계를 연구하는 기관이자 교육과 전시의 공간인 국립생태원을 만든 곳이다.

새들의 먹이가 풍부한 서천은 우리나라 농경지 중 논이 가장 많은 지방자치단체 중 하나로 2020년 전국이 52.7%이고 충청남도는 69.5%인데 반해 서천군은 79.3%로 한반도의 먹거리를 생산하는 핵심 중 한 지역으로 1966년에 16만여 명이던 인구가 2021년 10월 말에는 약 5만 900여 명으로 줄어들었다. 저출산·고령사회인 우리나라의 노인 인구는 15.1%인데 서천군은 1만 9,000 명으로 36%2020년 말 기준로 인구 절벽 현상이 가장 심한 지방자치단체 중 하나다.

충청남도에서 2015년과 2020년 조사에서 서천군은 소멸 가능성이 가장 큰 88.6%로, 전체 315개의 행정리 중에 279개 마을이 소멸할 것으로 예상하였는데 그만큼 어르신들이 많이 사는 농어촌 마을이라는 점이다. 사람들이 떠난 농·어촌은 버스 이용자가 줄어들자 버스회사의 경영 악화로 이어졌고, 기업주와 노동자 간의 불신과 갈등으로 버스회사는 사업면허 반납을, 노동조합에서는 버스공영제 도입을 요구하며 13차례의 파업 투쟁으로 이어져 노·사를 비롯해 주민들까지 많은 고통과 아픔을 감내해야 했다.

노·사는 경영합리화를 조건으로 어려운 합의를 이루었으나 운행 차량과 운전기사 20% 를 줄였다. 회사 직원도 52%를 감원하고, 농어촌 관내 운행 거리도 2,204㎞18%를 단축하면서 서천군 13개 읍·면 중 6개 읍·면 23개 마을 1,000여 가구가 기본적인 이동권을 확보하지 못하는 상황이 발생했다.

결국, 기산면 수출리의 한 마을에서는 고령의 어르신들이 무더운 한여름 뙤약볕에도 버스를 타기 위해 정류장까지 1.5㎞를 걸어가야 했고, 한겨울에는 빙판길에 위험을 무릅쓰고 그 길을 나서야 했다.

서천군은 외곽 주민들의 이동권 보장을 위해 버스공영제를 도입할 경우 연간 35억 원을 매년 투입해야 하는 상황이고, 농어촌버스를 운

행할 때도 연간 2억 원 이상의 재원을 매년 지출해야 하는 데다 버스
이용객이 학생과 노인층으로 특정 시간대에 집중되다 보니 정기 노선
의 운영은 비효율성이 높아 특별한 지혜가 필요하였다.

농어촌 주민의 이동권 보장

　서천군은 농어촌버스 미운행 마을의 이동권을 보장하고, 교통 약자
들의 편리성을 증진시켜야 한다는 점을 기본으로 하고, 버스 미운행
지역주민의 대중교통 이용 부담 한계선을 버스를 이용하는 지역주민
들의 부담 비용을 넘지 않도록 해야 하며, 지방자치단체의 재정 부담
을 경감시키면서 지역경제도 살릴 수 있는 방향으로 지혜를 모았다.

　100원 희망택시가 출범할 수 있도록 모태가 된 마산면 택시 후원
회장을 맡고 있는 박병문 씨는 '진료 보조 택시 후원 모임'을 시작한
증인이다.

　박 회장은 "2007년 결성된 마산 사랑후원회가 2010년부터 거동이
불편한 어르신들이 병원이나 오일장 등 나들이를 할 수 있도록 월 1회
택시비를 전액 지원하는 후원 사업을 하였는데, 현재 희망택시 업무
를 담당하는 이천희 교통팀장이 당시 마산면사무소에 근무하며 진료
보조 택시 후원 모임을 같이 했다. 마산면의 어르신들이 아플 경우 급

하게 병원을 가야 하는데 비용 부담을 걱정하는 어르신들을 위해, 마산면 출신 인사와 주민들이 택시 비용을 후원하는 사업을 이천희 씨가 정책화하는 데 힘을 모았고, 오늘날 서천군의 100원 희망택시로 발전하여 명성을 날리게 되었다"며 희망택시의 기원을 설명 하였다.

면사무소에 근무하며 동네 주민들과 함께 고민했던 모임이 농어촌버스 미운행지역의 택시 지원사업으로 만들어져 기존의 공급자 중심의 교통정책에서 벗어나 시골 어르신들의 '수요에 응답하는 교통정책 DRT, Demand Responsive Transport' 으로 첫 출발한 것이다.

서천군은 수요 조사를 통해 선정된 3개면 3개 마을당선1리, 홍림2리, 산천1리을 2달 동안 시범 운행한 결과 어르신들의 목적지가 대부분 병원, 관공서행정복지센터, 보건지소, 농협이나 우체국 등, 시장이었고, 장날을 통해 병원과 관공서를 왕래하는 것으로 분석 결과를 토대로 주민들과 지속적인 협의를 통해 마을에서 모이기 쉬운 곳으로 승차 장소와 운행을 결정하고 교통수단인 택시도 마을 주민들이 의논하여 정하기로 했다.

서천군은 협의 결과를 조례를 통해 추진하려고 했으나 나주시가 '대중교통 활성화 지원 조례' 를 제정하여 마을 택시를 운행하다 7일만에 선거법 위반으로 중지하였고, 서천군 의회에서 통과된 '대중교통 활성화 지원 조례' 에 대해 충청남도에서 택시비 일부를 대중교통수단이 아닌 택시에 재정을 지원하는 것이 '여객자동차 운수 사업법'

과 '지방자치법', '대중교통 육성 및 이용 촉진에 관한 법률' 등의 위반 가능성이 있으며, 운수사업자에 대한 재정지원 업무가 도지사에게 위임된 기관위임 사무임에도 군수가 조례로 제정할 수 없다며 재의요구를 하였다. 엎친 데 덮친 격으로 서천군 선거관리위원회 측으로부터 공직선거법 제113조 위반이라는 유권해석까지 이어져 비상이 걸리면서 서천군은 다시 시작해야 했다.

서천군이 전국으로 처음 추진하고자 했던 수요 응답형 택시사업이 지방자치 사무에 해당하는지와 함께 여객자동차 운수사업법과 지방재정법 등 다른 법률과의 충돌 여부 등은 반드시 풀어나가야 할 법률적 쟁점이었다.

서천군은 충청남도의 도로교통과와 법무담당관실의 재의 요구를 고려하여 행정안전부와 법제처, 국토해양부, 선거관리위원회 등 법률의 충돌 여부를 충청남도를 거치지 않고 일일이 확인하였다.

법률 체계를 관리하는 법제처는 서천군의 수요 응답형 택시 지원 사업에 대해 "주민들의 이동 편의 증진을 위한 지원사업으로서의 성격이 명확"하기에 「지방자치법」 제9조 제2항 "주민복지에 관한 사업"에 해당되고, 서천군이 조례를 제정할 수 있는 자치사무라고 회신하였다.

여객자동차 운수 사업법 제50조의 여객자동차 운수사업자에 대한 재정 지원은 '대중교통 활성화 지원이 아니라 마을 택시운행 및 주민 지원' 조례로 전환할 경우 "택시 업계나 특정 택시 회사 등 여객자동차 운수 사업자를 대상으로 지원하는 사업이 아니라 서천군민을 대상으로 하는 사업으로, 그 이익도 주민이 직접 누리는 것이며, 택시 업계의 이익이 있더라도 주민들의 택시 이용에 따른 반사적 이익"이기에 여객자동차 운수 사업법에 저촉되지 않는다고 해석하였다.

지방재정법 저촉에 대해서도 "지방자치단체가 사업을 추진하지 않을 경우 민간이 부담한다면 상당한 경제적 부담으로 사업이 사실상 어렵게 된다"라는 청주지방법원2010. 2. 4 선고, 2009구합1285의 판례를 통해 지방재정법 제17조 '보조금을 지출하지 않으면 사업을 수행할 수 없는 경우'에 해당하는 사업이라며 그 필요성을 인정하였다.

또한, 주민들의 합의에 따라 사전에 승차 시간과 장소를 정하여 택시를 운행하더라도 농어촌버스가 운행되지 않는 지역이기에 여객자동차 운수 사업법 위반 적용대상이 아니며, 여러 명이 모여 합승을 하더라도 탑승자들이 일정 금액을 나눈 후 모아서 지불하기에 합승행위로 볼 수 없다는 해석까지 확보했다.

선거관리위원회에서도 '기부행위'에 해당하지 않는다는 해석을 받은 서천군은 희망을 품고 조례 제정에 들어갔다.

'서천군 농어촌버스 미운행지역 희망택시 운행 및 이용주민 지원에 관한 조례이하 희망택시 조례'는 8개 조문으로 가치와 파급 효과에 비해 간단하게 구성되었다. 조례의 목적과 정의, 희망택시의 운행 방법, 비용의 신청과 비용지원 결정, 그리고 사후관리와 문제 발생 시 지원 중단 등으로, 2013년 6월부터 시범 운행이 아닌 법제화된 전국 최초의 '희망택시'가 운영되게 된 것이다.

100원 희망택시는 어르신들이 마을에서 면사무소에 있는 오일장까지인 5㎞ 이내의 거리까지는 탑승자가 100원만 지불하는 제도이다.

이는 수익자 부담 원칙이기도 하고, 이용료의 의미로서 이용자가 부담하는 비용이다. 그러나 마을에서 읍소재지인 장항읍이나 서천읍

▲ 2013년 겨울, 문산면 문산리 복지회관 ⓒ 서천군청 교통팀

까지는 17.5㎞로 거리는 농어촌버스 요금인 1,500원을 부담하고 차액만 행정에서 지원하는 제도로 운영하고 있다. 1,500원은 일반 노선버스가 운행되는 마을과의 형평성 및 역차별을 방지하고자 농어촌버스 요금과 동일하게 결정된 금액으로 이용자가 부담하도록 하는 것이다.

이와 관련하여 노박래 군수는 "75세 이상인 경우 경로 우대로 공공버스의 무료 탑승이 이루어지고 있어서 제도의 분석을 통해 지방재정을 반영하여 읍 소재지까지의 택시비용도 행정에서 지원하는 방안을

검토 중"이라고 밝혔다.

택시를 연계한 대중교통체계 마련

희망택시의 원조인 나소열 전 서천군수는 "지역주민에 대한 교통
복지는 군정의 의무임에도 불구하고, 지방재정의 열악함으로 정책
의 뒷순위로 밀렸다. 그런 데다 대부분의 군 단위의 버스가 경영상
적자에 시달리면서 군정이 그 의무를 다하는 데 소홀함에 마음이 너
무 무거웠다. 그래서 택시를 연계한 대중교통체계를 마련하겠다는
공약과 함께 용역까지 추진했으나 기대에 부응하며 바로 추진하지
못해 주민들에게 미안함이 컸지만, 담당 공무원들이 뭉쳐진 실타래
를 풀듯이 하나씩 풀어주었다" 라며 당시 노력해준 공무원들에게 감
사의 마음을 전했다.

나소열 씨는 "충청남도의 경우 1,100억 원 정도의 경영 적자를 보이
고, 서천군도 33억 원 이상의 재정 적자가 발생하고 있는데 이를 극복
하는 방안으로 100원 택시 정책의 확대를 통해 버스회사의 재정 안정
성을 확보하는 방안이 검토되어야 하며, 지방자치단체별로 개인택시
와 법인택시의 과다로 충청남도의 경우 2019년 52대, 2020년 45대,
2021년 51대를 감차하면서 2019년과 2020년도는 각각 10억 원과

2021년도에는 6억 6,000만 원의 예산을 투입하였다. 서천군도 2021년에 1억 3,000만 원을 투입하여 택시 감차를 추진하는 시점에서 희망택시로의 전환은 택시 업계의 상생에도 도움이 될 것"이라며 정부의 정책 전환을 주문하였다.

2012년 희망택시 시범사업부터 참여한 택시기사 이기엽 씨는 "장날에는 아침 7시부터 시작하여 하루 12여 회 운행할 정도로 바쁘게 다니는데 택시 경영에도 도움이 되어 좋지만, 가장 큰 기쁨은 어르신들의 나들이를 통해 건강을 치료하고 장날 등을 통해 대면으로 사람을 만남으로써 외로움에서 벗어나 즐거움을 느낀다"라는 점이라 강조하였다.

〈뉴욕타임즈〉에 100원의 희망택시를 '신이 준 선물'이라고 답한 나규선 할머니는 "예전에 버스정류장에서 집까지 10리나 되는 거리를 장바구니 끌고 다니던 때는 너무 힘들었고, 버스에서 장바구니를 내려달라고 하려 해도 다 나 같은 노인들이라 말을 할 수가 없었는데 이제는 택시가 집 앞까지 태워

▲ 2013년 여름 판교면 우라리 마을회관 앞에 붙여진 100원 희망택시 운행시간표 ⓒ 서천군청

다 주고, 장바구니도 집안에 가져다주어 다시 살게 해주셔서 너무 행복하다"라고 밝혔다.

행정의 수요 조사를 통해 희망택시 운행 지역을 결정하는 것이 아니라 희망택시로 인한 수혜자와 비수혜자 간의 갈등이나 충돌을 방지하기 위하여 군민의 대의기관인 의회에서 희망택시 조례 개정을 통해 시행했다. 농어촌 공동체 지역이라 혹시나 발생할 수혜자와 비수혜자 간의 갈등을 사전 예방하고자 하는 의지로 해석된다.

지난 2013년 6월부터 시작하여 21년 6월까지 희망택시를 이용한 주민들은 총 32만 5,000명, 희망택시 운행 횟수는 12만 5,000회, 지출된 비용은 총 10억 7,100원이다.

이용자와 차량 운행 횟수가 증가하는 만큼 비용도 늘어나야 하는데 정부의 정책은 이를 따라가지 못하고 있다. 2013년부터 2017년까지는 100% 군비로 지출되다가 2018년부터 중앙정부의 지원이 부분적으로 이루어지기 시작했다.

군 단위 농어촌의 경우는 농림축산식품부 농촌정책과의 '공공형 택시사업'으로 균형발전특별회계에서 2018년 5,000만 원을, 2019년에는 1억 1,000만 원을, 2020년도에는 다시 5,000만 원을, 2021년도에는 9,000만 원을 지원하였고, 2022년에는 5,500만 원을 지원한 것으로 조사됐다.

시 지역의 기초 지방자치단체는 국토교통부 버스정책과 버스나 이동

성정책과 에서 도시형 교통사업을 통해 사업비를 교부하고 있다.

대중교통의 혁명 공공형 택시

대중교통의 혁명으로 불리는 공공형 택시는 지방자치단체별로 다양한 이름으로 불리며 운영되고 있다.

서천군과 원조 논쟁을 하는 충청남도 아산시는 마중택시, 당진시와 하동군, 합천군 등의 행복택시, 양양군의 희망택시, 성주군의 별고을 택시, 예산군의 섬김택시, 완주군의 통학택시, 곡성군의 100원 택시, 울산시의 마실택시, 서천군의 안심택시, 신안군 1004버스 등 공공형 택시와 소형버스에 이어 여객선까지 확대되며 농어촌형 교통복지 정책이 이루어지고 있는데 2020년 말까지 전국의 희망택시와 유사한 공공형 택시를 이용한 주민은 약 270만 명 이상이라고 밝혔다.

지방재정이 열악한 농어촌의 군 단위 기초 지방자치단체에서는 중앙정부의 매년 들쑥날쑥 지원으로 정책 추진에 어려움을 겪고 있는데 이에 대해 중앙정부의 개선 의지가 중요하다.

희망택시 사업은 교통 약자의 자유로운 이동권 확보와 각종 질병에 취약한 어르신들의 치료와의 연결을 통한 삶의 질 향상, 농어촌 버스회사의 경영 안전성 확보와 택시업자들의 안정적 수익, 향토시장의 활성화 등 지역경제에 미치는 효과 등 여러 가지 긍정적 효과를 고려하여 중앙정부의 적극적인 정책 결정이 이뤄져야 한다.

인구 5만 명의 작은 지방자치단체에서 추진한 100원 희망택시는 오늘도 전국으로 퍼지면서 어르신들의 이동권 보장을 통해 삶의 질 향상에 희망과 행복을 운송하고 있다.

청년을 위한, 청년에 의한, 청년의 도시 광명시

중앙 정부는 물론 지방자치단체까지 청년을 위한 다양한 정책을 앞다퉈 발표하고 있는데 그 중심에는 경기도의 기초 지방자치단체들이 한몫하고 있다.

민선 6기 이재명 성남시장 시절의 청년수당을 비롯해 염태영 수원시장의 청년 바람 지대, 광명시의 청년위원회 등 청년들을 위한 다양한 조직과 정책들이 등장하면서 경기도는 물론 대한민국의 핵심 검색어가 '청년'이 되었다. 정치권에서도 여야 모두 청년이 중요하게 부각되고 있다.

우리나라에서의 청년 정책은 노무현 정부 시절부터 집중적인 논의가 이루어졌다. 참여정부가 2004년 3월에 '청년 실업 해소 특별법'을 제정하여 국가 및 지방자치단체의 책무, 정부 투자기관과 중소기업체에서의 청년 고용 확대, 청년들의 직업 훈련 지원 등을 직접 관리하기 시작하였고, 2009년에는 '청년 고용 촉진 특별법'으로 개정되어 청년들의 일자리를 위한 정책들을 추진해왔음에도 청년들의 체감이 높지 않자 지방자치단체들이 본격적으로 나섰는데 대표적인 기초지방자치단체가 광명시다.

서울의 인접 도시인 광명시는 고속철도KTX 광명역이 생기면서 젊은 이들이 왕래할 수 있는 여건이 좋아졌지만, 정착지로서의 유인 효과가 크지 않았다. 박승원 광명시장은 민선 7기로 취임하자마자 청년정책팀을 만들어 청년들과 소통을 시작했다.

박 시장이 청년들과의 대화를 시작한 곳은 일본 제국주의의 식민지 시절 한반도의 청년들이 강제노역했던 광명동굴이었다. 이곳은 해방 후 대한민국이 근대화 과정에서도 많은 청년의 땀이 스며든 역사적 동굴이어서 의미를 더했다.

▲ 광명동굴에서 청년들과 토론을 한 후 박승원 광명시장과 청년들 (2018.12.15.) ⓒ 광명시청

박승원 시장은 후보 시절에 청년위원회 설치와 청년 창업과 일자리, 청소년 문화공간 조성, 대학생 및 청소년들을 위한 다양한 청년 정책을 공약했고, 취임하자마자 광명시 청년에 대한 조사를 통해 청년들의 참여 기회와 문화시설 부족, 주거비용에 대한 부담, 취업과 건강, 사업 등 실태를 파악하였다. 그리고 기초 지방자치단체로는 최대 규모인 50여 명의 청년(18~34세)이 참여하는 청년위원회를 신설하여 청년들이 토론과 숙의 및 공론의 과정을 거쳐 청년들이 공감할 수 있는 정책을 마련하였다.

박승원 시장은 청년들과 직접 만나 토론하고, 현장을 방문하고, 회의에 참여하는 등 지난 3년 동안 25회에 걸쳐 직접 소통하면서 청년 생각 펼침 공모, 신혼부부 청년 전·월세 이자 지원, 청년 숙의 예산, 청년 면접 정장 대여사업 등을 추진했다. 이중 청년 면접 정장 대여사업은 여러 지방자치단체가 추진하는 사업으로 인기가 높은 사업이다.

광명시가 청년들을 위해 큰 노력을 하는 이유는 세계은행(W.B.World Bank)과 대한민국 통계청 자료 등에서 우리나라의 노동인구가 급격히 감소하면서 국가의 성장 동력을 잃어버릴 수 있다는 지적과도 맥을 같이 하고 있다.

생산인구 감소의 근본적인 원인은 태어나는 생명은 줄어들고, 젊은이들은 결혼과 출산을 기피하기 때문이다. 세계 평균 출산율이 2.4명인데 비해 유럽은 1.59명이나 우리나라는 0.8~0.9명에 그치는 사회로 전환되면서 청년들을 위한 정책이 그 어느 때보다 중요하게 부각되고 있다.

우리나라는 참여정부 때부터 청년들을 위한 법률을 만들며 여러 정책을 추진하고 있지만, 아직도 많이 부족하다는 점에서 광명시는 다른 지방자치단체들보다 적극적으로 청년 정책을 추진하고 있다.

청년의 역량 강화를 위한 지원

박승원 광명시장은 "청년의 역량 강화를 위하여 주거를 안정적으로 지원함과 동시에 다양한 청년 정책 지원을 통하여 경제적 자립과 함께 청년들의 삶의 질 향상이 그 어느 때보다 시급하다"라며 청년 정책의 필요성을 계속 역설하였다.

광명시장 직속의 청년위원회는 청년들의 이야기를 수시로 듣고자 하는 박승원 시장의 뜻을 반영한 것인데 전체 위원의 1/2 이상이 대학생, 임시직 청년, 청년 직장인, 청년 문화 예술가, 청년 노무사, 청년 기업인, 다문화 및 장애인 청년 등으로 구성되었다.

광명시의 청년위원회2019. 4월는 청년의 참여 · 지원 · 안정 등 3개 분과로 구성하여 청년 역량 강화와 청년들의 주거 안정, 청년들의 경제적 자립과 청년들의 지역문화 활성화 등 4개 영역을 중심으로 청년 정책의 방향을 설정하고, 청년 실태 조사, 청년 기본계획 수립, 청년 숙의 예산, 청년 창업, 청년 일자리, 청년 주거, 청년 교육, 청년 문화예술, 청년 건강, 청년 복지지원 등 청년의 삶과 일, 그리고 여가와 관련된 분야별 신규 사업을 발굴하고 깊이 있는 논의를 통해 추진하고 있다.

청년위원으로 활동 중인 박수연 씨는 "광명시 청년위원회는 다양한 분야 청년들의 소리를 듣고 정책으로 반영하여 실효성 있고, 어느 정책보다 빨라 체감이 된다" 라며 미래를 설계하는 와중에 짬을 내어 청년위원회에 참가하고 있는 데 큰 자부심을 가지고 있었다.

광명시의 대표적인 청년 정책 중 청년들의 창의적인 생각을 펼칠 수 있도록 하는 '청년 생각 펼침 공모사업'은 광명시에 거주하는 3인 이상 청년 동아리 community 활동을 지원하는 사업으로 만 18~34세 청년

▲ 청년들과 숙의 토론 과정에서 청년들의 이야기를 진지하게 경청하고 있는 박승원 광명시장(2020.06.27.) ⓒ 광명시청

3인 이상이면 누구나 참여할 수 있으며 심의를 거쳐 선정된 모둠team은 활동비와 지도 및 자문 등을 지원하는 사업이다.

이 사업은 지난 19년에 12개 모둠 103명모둠당 최대 100만 원, 2020년에는 43개 모둠 230명모둠당 최대 200만 원을 지원하였고 2021년에는 47개 모둠 240명모둠당 최대 300만 원을 선발하여 청년들을 지원하였는데 2019년 대비 모둠 수가 약 400% 증가하였으며, 지원금도 300% 증액되어 3년 동안 총 573명의 청년들이 지원받았다.

특히 청년 독립영화와 독립출판, 그리고 증강현실 관련 콘텐츠contents 관련 제작과 청년 음악극musical, 기후위기 극복을 위한 활동과 소자본 창업 등 다양한 분야의 활동을 지원하면서 청년들의 사랑을 받고 있다. 공모사업은 지원에서 끝나지 않고 매년 11월 우수 모둠을 선정해 시상하고 공유하는 자리도 마련하고 있다.

청년 생각 펼침 공모사업에 참여한 이용환씨는 "친구들과 청년독립영화를 제작하는 데 금전적으로 부담이 되었는데, 광명시에서 청년들의 창의적인 사업 주제에 사업비를 지원해 주어 청년들의 꿈이 현실로 되는 데 큰 도움이 된다"라고 밝혔다.

박승원 광명시장은 청년 생각 펼침 공모사업 증서 전달식2021년에서 "청년들이 다양한 모임에서 대화와 정보 공유를 통해 통찰력을 키우고, 시대의 변화 흐름을 읽고 지혜를 모아 도전하는 삶을 살아가길 바란다"라며, "광명시는 청년 여러분들을 항상 응원하고 청년이 중심이 되는 도시를 만들기 위해 노력하겠다"고 밝혔다.

광명시의 청년 대상 특화사업 중 하나는 청년동 조성 사업으로 청소년기를 지난 청년은 갈 곳이 없다는 청년들의 의견을 수렴하여 철산역 인근에 있는 (구)평생학습원 4층을 청년 문화예술을 지원하는 청년복합거점 활동공간으로 조성하였다.

청년동은 청년들의 이용 편의를 위해 평일 저녁 시간은 물론 주말에도 운영하며 청년들만의 복합문화 공간으로 청년들의 활동 지원에 실질적인 도움이 되고 있다.

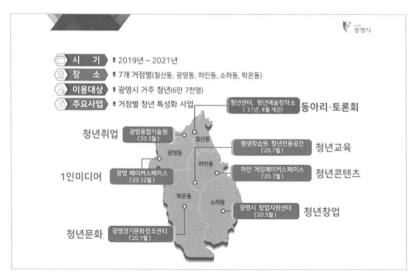

▲ 2019년 11월에 수립된 광명시 거주 청년들을 위한 7대 거점 특성화 사업 ⓒ 광명시청

청년들과 관련하여 태어난 신조어 중 하나가 '3포' 다. 이는 청년들

이 미래 설계에 대한 부담으로 인해 연애 · 결혼 · 출산을 포기했다는 의미이며, 지금은 3포를 넘어 '5포연애 · 결혼 · 출산 · 내 집 마련 · 인간관계의 포기' 라는 말이 회자하고 있어 이를 방지하고 청년들에게 희망을 주기 위해 청년들의 주거 안정 지원 정책으로 전 · 월세에 대한 이자 지원도 추진되고 있다.

청년들의 주거 안정을 위해 가구당 최대 3년간 전 · 월세 대출이자를 지원하고 있으며, 대상은 광명시에 거주하는 부부로 혼인신고 후 7년 이내, 연간 가구 소득이 8,000만 원 이하인 신혼부부와 연간 소득이 5,000만 원 이하인 만 19~36세 단독으로 거주하는 청년이다.

신혼부부는 임차보증금이 5억 원 이하인 광명지역 주택에 입주할 경우 대출금 1억5,000만 원 범위에서 3년간 최대 225만 원 지원, 청년은 임차보증금이 3억 원 이하의 광명시 내 주택에 입주할 경우 대출금 1억5,000만 원 범위에서 3년간 최대 120만 원까지 지원하고 있다. 5억 원의 예산이 소진 시까지 수시 신청을 받는데 이 사업 또한 2020년에 청년들이 제안한 청년 숙의 예산 사업이다.

청년들의 토론을 통해 사업 결정

광명시는 청년들이 필요로 하는 다양한 요구와 이를 해결하기 위한 청년 정책을 기획하고 제안하는 사업으로 50억 원의 범위에서 토론을 통해 예산을 직접 편성할 수 있도록 청년 숙의 예산도 추진하였다.

2019년에 시작한 청년 숙의 예산은 청년들이 직접 실태를 조사한 내용을 바탕으로 공간·문화·주거·일자리·참여·활동 등 청년이 살기 좋은 광명을 만들기 위한 다양한 방안에 대해 논의하였다.

토론회에서 청년들이 제안한 사업은 전문가와 담당 부서의 협의를 통해 추진하게 되는데 청년신혼부부 전·월세 대출이자 지원 사업, 청년예술창작소 건립, 청년 정신건강 프로젝트 등도 이렇게 태어난 사업들이다.

청년과 관련한 사업은 그동안 국가 차원에서 이루어져 왔지만, 광명시의 사례와 같이 청년들의 문제를 고민하고 해결을 지원하기 위한 정책들을 추진하는 지방자치단체들이 늘고 있다. 현행법률상 청년 고용 촉진 특별법에서는 청년을 15~29세로 규정하고 있지만, 광명시는 '공공기관의 운영에 관한 법률'과 '지방공기업법'에서 규정하는 청년을 15~34세를 적용하여 더욱 호응을 받고 있다.

광명시는 몇 년 전부터 쟁점이 되는 청년들의 주택 문제를 해결하기 위해 광명 시흥테크노밸리 주거단지에 2025년까지 1,210호를 마련하고 있으며, 하안2지구에 청년 주택을 추가 공급하는 계획도 준비 중이다.

그리고 한국종합기술 개발 이사장 조재희와 협력하여 4차 산업 청년 인력 양성과 취업 교육을 추진하고 있으며, 광명 시흥기술단지에 첨단 유통산업 유치, 고속철도 KTX 광명역에 대형종합병원 건설, 청년 일자리 창출 사업을 진행하고 있다.

광명시의 청년 사업은 2019년부터 청년 친화 도시와 관련한 평가에서 여러 상을 수상하면서 청년 정책에 대한 성과를 인정받고 있다. "광명시 청년들이 지역사회에서 정주의식을 가지고 자신의 꿈을 펼칠 수 있도록 응원하고 지원하여 희망이 넘치는 사회로 가야만 대한민국에 미래가 있다"라는 박승원 시장의 철학은 청년 공감 정책을 통해 청년이 살기 좋은 광명시를 만들며 대한민국의 희망을 만들어가는 지방 자치의 실험이 되고 있다.

4장

청 · 소년 키우기

01

과학자들과 함께 실험하는
대전시 유성구

한반도에서도 세계 최고의 과학 전성기가 있었다.

새 천 년을 앞두고 1999년 미국의 경제일간지인〈월가신문Wall Street journal〉이 지난 1000년1000~1999 동안 세계 10대 발명품을 선정했는데 그중에 금속활자1329와 금속활판직지심체요절, 1377이 한반도에서 이루어진 세계 최초의 발명품임을 밝힌 바 있다.《과학사 기술사 사전》에는 15세기 전반기1400~1450를 대표하는 세계 과학기술 업적 62건 중 명明, 중국이 5건이고, 일본은 0건, 조선이 29건, 나머지국가가 28건이라고 밝혔다.

15세기에 노벨 과학상물리학, 화학, 생리의학이 있었다면 조선의 과학자들이 노벨 과학상의 절반을 받았을 것이라는 가정이 존재하지만, 오늘의 현실은 너무 먼 듯하다. 고체형 폭약dynamite을 개발한 알프레드 노벨Alfred Nobel을 기리는 노벨 과학상이 1895년에 만들어진 이후

624명이 수상하였지만, 우리나라에서는 수상한 과학자가 아직 없다.

1973년 대전에 대덕연구단지를 시작으로 하여 과학입국을 위해 노력해 왔는데 2023년이면 과학기술 선진화를 위해 노력한 지 50년이 되는 해로 그 의미가 크다.

1997년 외환위기 이후 어려운 국가 상황에서도 김대중 대통령은 1999년 국가과학기술정책의 종합 조정을 위해 대통령 직속으로 국가과학기술위원회를 설치하여 과학기술의 주요 정책과 연구개발 사업 예산 배분의 방향 설정과 조정 업무를 부여하였다.

노무현 대통령은 한발 더 나아가 2003년에 과학기술을 담당하는 장관을 부총리로 격상시키고, 과학기술혁신본부를 설치한 후 국가과학기술위원회의 기능을 강화하였다. 그리고 대통령비서실에 정보과학기술보좌관을 신설하여 과학기술에 국가의 힘을 실었다.

문재인 정부 들어서는 연구자가 주도하는 기초 연구개발 예산을 2017년 1조2,600억 원에서 2020년 기준으로 2조5,500억 원으로 5년간 두 배 이상 증액했다.

2019년 기준으로 국가별 연구비 투자로 보면 미국이 6575억 달러이며, 중국이 3,205억 달러, 일본이 1,648억 달러, 독일이 1,231억 달러에 이어 우리나라는 764억 달러로 세계 5위의 연구개발 투자국으로의 위상을 가지고 있다.

1973년 대전시 유성구에 조성된 대덕연구단지는 대한민국의 과학기술의 산실이다. 2005년에는 연구개발특구로 지정되었고, 2011년에는 과학단지 거점지구로 지정되어 지난 50년 동안 대한민국의 과학기술과 창조 경제의 전초 기지 역할을 해왔다.

대덕연구단지는 박사와 석사를 포함한 연구 인력이 2만 7,000여 명과 고경력의 원로 과학자 2,000여 명 등 대한민국에서 가장 뛰어난 과학 인력이 모여있는 도시다. 이러한 장점을 살려 유성구청은 미래 세대와 연결하는 사업을 구상하였다.

2010년 허태정 유성구청장 후보 한 대전시장가 과학사업을 주요 공약으로 제시하였고, 취임 후 유성구에 교육과학 일자리추진단을 신설하여 미래 세대를 위한 '꿈나무 과학 학교mentor' 사업을 추진했다.

미래의 과학자 육성

꿈나무 과학 학교mentor 는 유성구청 주관으로 대덕 특구와의 교류협력을 통해 연구기관과 지역 대학이 조력자mentor가 되고 지역의 학교들이 피조력자mentee가 되어 과학 꿈나무를 키우는 사업이다. 2011년 7개 후원mentor기관, 36개 참여mentee 기관, 3,976명이 참여한 꿈나무 과학 학교mentor 사업은 10년이 지난 지금 2021년 15개 후원 학교mentor 기관과 64개 참여mentee기관에 1만944명이 참여하는 유성구의 대표 과학사업으로 성장하였다.

유성구청은 학교에서 이루어지는 과학교육의 한계를 극복하기 위해 실험과 체험 위주의 과정을 중심으로 준비하였고, 연구 기관과의 협의를 통해 각 학교를 방문하는 과학교실과 연구기관에 초청하는 과학 교실 등을 병행하여 추진한 것이다.

2011년에 시작한 꿈나무 과학 학교 사업은 7개 연구기관이 참여, 82회의 운영을 통해 3,976명의 학생이 참여하는 등 큰 관심을 받았고, 2012년에 유성구 주민 만족도 조사에서 구민들이 뽑은 최고의 사업으로 선정되어 구민들의 높은 관심과 만족도를 증명하였다.

유성구청은 2012년에 조직 개편을 통해 '과학청소년과' 를 신설하고 청소년들의 꿈나무 과학 교실을 위하여 행정 역량을 집중하였다.

▲ 한국과학기술원(KAIST)에서 열린 제1회 전국 꿈나무 가족 과학 대회(2013.11.16.) ⓒ 유성구청

유성구는 꿈나무 과학 학교 상표를 특허 출원하여 과학 도시 위상을 강화하며, 유성구 전체를 과학 마을로

조성하여 미래의 과학기술 인재를 양성하고 국부를 창출하는 견인차 구실을 구상했다.

2013년부터는 주민참여형 과학문화 행사 '과학마을 희망 연주회 dream concert' 와 전국의 꿈나무 과학자들을 대상으로 하는 '전국 꿈나무 과학 종 울리기 golden bell 대회' 사업을 추진하고, 그 성과를 모으는 수기를 공모하여 시상하였다.

2014년부터는 한국과학기술원 KAIST과 함께 '과학 진로 탐색 학교 camp' 를 운영하면서 이·공계 진로 지원을 강화했고 2015년에는 12개 작은 도서관에서 '꿈꾸는 노벨 과학 교실' 을 열어 학생들이 집에서 걸어가 참여할 수 있는 마을 단위 과학사업을 확대했다. 또한, 지역을 넘어 전국에서 참여할 수 있도록 '한국과학기술원과 함께하는 1박 2일 유성으로 떠나는 과학여행' 사업은 다른 지역의 학생들에게도 과학자의 꿈을 키울 수 있게 했다.

2016년에는 기초 지방자치단체 최초로 과학 특성화 도서관인 별똥별과학도서관을 개관했다. 별똥별과학도서관은 다른 도서관에 비하여 과학도서의 비중을 확대하고 최신 자료를 갖췄으며 연중 과학강연, 과학교실 등 다양한 행사를 개최했다. 또한, 활동 공간이 부족한 민간과학단체, 과학 동아리에 개방하여 지역 과학문화 활성화에 이바지하고 있다.

2017년부터는 가을에 대덕 특구 과학기술인과 주민들의 화합을 위한 '탄동천 걷기 한마당'을 개최했다. 연구원들과 민간단체에서 마련한 체험공간을 즐기며 과학기술인과 주민들이 어우러져 대덕 특구를 가로지르는 탄동천변 단풍길을 걷는 이 행사는 가을철 인기 행사로 자리 잡았다.

민선 7기 들어 당선된 정용래 구청장은 허태정 전임 구청장의 사업을 더욱 확대했다. 허태정 구청장 시절 비서실장을 역임한 것으로 알려진 정용래 구청장은 "허태정 청장님의 꿈나무 과학 학교 사업은 유성구의 특성을 잘 살린 정책으로 지속해서 승계·발전시키고 있다. 대덕연구특구를 품고 있는 유성구에서 수많은 과학자를 시민들과 함께 만나게 하고 청소년들에게는 과학 체험과 미래의 과학자로서의 꿈을 가질 수 있는 기회 제공의 역할을 충실히 하여 대한민국의 희망을 만들고자 한다"라며 아이부터 어른까지 과학을 생활화하는 정책을 지속해 나가고 있다.

2019년 민선 7기의 시작과 함께 지역에서 탄탄하게 자리 잡은 꿈나무 과학 학교 사업의 성과를 바탕으로 과학정책 상표 유성다과상을 출시하며 새로운 과학정책 방향을 제시했다.

'유성다과상'은 '유성에서 다 함께 과학을 상상하多(다)'라는 뜻을 담아 과학학습을 하는 '과학에 눈뜨多', 학생들의 진로를 고민하는 '과학을 꿈꾸多', 과학문화를 생활화 하는 '과학을 즐기多', 과학의 대중화를 만드는 '과학에 빠지多' 등의 4대 추진전략과 16개의 추진과제를 채택하여 과학도시 유성의 희망vision을 제시했다.

유성구청은 관내에서 벌어지는 다양한 과학문화 사업을 쉽게 검색하고 신청할 수 있는 유성다과상을 누리집homepage에 올려 소통하고 있으며, 현재 개선renewal작업을 통해 고품질로 사업들을 안내할 예정이다.

기초 지방자치단체의 과학 교재 출판

유성구청은 정용래 구청장의 공약사업인 놀이 기반 유아 과학교육 교재 《나Do나Do》를 출시했다. 유성구가 한국과학기술원 과학영재교육연구원에 의뢰하여 유아교육 전문가들과 함께 1년 동안 개발한 《나Do나Do》는 만 2세부터 5세까지 이용할 수 있도록 제작되었으며, 총 17개 주제로 놀이를 할 수 있는 교재로 구성했다.

전염병COVID-19 사태로 인한 어려움 속에서도 2020년 18개소, 2021년 21개 유성구 관내 어린이집과 유치원에서

▲ 한국기초과학연구원의 초청과학교실에 참여한 두리초등학교 학생들(2013.06.14.) ⓒ유성구청

《나Do나Do》교재로 수업을 진행하였고, 그 성과를 매년 영상 공모전을 통해 확인하고 있다.

유성구는 4차 산업혁명 흐름에 맞춰 '혁신 D·N·A 인재 양성' 사업도 추진했다. 정보 Data, 관계망 Network, 인공지능 관련 교육을 추진하여 미래 창의융합형 인재를 양성하기 위해 2019년 이후 '어린이 정보 junior data 분석 교실' 등 13회에 406명의 학생이 참여하였다.

그 밖에 고등학생들의 이공계 진로·진학에 대해 궁금증을 해소해 주기 위해 현장 과학자들이 학교를 방문하는 '찾아가는 청소년 과학진로특강' 과 방학 기간의 과학체험학교 '유성다과상 과학학교' 등 새로운 사업을 발굴해 추진하고 있다.

유성다과상과 유성과학축제에 참여하였던 한국생명공학연구원 하정민 박사는 "오랜 기간 격리되었던 연구 공간이 학생들에게 열려 과학과 과학자를 가까이서 접근할 수 있는 계기가 된 것 같아요. 그리고 참여한 선생님들의 열정에 학생들의 질문으로 이어져서 미래 과학자를 만나고 있음에 기쁨과 희망이 커요. 저도 아이들이 학교 입학할 때쯤 유성구로 이사를 고려 중" 이라며 유성구청과 대덕연구특구가 함께 진행하는 과학교실의 의미를 부여하였다.

유성구가 10년간 과학 분야 사업에 집중하여 노력한 결과는 2019년 〈머니투데이〉 주관 과학상 수상에 이어 2020년 과학기술정보통신부와 한국과학창의재단이 주관한 '올해의 과학문화 도시' 에 최초로 선정되어 과학도시로서의 위상을 인정받았다. 유성구는 2020년 9월 '과학도시 유성' 희망 선포식을 통해 '유성이 상상한 과학의 꿈, 현실을 넘어 미래로'란 구호를 제시하며 명실공히 전국 최고의 과학도시임을 자부하며 뒤따르는 다른 도시들에 방향을 제시하였다.

유성구는 '올해의 과학문화 도시' 선정의 성과를 바탕으로 2020년 제1회 유성과학축제를 개최하였다. 전염병COVID-19의 여파로 대면·비대면 방식으로 열린 유성과학축제는 대전월드컵 경기장에서 600인치 대형 상영막Screen을 통해 과학자들과의 만남과 함께 공상과학SF, Science-Fiction 영화를 보는 자동차극장, 유명 요리사인 오세득 요리사와 함께 요리 속 과학원리를 배우는 강의 등이 인기를 끌며 9개 사업에 5,982명이 참여해 성황을 이루며 '올해의 과학문화' 사업을 주관하는 과학기술정보통신부와 한국과학창의재단의 호평을 끌어냈다.

유성구청이 추진하는 과학사업은 대한민국의 국가 경쟁력을 향상하는 길이며, 미래의 과학 인재를 양성한다는 측면에서 의미가 있는 실험으로 유성구의 사업 범위를 전국으로 확대하여 대한민국의 과학 꿈나무들을 육성할 수 있길 기대해 본다.

아이들에게 놀 권리와 놀이터를 확보한
경기도의회, 수원시, 제주도교육청

"밖에 가서 놀다 와라." 어릴 적에는 부모님께 "공부해라"라는 소리를 듣고 자랐지만 도시에서 자란 내 아이들은 늘 집에서 컴퓨터라는 기계와 놀고 있어 집 밖에 나가 또래 아이들과 놀기를 권하면서 한 이야기다. 하지만 우리 집 아이들은 밖에 나가도 함께 놀 친구들이 없다며 집 밖으로 나가지 않았다.

사람이 태어나 사회인으로 성장하는 과정에서 '논다'는 것은 여러가지 의미가 담겨 있으며, 아이들은 또래들과 놀이집단 내에서의 활동을 통해서 자신을 발견하고 스스로 정체성을 찾는다.

아이들은 또래집단에서 놀이 과정의 반복을 통해 이기기도 하고, 지기도 하는 등의 경험을 통해 서로를 인정하고 성찰하는 방법을 배운다. 특히 짝을 나누어 진행하는 공동체 놀이에서는 나와 남의 차이와 다름을 느끼며, 갈등을 해결하는 방법과 배려하며 함께 나누는 방법 등을 익히며 사회적 관계를 만들어나간다.

그런데 가족의 핵가족화가 굳어지고, 사회의 경쟁이 심해지면서 동네 놀이터에서는 또래의 아이들이 사라지게 되자 동네에서의 공동체 놀이도 어느 날부터 사라지게 되었다.

그럼 학교에서라도 공동체 놀이를 통해 이런 한계를 극복하기 위한 노력이 이루어져야 하나, 학교에서도 놀이가 쉽지 않다.

사회에서 놀이를 사회성이나 창의성 공부로 생각하지 않는 분위기가 형성되어 있고, 사회가 경쟁이 심할수록 학교 경쟁이 강화되는 방향으로 흘러가는 경향이 있다 보니 결국 '학교는 경쟁을 위해 학습하는 곳'이라는 사고가 지배하게 되었다. 그런 데다 요즘 세대일수록 컴퓨터가 제공하는 인터넷에서의 소통을 통해 성장하였고, 반려동물과의 생활을 통해 정서가 형성된 세대라는 특징으로 공동체 놀이를 꺼리는 경향이 뚜렷하다는 특징도 있다.

학생들만 그런 경향성이 있는 것이 아니다. 젊은 교사들일수록 인터넷에서의 소통을 많이 한 세대이다 보니 상대적으로 공동체를 통한 놀이의 경험이 많지 않다는 점이다. 특히 취업난으로 교사가 되기 위한 관문이 갈수록 좁아지면서 경쟁이 치열해지다 보니 시험 중심의 생활로 공동체 놀이의 경험이 있는 교사들의 수는 더 부족할 수밖에 없다는 것이 교육계의 가슴 아픈 현실이다.

학교에서 놀이를 하다가 다칠 경우 학부모의 민원과 행정기관에서의 조사와 문책 등의 안전성 문제로 부담이 생기자 놀이보다는 학생들이 안전한 비활동적인 쪽으로 교육이 진행되고, 교육 당국은 일선 학교에 안전의 필요성과 관련한 공문들로 인해 교사들의 심리를 위축시킨다.

김경희 경기도의원은 이러한 현실에서 자라나는 아이들의 건강성을 위해 또래들과 자발적으로 놀게 하는 문화를 어떻게 형성할 것인지 고민하다 조례라는 법률적 장치를 만드는 것으로 결론을 내렸다.

지방의회에서 조례의 제·개정을 위한 의원의 발의는 의원 정수의 10~20%가 참여하는 것이 일반적인 데 반해 경기도 교육청 관내 '경기도 아동의 놀 권리 증진을 위한 조례   '는 경기도 의원 정수의 58%인 81명이나 발의에 참여하며 관심도와 중요성을 대변하였고, 경기도 교육청도 사전에 충분한 소통을 통해 공감하여 "어린이의 놀 권리"가 교과 과정의 권리로서 자리를 잡았다.

국제연합   의 '아동의 권리에 관한 협약' 제31조에는 아동들이 "자신의 연령에 적합한 놀이와 오락 활동"의 참여를 아동의 권리로 인정하고 있으며, 각 국가는 "생활에 완전하게 참여할 수 있는 아동의 권리를 존중하고 촉진"하도록 "균등한 기회의 제공을 장려"하고 있다.

우리나라 교육기본법 제9조에도 "학교 교육은 학생의 창의력 계발 및 인성 함양을 포함한 전인적 교육을 중시하여 이루어져야 한다"라고 명시하고 있다.

어린이들의 놀 권리는 2014년 지방자치 선거 시 진보 교육감들이 당선되면서 필요성을 제기하였다. 2015년 1월 민병희 강원도 교육감에 의해 제안된 '어린이들의 놀 권리'는 17개 시·도 교육감들의 만장일치로 안건이 채택되었고, 전국의 초등학생 200여 명이 모여 '어린이 놀이헌장 원탁회의'를 통해 '어린이 놀이헌장'이 제정된 바 있다.

어린이들이 제정한 어린이 헌장

국회 의원회관에서 전국의 어린이 30여 명이 직접 선포한 어린이 놀 권리에는 "어린이는 놀면서 자라고 꿈꿀 때 행복하다. 가정, 학교, 지역사회는 어린이의 놀 권리를 존중해야 하며, 어린이에게 놀 터와 놀 시간을 충분히 제공해 주어야 한다"라고 선포했다.

▲ 전국에서 온 어린이 200여 명이 모여 '어린이 놀 권리' 헌장 제정을 위한 회의진행(2015.04.29. 강원도 세종대) ⓒ 강원도 교육청

어린이들이 직

접 만든 어린이 헌장은 첫째, 놀이로 행복을 누릴 권리와 놀이의 주체, 둘째, 놀이에 각종의 차별 없이 지원받을 권리, 셋째, 놀 터와 놀 시간, 넷째, 풍부하고 다양한 놀이의 경험 기회, 다섯째, 안전하고 즐겁게 놀 수 있도록 지역사회가 놀이에 대해 배려할 것 등의 내용을 담고 있다.

민병희 강원도 교육감이 2017년에 조례를 제정한 후 2018년부터 '놀이 밥' 이라는 놀이 문화를 초등학교에 보급하기 시작하자 다른 교육청들도 조례 제정에 대해 움직이기 시작하였다.

경기도교육청도 혁신학교를 중심으로 놀 권리를 보장하기 위해 준비를 하였으나 법률적 장치의 미비와 그 효과에 대한 평가가 제대로 이루어지지 않아 이에 대한 진단이 필요하였다.

김경희 도의원은 2018년 12월 '경기도 어린이 놀 권리 조례 연구 모임' 에 초등학교 교장부터 놀이전문가, 지역교육청 학부모 지원가, 청년, 시민단체 회원 등 다양한 놀이에 관심을 두는 사람들로 구성하고 연구한 결과 영국과 독일, 일본 등 외국의 사례를 통해 국가와 지방자치단체가 놀이 공간과 놀이 문화를 위해 다양한 활동과 국가자격증 제도까지 만들며 노력하고 있음을 파악했다.

경기도 관내 1,300여 초등학교 중에서 주 1회 이상 놀이시간을 운영하는 학교가 47.5%로 나타났는데, 이는 수업 2차시를 묶어 연강 수업으로 운영함으로써 중간 놀이시간을 확보하는 수준으로 다양한 놀이 활동의 시간적 한계와 함께 법률적 장치가 부존재했다.

2019년 3월 경기도의회에서는 이재정 교육감을 상대로 김경희 의원이 교육 행정질문을 통해 "교육과정에 어린이의 놀 시간을 반영하여 놀 권리의 보장"에 대한 문제 제기와 함께 공감대 형성을 위해 노력하였다.

2019년 6월에 제정된 '어린이 놀 권리' 조례에는 교육감의 책무에서 "어린이의 놀 권리 보장을 위한 지원계획을 매년 수립하고 시행_{제3조}" 하게 되어 있으며, 학교장은 "실행 계획을 수립하여 교육계획에 반영하고 실행_{제4조}" 하도록 하였다. 그리고 "놀이 활동에 대한 실태조사_{제5조}" 와 "놀 권리 보장 위원회의 설치_{제6조}" 와 함께 교육감의 "행·재정적 지원_{제9조}" 을 담았다.

조례에는 경기도교육청의 여러 가지 지원계획이 있는데 다른 교육청 조례는 '수업 전, 방과 후 시간의 놀이시간 확보와 놀이 여건 조성' 인 반면에 경기도교육청의 지원계획은 '어린이 놀이 활동 활성화를 위한 학교 교육과정 편성·운영 방안' 까지 포함하여 지원계획을 수립하도록 하는 법률적 토대를 명확히 하였다. 그리고 경기도 교육감과 일선 학교의 교장에게는 놀 권리 보장의 책무를 두어 조례를 통해 실태 조사와 구체적인 실효성 확보를 위한 장치를 마련했다.

▲「어린이 놀 권리 보장 조례」 제정을 위한 공청회(2019.05.30. 고양시 일산동구청)
ⓒ 김경희 도의원

　김경희 의원은"모든 어린이는 놀면서 자라고 꿈꿀 때 행복해하는 데, 기성세대들의 빗나간 교육열이 초등학생까지 선행학습의 현장으로 끌어들여 경쟁을 위한 교과 수업과 학원을 맴도는 고난의 삶에서 어린이들이 조금이나마 행복해지기 위한 법적 근거를 마련했고, 조례 제정을 통해 학교 수업시간표에 놀이시간이 표기되어 학부모를 포함한 우리 사회가 '어린이들에게 놀이가 꼭 필요하구나' 라는 인식의 전환을 반영하고자 했다. 조례의 제정으로 아이들은 자기 주도적인 놀이를 통해 사회성, 창의성, 자율성 등을 키워 국제사회의 인재로 자라날 것이다. 아이들이 공동체 놀이를 통해서 모둠을 이끌어 보기도 하고, 일원으로 참여해 보기도 하며 역지사지하는 경험도 할 수 있는 것이 놀이의 순기능"이라며 "행정사무 감사 등을 통해 제도의 정착을 위해 노력"하겠다는 의지를 밝혔다.

'어린이 놀 권리' 조례가 제정된 이후 경기도교육청은 학교 교육과정과 초등 교육과정기획팀의 업무분담에 '초등 놀이교육 활성화 정책 추진' 업무가 신설되었고, 2020년부터 학교 '교육과정과'에서는 '정책 추진 기본계획의 수립'과 함께 '교수—학습 시 놀이를 적용'하여 학생들의 흥미와 관심을 통해 참여도를 높이고 있다. 특히 글쓰기와 놀이 체육, 놀이 셈하기 등 10개의 과정을 신설하여 놀이교육 관련 교원들의 전문성을 높여 학생 중심의 수업으로 개선하면서 행복한 학교생활과 교우 관계 개선을 유도하고 있다고 한다.

경기도 교육청에서는 교원을 대상으로 '경기도 초등 놀이교육 정책 실행 연구회'를 조직하여 교사들의 실행 과정에서의 애로사항과 성과들을 공유하고 있으며, '경기 함께 놀자'라는 가상공간sns을 마련하여 전염병COVID-19 시대 등교-원격수업 병행 상황에서도 초등 놀이 중심 교육 활동을 지원하고 있다. 경기도 교육청은 학교별로 놀이 공간을 마련하기 위해 학교 내 유휴공간을 놀이공간으로 활용하고 있는데 학교 내 층별 1개의 학년별 놀이 교실 확보, 복도, 학교 숲 등 다양한 공간을 확보하고자 노력하고 있다.

초등교육과정기획팀에서는 2021년 말까지 놀이 중심의 교육과정 운영을 '경기교사 온 TV'를 통해 영상 콘텐츠를 개발하고 보급한다는 계획을 세워 추진하고 있다. 경기도교육청 업무 담당자는 김경희 도의원의 '놀 권리' 조례가 제정된 이후 "어린이 놀 권리 보장을 위한 제도적 장치가 마련되었다. 그래서 교사와 학생, 학생이 서로 만나지 못하는 전염병(COVID-19) 상황 속에서도, 학생 수준에 맞는 놀이 활동을 개발하여 보급하고, 가정에서도 활용할 수 있도록 함으로써 '어떤 환경에서도 즐겁게 놀면서 배울 수 있는 수업' 이 될 수 있도록 노력을 기울이고 있다" 라고 밝혔다.

뛰어노는 어린이들이 마음마저 건강하다

교사인 박해영 초등 놀이교육정책실행연구회장은 "놀이는 뛰어노는 아이의 몸을 건강하게 해줄 뿐만 아니라 긴장과 갈등이 해소되는

▲ 초등학교에서 4학년 학생들이 놀이를 통해 학습하는 모습(21.05. 증포초등학교) ⓒ 경기도 교육청

경험을 줌으로써 마음까지도 건강하게 합니다. 여럿이 어울려 함께 노는 경험을 통해 '관계' 를 배우고 따뜻한 '우정' 을 배웁니다. 놀이는 '건강한 성장' 입니다" 라며 놀이

를 통해 배려하는 마음, 상상력, 창의성, 의사소통 능력까지 키워가고 있다고 밝혔다.

김 의원의 '어린이 놀 권리' 조례를 통해 아이들이 학교에 가는 즐거움이 생기고, 반복되는 공동체 놀이를 통해 다름과 차이를 터득하고 갈등을 해결하는 과정을 통해 함께하는 사회적 관계를 만들어 나갈 것이다.

'경기도 교육청 어린이 놀 권리 보장을 위한 조례' 의 대표 발의와 제정을 위한 김경희 도의원 노력은 (사)한국청소년재단과 여러 기관 단체에서 청소년의 삶과 밀접한 조례 제정 활동으로 수상을 하였다. 한국청소년재단은 전국의 청소년 1,000명이 직접 투표를 통해 조례를 결정한 것이라 의미를 더했다.

김경희 의원은 이외에도 '경기도 교육청 독서문화 진흥을 위한 지역 서점과의 협력관계 구축에 관한 조례' 일부 개정과 '경기도 사립학교 보조에 관한 조례' 전부 개정(안)을 발의하였고, '특수학교 의무 설치를 위한 학교용지법 개정 촉구 건의안' 을 발의하는 등 학생을 위한 교육과정 운영과 투명한 학교 경영, 보편적 교육을 받을 권리 확보 등에도 관심을 집중하고 있다.

조례 제정 이후 김 의원은 후속 사업 중 하나인 동네 어린이 창의놀이터를 만들기 위해 예산 15억 원을 확보하여 어린이 자문단을 포함한 실무협의체를 구성하여 일산시 중산동과 풍산동 등 어린이들이 놀고 싶은 놀이터를 구상 중이다.

김경희 의원이 발의한 어린이의 '어린이 놀 권리' 조례는 전국 13개 시·도교육청에서 제정되어 시행 중이며, 전국 30여 기초 지방자치단 체에서도 제정되어 사회적 역할을 하고 있다.

경기도도 어린이 놀 권리를 존중하기 위해 놀이과정 프로그램을 개 발하기 위하여 2020년과 2021년도에 3억7,000만 원을 투입하여 놀이 과정을 개발하고 있다.

상상력과 창의력을 위한 꿈꾸는 놀이터 수원

수원시는 어린이 놀이터의 선도 지방자치단체이자 모범도시다.

수원은 어린이공원이 '어린이들에게 정말 재미있는 곳인가?', '어 린이의 상상력과 창의력 발달에 기여할 수 있을까?' 라는 단순하고 명확한 질문을 던지며 2015년 어린이들이 '꿈꾸는 놀이터 사업' 을 시작하였다.

수원시의 '꿈꾸는 놀이터' 는 일반적인 어린이공원의 틀에서 벗어나 아이들이 바라는 상상력과 감수성 발달에 도움이 될 수 있게 하려고 시설 하나하나가, 어린아이들과 교사들이 모둠을 이루고, 장애인과 비장애인의 마을 주민들, 학부모 등이 참여하여 1년이라는 긴 시간을 논의하며 어린이들의 선호를 파악한 후 공간에 맞도록 가설계를 통해 시범적으로 만들어보고 문제점을 개선하여 실제 적용하는 체계로 진행된 어린이 참여형 놀이터다.

수원시가 추진한 꿈꾸는 놀이터는 어린이들의 상상을 설계하여 지역의 주변 환경과 공간에 대한 문제의식을 통해 어린이와 교사, 학부모 등 참여하는 모든 이들에게 좋은 추억과 재미있는 놀이터를 제공하였다. 「꿈꾸는 놀이터」는 어린이들의 놀 권리를 평등하게 향유할 수 있도록 무장애 놀이터도 조성하였으며, 경기도 최초로 장애물 없는 생활환경BF, Barrier Free 인증을 받는 등 2018년까지 20개의 꿈꾸는 어린이 놀이터를 조성하여 운영하고 있다. 꿈꾸는 놀이터 마다 어린이와 시민들이 참여할 수 있는 사업도 지속적으로 개발하며 모두가 꿈을 꾸는 놀이터로 가고 있다.

▲ 꿈꾸는 어린이 놀이터 ⓒ 수원시정연구원

2019년부터는 꿈꾸는 놀이터를 통해 개발한 사례를 중심으로 응용하여 2021년까지 기존 어린이 놀이터 21개소를 전면 개 · 보수하였고, 2022년에도 9개소를 반영하고자 예산을 편성하여 추진 중이다.

유아들이 마음 놓고 뛰놀 수 있는 공간을 조성하는 제주 교육청

제주특별자치도교육청 교육감 이석문도 "놀이가 최고의 배움"이라는 방침을 통해 만 3세부터 5세 유아들이 자연 속에서 뛰놀며 배울 수 있는 교육 환경 기반을 조성하기 위해 (가칭)유아체험교육원을 준비 중이라고 한다. 제주교육청 누리집 게시판을 통해 교직원과 학부모, 학생, 일반 시민들의 의견도 수렴하고 있다.

제주교육청은 제주도 내 59개 유치원에 바깥 놀이터를 만들고, 전국 최초로 '유치원 바깥 놀이장 설비 기준'을 마련하여 실외에서 아이들이 자연에서 체험과 놀이를 연결하여 주제별로 놀 수 있도록 물과 모래, 진흙, 나무, 언덕을 활용하는 놀이터를 만들었다.

학교 마당의 소나무 숲과 넓은 잔디밭 등을 충분히 활용한 서귀포시 도순병설유치원 바깥 놀이터는 유아 · 교원 · 학부모 · 전문가의 참여로 구성된 '배움에 적합한 놀이터'와 적절한 위험 요소를 체험하는 '위험을 극복할 수 있는 놀이터'로 고정된 시설의 놀이터가 아닌 '상황 및 계절에 따라 변화하는 놀이터'로 명성이 있다.

(가칭)유아체험교육원은 '참여와 공유' 원칙에 따라 유아, 학부모, 교원, 전문가 자문단, 지역주민, 도민 등의 의견을 수렴하면서 설립을 진행 중인데, 아이들에게 섬, 제주의 정체성을 공유하기 위해 제주 신화를 담은 '서천 꽃밭'과 새와 바람, 자연의 소리를 들을 수 있는 숲속

놀이터와 자연 놀이터도 계획 중이다.

제주교육청은 유아들의 놀이를 통한 살아 있는 교육을 실현하기 위해 2019년부터 현장 지원 자료를 보급하고, 2020년부터는 유치원을 선정하여 현장의 적용 가능성과 일반화된 자료를 마련하여 운영도 해왔다. 제주교육청의 김희정 장학사는 "유아들에게 놀이는 온몸으로 세상과 만나는 과정으로, 창의적인 놀이를 통해 세상을 탐색하여 자신을 표현하며 다른 사람과 교류하는 과정이기에, 놀이를 통해 창의와 상상력, 건강, 안전 등을 내면화하는 교육 환경을 조성하며 미래를 준비하고 있다" 라고 밝혔다.

제주교육청의 (가칭)유아교육체험연구원은 2024년 3월 개원을 목표로 추진되고 있다.

▲ (가칭)유아교육체험연구원 조감도 ⓒ 제주특별자치도교육청

어린이의 '놀 권리와 놀이터' 는 자라나는 아이들이 시험 위주의 경쟁 학습에서 벗어나 학교와 동네 생활의 여러 공간에서 즐거운 마음으로 마음껏 놀면서 상상하고 창의력을 키우며 공동체 생활을 익히고, 그 과정에서 서로를 이해하고 배려하며 나눔을 통해 행복한 미래를 이끌어갈 주체로 성장하는 데 큰 역할을 하리라 기대해본다.

청소년을 위해 포기하지 않는 경남 고성군

2010년 6월 지방선거를 앞두고 대한민국은 민주당과 한나라당의 국민의힘의 복지정책에 대한 치열한 논쟁을 벌였다.

초·중등학교 전체 학생들에게 지방자치단체가 급식을 어떻게 지원할 것인가에 대한 논쟁으로 민주당은 보편적 복지로 무상급식을, 한나라당은 선택적 복지로 무상급식을 반대하였다. 결국, 한나라당 오세훈 서울시장은 주민투표에서 실패한 후 사퇴하였고, 박원순 씨가 서울시장에 당선되어 초·중등학교에 무상급식을 시행하면서 우리 사회는 보편적 복지가 이루어지고 있다.

대한민국은 1948년 정부 수립 이후 전두환 대통령까지는 국가가 지원하지 않으면 죽을 것 같은 사람들을 생활 보호 대상으로 지정하여 독거노인, 장애인, 소년소녀가장 등의 최빈곤층을 대상으로 국가의 시혜적 차원의 복지가 이루어졌다.

40여 년 동안 독재 정권은 정부가 주도한 성장 정책의 떡고물인 낙수효과를 중심으로 국민의 소득을 통해 국가의 복지 의무를 대체한 것이다.

1997년 외환위기가 닥치자 기업들은 부도로 무너지고, 직장인들은 일자리를 잃게 되었다. 국가의 위기 상황에서 국민에 대한 국가의 역할에 대한 논란과 함께 시대적 위기 상황을 극복하고 국민의 기본적 권리를 실현하기 위해 '생산적 복지' 라는 이름으로 사회 안전망을 확충하기 시작했다.

노무현 대통령은 역대 정권이 아무도 시도하지 않은 '국가 사회비전 2030' 을 통해 온 국민이 모두 누려야 하는 권리로서 보편적 복지로의 길을 열었다.

2010년 지방선거에서 민주당과는 다르게 한나라당은 국가와 지방자치단체의 의무를 축소하는 선택적 또는 선별적 복지로 대응하다가 지방 정치 권력에서 밀려났다. 그런데 철 지난 복지 논쟁이 경상남도 고성군과 고성군 의회에서 보편적 복지와 선택적 복지에 대한 치열한 논쟁은 많은 사람의 웃음을 받고 있다.

청소년기본법 제8조와 제49조는 "국가와 지방자치단체는 청소년 육성에 필요한 법적·제도적 장치를 마련하여 시행하여야 한다" 라고 규정하고 있어 청소년에 대한 복지가 지방자치단체의 업무 중 하나임을 명시하고 있다.

경상남도 고성군은 1965년에 13만 5,000여 명에서 향도이촌(向都離村) 현상으로 1980년에 9만300명으로, 2020년 말에는 5만 1,000명으로 감소하였다. 특히 13~18세 사이 청소년은 2015년에 3,000여 명에서 2020년에는 2,557명으로 감소하면서 65세 인구는 31%를 차지하는 초고령사회가 되면서 경상남도 18개 시·군에서 소멸할 가능성이 큰 지방자치단체에 이름을 올린 것이다.

2006년 참여정부의 '저출산 고령사회 기본계획'의 추진으로 소멸할 가능성이 큰 군 단위의 지방자치단체들은 도시의 지방자치단체들보다 인구 유입과 출생, 그리고 청소년에 대한 정책들을 보다 적극적으로 추진하기 시작하였다.

고성군도 '고성군 인구증가시책 지원에 관한 조례'를 2007년에 제정하여 인구 증가 정책을 추진하였다.

2007년부터 출산장려금 제도를 도입하여 신생아든 입양아든 관계없이 첫째 아이는 100만 원을, 둘째 아이는 200만 원을, 셋째 아이 이상은 500만 원을 지급하도록 하고, 산모에 대한 한방 첩약 지원과 산후 건강 관리비도 출산 시마다 100만 원씩 지급하고 있다.

2017년부터는 전입 축하금 제도를 도입하고 2021년부터는 1인의 전입도 축하금을 지급하도록 개정하여 추진하고 있을 뿐만 아니라 다자녀에 대한 지원도 확대하는 추세지만 인구의 증가는 녹록지 않다.

청소년 수당을 통한 보편적 복지 실현

　백두현 군수는 2019년 1월 "관내 중고생들에게 군비 23억 원으로 매달 10만 원씩 제공하여 청소년들에게 꿈과 희망을 만드는 고성군을 만들어 나가겠다"라며 청소년들에게 보편적 복지 차원에서 '청소년 수당'을 지급하겠다는 구상을 발표하였다.

　고성군은 청소년 수당 사업을 위해 2019년과 2020년도에 교육기관인 고성군 교육 지원청과 학부모들로 구성된 각 학교 운영위원회들의 협의회, 장학사와 학생대표 등 이해관계자들과 간담회 등 지속적인 협의를 통해 의견을 수렴하였고, 이 과정에서 청소년 수당으로 사용할 수 없는 업종도 논의가 되었다.

▲ 교육 및 아동 · 청소년 관련 관계자와의 간담회 (2019.01.22.) ⓒ 고성군청

2019년 7월에 고성군 청소년 꿈 키움 바우처 지원조례를 고성군의회^{제245회}에 제출하자 치열한 논쟁이 일었다. 고성군의회 총무위원회 전문위원의 검토 보고서에는 "청소년기본법 제8조의 규정에 의거, 미래의 자산인 청소년을 위한 친화도시 조성이 고성의 경쟁력으로 청소년들에게 꿈 키움 바우처를 지원하여 청소년 건전육성 및 지역경제 활성화에 기여하기 위하여 조례를 제정" 하는 것이라 밝히고 있다.

이용재 총무위원장도 "청소년 꿈페이에 대해서 군과 의회가 많은 고민을 지금까지 해온 것은 사실" 이라고 밝혔으나 대부분 의원의 항의성 문제 제기로 조례 논의는 막혀버렸다.

고성군은 2019년 10월 제247회 임시회와 2020년 4월 제253회 임시회에도 청소년 수당 조례를 제출하였으나 기획행정위원회의 거칠고 높은 벽을 넘지 못하자 제257회 임시회에 4번째 제출하였다.

고성군의회 김향숙 기획행정위원장은 세 번의 심의에서 제기된 의원들의 입장을 "보편적 복지라면 모든 청소년이 혜택받을 수 있는 복지로 교육 시설을 조성해달라는 것" 이며, "인격이 성인과 같이 완전히 형성되지 않은 청소년들에게 노력하지 않고 쉽게 얻은 돈에 대한 경제개념을 심어줘버리면 다음에 성인이 되었을 때 영향을 미치지 않을까 우려심도 있었기 때문" 이라며 항간에 떠도는 정당 간 갈등을 피하고자 했다.

김원순 의원^{더불어민주당}은 청소년 수당 카드가 고성군 관내에서만 사용되어 지역경제를 살리는 데도 도움이 된다는 점을 부각하여 조례 통과를 간곡히 요청하였다.

천재기 의원 국민의힘 은 "의회에서 반대하면 또 올리고, 너희가 이기나 내가 이기나 힘겨루기 하자는 겁니까?"라며 불만을 표출하였고, 배상길 의원도 "민주당과 국민의힘 당 대 당 대결로 자꾸 몰고가고, '당이 다르니까 진보와 보수의 대결이냐' 이런 식으로 몰고 가고 있다"라며 조례의 부결을 정치적 구도로 쟁점화하는 여론에 불편함을 드러냈다.

4번째 제출한 청소년 수당 조례에 대해 반대하는 9명의 의원이 "대중영합주의다, 돈 주고 선거 때 표 사려고 하는 것 아니냐"라는 성명서를 발표한 후 신문에 광고하자 청소년 수당을 찬성하는 2명의 의원도 반박 성명을 내는 상황에서 상임위원회는 한 치 앞도 볼 수 없는 안개 속 대치 상황이었다.

집행부와의 질의응답 과정에서 천재기 의원이 집행부와 시민사회에서 제안한 '한시적으로 시범 운영에 대한 대안에 대해 수용' 의사를 내비쳤고, 배상길 의원이 '2021년 1월 1일부터 2022년 12월 30일까지 2년간' 한시적으로 한다는 수정 동의안을 제출하여 표결에 들어갔는데 재석 위원 5명 중 김원순, 천재기, 배상길 위원의 동의로 상임위원회를 4수 끝에 통과하여 고성군의회 본회의에 상정할 수 있게 되었다.

2020년 9월 24일 제257회 고성군의회 본회의장은 1991년 고성군의회의 개청 이래 가장 많은 시민이 방청한 조례로 기록되었다.

경남 고성군은 1995년 지방자치단체장 선거가 부활한 이후 보수 진영 군수가 매번 당선되어 행정을 이끌어왔고 진보 진영에서는 2018년 백두현 군수가 첫 당선자이다. 지방의회도 1991년부터 보수 진영이 다수당을 차지하는 보수의 아성인 곳이다.

지난 2018년 지방선거에서 전국적으로는 더불어민주당이 자유한국당~~현 국민의힘~~을 앞섰으나 고성군의회의 경우는 73%가 자유한국당~~현 국민의힘~~ 소속으로 압도적인 상황에서, 행정과 의회 간에는 고도의 정치력이 요구되는 지방자치단체가 된 것이다.

청소년 수당의 제정을 기대하던 학부모 단체 관계자들은 조례가 세 번이나 무산되자 「청소년 수당 추진위원회」를 구성한 후 군수와 군의회 의장의 면담과 함께 주민 공청회를 요구하였다. 그리고 군민들의 요구에도 조례가 무산된다면 군민들이 직접 조례를 발의하겠다는 입장을 보이며 군민과 의회 간의 갈등으로까지 확대될 상황에서 한시적 적용을 조건으로 제정된 것이다.

의회에서 청소년 수당 조례가 부결되자 주민 발의 운동을 한 오성주~~고성군 학부모 대표위원~~ 씨는 "학부모들이 가정이라는 울타리 안에서와 직장에서의 역할만 하다가 지역 현안에 직접 나서서 일을 도모한다는 것은 큰 용기가 필요했다. 청소년 수당은 학부모들의 경제적 부담을 줄일 수 있을 뿐만 아니라 경제적으로 어려운 학생들이 차별 없이 생활할 수 있도록 하는, 공평한 세상을 실현하기 위한 어른들의 노력으로 아주 의미 있는 정책이라고 생각한다. 정치인들의 정당 간 갈등을 넘어 정책을 입안한 고성군과 어렵게 조례를 제정해준 고성군의회에 감사"를 드린다며 크게 기뻐했다.

▲ 청소년 수당 통과를 촉구하는 학부모들의 1인 시위 ⓒ 고성군 학부모 네트워크

2021년도 중학생 1,136명과 고등학생 1,465명 등 총 2,511명98%의 학생들에게 매달 5만 원과 8만 원씩 19억 원을 군비로 지급하며 청소년 수당이라는 포용적 복지 시대의 문을 활짝 열었다. 교육 활동의 지원 대상으로 독서실과 서점 그리고 문구점 등을 정하였고, 문화 진로 체험 지원 대상으로 극장과 박물관 그리고 관광지 등을, 건강증진 지원 대상으로 안경점과 목욕탕 그리고 청소년들이 민감한 외모의 이·미용 관련 업체 등도 대상에 포함하였다. 부대비용 지원 대상으로는 마트와 편의점, 음식점 등을 정하였고, 먹거리는 전체 금액의 30%를 초과할 수 없도록 설계하여 832개소를 지정하여 시행하였다.

청소년 수당을 도입한 고성군은 헌법에 명시된 "인간다운 생활을 할 권리와 행복을 추구할 권리, 그리고 청소년의 복지 향상"을 위해 13세에서 18세에게 청소년 수당을 지급한 최초의 기초 지방자치단체가 되었다. 2021년 8월 고성 의회 임시회제266회에서 국민의힘 비례대표인 김향숙 의원 <del>기획행정위원장</del>은 5분 자유발언을 통해 인구 증가를 위한 전폭적인 예산 지원이 필요하다고 주장했다.

양육지원금을 지원 안 하는 경남지역 기초 지방자치단체는 고성군과 함안군, 산청군뿐이라며 아이 키우는 환경 조성을 위해 '출산장려금 확대 및 양육지원금 신설'을 제안하였고, 고성군은 좋은 정책이라며 '함께 키움 수당'의 신설과 함께 청소년 수당도 초등학교까지 확대하여 고성군에서 아이가 태어나 어린이집, 유치원, 초등학교, 중학교를 거쳐 고등학교를 졸업하여 사회로 나갈 때까지 수당을 지급한다는 입장을 발표하였으나 고성군 의회의 국민의힘 소속 의원들은 반대의 뜻을 밝히면서 또 긴장이 감돌고 있다. 군민들은 22년 대통령선거와 지방선거를 앞두고 정쟁으로 전환되는 것에 대한 불편한 심정을 드러내고 있다.

치열한 논의는 진일보하는 과정

백두현 군수는 "출산을 고민하는 세대에 가장 필요한 정책은 '경제적 부담을 줄이는 것'이라는 의회의 의견에 백번 공감합니다. 고성군이 구상 중인 키움 수당은 의회에 제안한 내용으로 인구 소멸을 막고, 지역경제 활성화를 이루기 위한 정책으로 착실히 준비하여 군민의 삶의 질을 향상시킬 수 있도록 추진할 예정"이라고 밝히면서 "행정과 의회가 하나가 되지 못한 책임은 저에게 있고, 청소년 수당 조례의 4수 상황은 갈등이 아니라 정책을 수립하기 위해 치열하게 논의하는 과정이자 진일보해나가는 과정"이라며 의회와 더욱더 긴밀하게 소통할 의지를 밝혔다.

청소년 수당은 전국적으로 확대되어 충북 옥천군, 제천시, 충남 청양군, 전북 진안군 등에서 조례가 제정되었고, 대전광역시 대덕구, 울산광역시 울주군 등 많은 지방자치단체의 문의가 이어지고 있다.

대부분의 군 단위 기초 지방자치단체들이 비슷한 것처럼 고성군의 청소년 인구도 매년 줄어들고 있다. 청소년 수당의 대상인 13~18세의 인구가 2019년 12월에 2,555명이었으나 매월 감소하여 2020년 9월까지 65명이 감소한 2,493명이었다. 그러나 청소년 수당 조례가 제정된 2020년 10월부터 2021년 12월까지 42명의 인구가 증가한 것으로 나타나 여러 정책의 효과가 나타나고 있다며 조심스럽게 환영하는 분위기다. 백두현 고성군수의 청소년 수당은 선택적 복지의 아성에서 포용적 복지국가로 가기 위한 치열한 움직임으로, 대한민국 헌법에 명시된 '행복을 추구할 권리와 청소년의 복지 향상'을 위해 오늘도 한 걸음 한 걸음을 내딛고 있다.

아이들에게 정성을 다하는
교육도시 오산시

지난해 여름 오산시립미술관에서 제주 4·3항쟁 관련 전시를 준비했다. 전염병 COVID-19이 한창인 데다 8월 무더위가 기승을 부리고 있는 계절이라 전시장인 미술관을 찾는 방문객에 대해 기대하지 않았는데, 주말만이 아니라 평일에도 어린이와 부모들이 꾸준히 방문하는 것이다.

갑자기 궁금증이 발동하여 오산시립미술관과 오산문화재단, 오산시청 등을 검색하며 이것저것 살펴보았고, 지인들에게도 문의하다가 "아~~"하는 소리가 입 밖으로 나왔다. 오산이 교육도시였구나.

오산시는 화성군에서 분리되어 1989년에 읍에서 오산시로 승격하였으나 교육과 문화 등은 대부분 수원에 의존하는 도시였다. 오산, 화성, 평택, 안성 등 경기도 남부권에서 대학은 대부분 수원을 중심으로 이루어지다 보니 오산에 거주하는 학부모 중 일부는 자녀들이 초등학교나 중학교에 입학할 즈음 수원으로 이사가는 일이 일반적인 현상이 되면서 오산시는 수도권의 교육 변방이 되었다.

오산시에서 나고 자란 곽상욱 오산시장은 "2010년에 오산시장직에 도전할 때 시민들의 여론 중 하나이기도 했고, 성장 과정에서 친구들이 수원 등 인근으로 유학을 가는 걸 보면서 오산의 교육 여건에 대한 고민이 늘 있었다. 그런 데다 아이들이 초등학교 5~6학년이 되면 주변의 젊은 부부들이 이사를 하는 것을 보고 이 문제를 해결하지 않고는 오산에 희망이 없을 것이라는 생각이 뇌리에 가득 찼다. 그래서 '낳기만 하면 키워드리겠다' 라는 공약을 했다" 라며 지난 12년은 지역 구성원과 함께 고민을 풀어가는 과정이었던 것 같다.

공교육의 정상화를 위한 교육 재원 지원

곽상욱 시장의 2010년 공약은 교육감 후보처럼 '공립 보육 시설과 무상 보육 및 교육, 학생들 학습 준비를 책임 있게 지원, 돌봄 교실 확대, 어학실습실 및 체육관 건립' 등 공교육의 정상화를 위한 재정적 지원의 공약이 유독 많았다.

우리나라는 일반행정과 교육행정의 분리를 통해 교육의 자주성과 전문성, 정치적 중립성을 유지하고 있다. 그래서 교육감은 정당 공천을 하지 않는다. 그런데 일반행정에서 교육행정의 업무를 지원한다는 것은 이례적인 현상이라 볼 수 있다. 오산시는 교육을 통해 인구 유지를 넘어 유입이 필요했고, 교육청은 부족한 예산이 필요한 상황에서 공생의 길을 찾은 것이다.

곽 시장은 학교의 주인인 학생과 선생, 그리고 학부모들이 즐겁고 행복해야 교육이 살아난다는 기본 원칙을 세우고 교육과정 지원에 대한 투자를 시작하였다.

취임하자마자 조직 개편을 통해 3명의 교육지원팀을 10명의 교육협력과로 개편하고 화성오산교육지원청을 찾아가 협의를 하여 경기도교육청 혁신교육지구로 지정을 받으며 교육도시로의 전환을 위한 출발을 시작하였다.

그러나 일반행정가와 교육 행정가끼리는 어찌 대화가 되었으나 일선 학교의 벽은 녹록지 않았다. 교육청의 지침을 벗어난 일반행정의 참여에 관해 부담스러운 정도를 넘어 소통을 차단하는 상황까지 발생하였다. 오산시의 한 공무원은 "폭탄 터지는 전쟁터를 뛰어다니는 것 같았다"라며 회상할 정도였다.

일반행정에서도 예산이 부족하여 돈을 달라고 아우성인데 일선 학교를 방문하여 돈을 써달라고 하니 학교 선생님들은 당황을 넘어 황당해했다. 일반행정의 불만도 만만치 않았다.

그런데도 '공교육이 살아 움직이지 않으면 오산시도 대한민국도 미래가 없다' 는 시장의 철학으로 학교와 소통을 하면서 학교의 문을 두드렸다.

　오산시 공무원과 학교 선생님들 간의 많은 대화와 협의를 통해 학교와 학교별 교육환경에 맞게, 학교별 특색을 살리는 사업에 지원한다는 합의를 통해 오산의 혁신교육 지원사업이 '물향기 학교' 공모사업이다.

▲ 경기도 관내 교장 연수에서 오산교육 사례 발표(2021.09.28., 경기도교육연수원) ⓒ 오산시청

　오산 혁신 교육의 대표적인 첫 번째 사업으로 학교별로 자율적이고 창의적인 교육 과정을 재구성하여 행복한 학교를 만드는 물향기 학교 사업은 2011년 5개 학교를 시작으로 2021년에는 초등학교 25개 학교와 중학교 9개, 고등학교 8개 등 오산시 관내 있는 모든 학교가 참여하고 있다.

　오산시의 두 번째 사업은 토론하고 답하기 분야의 역량을 지원하기 위한 토론문화 활성화 사업' 이다. 일반적으로 학교 교육은 교사가 이야기하고 학생들은 듣는 형식의 주입식 교육으로 늘 문제가 제기되었다. 그래서 오산시는 토론에 대한 사업을 지원하기로 한 것이다. 토론을 하면 상대방의 이야기를 경청하면서 뜻을 정확히 파악하고 타당성을 판단하는 분석과 논리적·비판적 사고가 필요하게 된다. 그리고 이 과정에서 창의적인 문제 해결력도 향상되는 특징이 있다. 즉 토론을 통해 민주사회를 이끌어가는 시민으로 역량을 쌓아가겠다는 오산시의 의지인 것이다.

2011년 오산토론연구회를 중심으로 하여 공무원들은 학생들의 토론 능력을 향상할 수 있도록 도움이 되는 중앙선거방송토론위원회와 솔브릿지 국제경영대학과의 협약을 체결하며 지원하였다.

민주주의의 발전을 위한 토론문화

오산 토론의 특징은 3:3 의회식 쟁점 토론으로 특정 주제에 대하여 의견이 다른 상대방과 번갈아 가며 공평화에 의사소통을 구조화하는 방식이다. 토론수업 지원 외 토론 교실, 경기 등 다양한 활동을 지원하며 깊이를 더해가고 있는데 2020년에는 33개교의 학교에서 38개의 토론 동아리가 형성되어 활동하고 있으며, 2015년부터는 오산시가 주최하는 '전국 학생 토론 대회'를 개최하고 있다.

2021년 제6회 토론대회에서는 전염병으로 대면 진행이 어려운 상황에서 예·본선 모두 비대면 방식으로 처음 개최되어 전국에서 초·중·고교 학생 80개 모둠 240명이 참여하여 격론을 벌였는데 초등학생 토론 주제는 '수술실 내 영상 녹화CCTV 설치 의무화' 와 '청소년의 정치 참여' 에 대한 찬반 토론이었다.

중학생은 '학력에 대한 사회적 차별' 과 '원자력 발전의 확대' 에 대한 주제였으며, 고등학생은 '비혼 출산' 과 '차등적 투표권' 에 대한 주제로 찬반 토론을 통해 사회적 합의를 이끌어내도록 하였다.

전국의 학생을 대상으로 하는 오산시의 토론 대회는 기초 지방자치단체 중에 처음 하는 사업으로 교육도시로의 오산이 부각되는 계기가 되었다.

'미리내일학교' 는 미래에 어떤 직업이 '내 일my job' 이 될 수 있을지에 대해 다양한 직업을 미리 체험하는 진로 탐색 과정의 하나로 2015년부터 자유학년제를 지원하기 위해 만든 사업이다. 학생들이 미래의 직업에 관심을 가지고 자기의 소질과 적성, 성격, 흥미 등에 대해 생각해보고 내일tomorrow을 체험해 보는 중학교 1학년의 진로·진학 교육과정으로, 학교와 지역사회가 함께 협력해야 성과가 나타나는 교육과정이다.

140여 명의 학부모 진로지원단과 2,400여 명의 학생들이 48개의 직업 체험처를 다니며 경험을 하였고, 미래tomorrow의 내일my job을 준비하는 기회를 만들고 있다. 이 과정에서 오산시 관내에 택시업계의 참여를 통해 학생들의 이동을 도우며 시민이 모두 교육공동체 구성원임을 확인하는 계기가 되었다.

중학교 자유학년제 지원 및 학생들의 건강을 위 '1인 1체육'으로 줄넘기도 지원이 되었다. 줄넘기는 작은 공간에서도 할 수 있는 심혈관 운동이자 신체저항력을 키울 수 있는 운동으로 2016년부터 진행하고 있다. 개인 뛰기와 쌍줄넘기, 그리고 음악 줄넘기 등 다양한 줄넘기 활동으로 성장하는 학생들의 신경세포를 활성화하고, 운동 부족을 해소하며 뇌 자극을 통해 학습 능력을 향상시킨다. 그리고 더 큰 의미는 단체 줄넘기를 통해 또래의 협동심을 향상하며 공동체 강화에 도움이 된다는 점이다. 이 사업은 학교 체육 활성화 사업으로 확대하여 오산시교육청에서 동아리별로 전문적인 지도도 이루어지고 있다.

학교 공간 혁신 '별별숲' 사업은 학교 내에 있는 여러 유휴공간을 학생들이 상상하는 대로 설계하여 직접 만들어 보는 사용자 참여 설계 방식의 교육과정이다.

2018년부터 학생들과 학교, 전문가 등의 결합을 통해 학생들이 생각하는 학교의 모습을 만들기 위해 토론과 설계를 함께 하면서 건축가의 관점에서 학교를 변화시켜보는 사업으로 20여 개 학교가 참여하여 교실과 강당, 독서실, 학교 벽 등 다양한 변신을 시도하고 있다.

2015년부터는 보편적인 문화예술교육의 보급을 위해 '학생 1인 1악기 통기타 수업'을 초등학교 6학년부터 시작하여 현재는 초등5학년, 초등6학년, 중학교 1학년까지 연계 교육과정으로 진행되어 31개교가 참여하고 있다. 이를 확대하여 2017년에는 청소년 통기타 오케스트라를, 2019년부터는 만능 음악가 음악학교를 통해 다양한 악기를 경험하고 배우며, 예술적 소양도 키워나가고 있다. 학생 1인 1악기 통기타 사업은 지역 주민의 문화예술 확산을 위해 전국 최초 악기 대여 및 체험을 할 수 있는 '소리울 도서관'을 구축하는 원동력이 되었고 통기타 축제로까지 연결되었다.

▲ 1인 1악기 발표회에서 연주하는 학생들(2017.06.15. 오산문화예술회관) ⓒ 오산시청

오산시는 지난 11년 동안 관내 모든 학교를 대상으로 다양한 혁신 교육 사업을 추진하며 아이들의 행복한 학교생활을 일반화시켰다.

물향기 학교, 고교학점제, 별별숲 사업, 우리 고장 바로 알기, 토론 수업문화 활성화, 학생동아리 오아시스 등을 통해 문화를 혁신하였고, 미리내일학교와 경기 꿈의 학교, 오산시 진로진학상담소 dream way 등을 통해 학생들의 진로와 진학 상담을 통해 도움을 주고 있다.

학생 1인 1악기 교육, 1인 1체육 줄넘기 교육, 만능 음악가 음악학교 등을 통해 문화예술 교육을 추진하고 있으며, 미래형 교육자치 사업과 교육+기술edu tech 기반 미래학교 등을 통해 미래형 교육을 추진하고 있다. 그리고 오산 마을교육공동체, 고현 마을학교, 경기 꿈의 학교, 학교 축제와 마을 축제, 시민참여학교 등을 통해 학교와 마을이 함께하는 교육 공동체를 만들고 있다.

오산시는 도시를 교육공동체로 만들기 위하여 2011년 전국 최초로 중간조직 형태인 '혁신교육지원센터'를 시작으로 현재는 오산시 출연기관인 (재)오산교육재단으로 성장하여 독립적인 교육기관으로써 지역의 인적·물적 자원을 연계하여 오산시 전체를 마을 학교로 만드는 사업을 지속적으로 추진하고 있다.

2019년부터는 대한민국을 넘어 교육 선진국의 우수한 사례와 정책을 소통하고 공유하는 '미래 교육 오산국제포럼'을 개최하여 전국 지자체, 교육기관 관계자뿐만 아니라 시민, 활동가 등과 함께 하면서 성장하는 토대를 마련했다.

오산시가 지난 11년 동안 교육행정에 투자한 예산을 살펴보면 학생들이 안전하고 청결한 학교에서의 수업을 위해 노후화된 학교 161개 시설에 299억 원을 집행하였고, 공교육 및 유아 교육 활성화를 위해 112개 사업에 155억 원, 의무 급식에 659억 원을 투자하면서 누구나 배우고 성장할 수 있는 보편적 교육 복지를 실현하고, 차별 없는 학습권 보장을 넘어 맞춤형 교육 기반을 조성한 것으로 평가되고 있다.

오산시의 교육도시 사업은 국가 경쟁력 분야, 평생학습 분야, 자유학기제 추진 등 많은 수상을 하였고, 평생교육 도시 지정 등으로 국내 외에서 모범도시로 방문도 이어지고 있다.

일은 사람과 예산으로 대변한다. 오산시 평생교육과는 2010년에 1개 팀 3명에서 2021년에는 5개 팀 30명으로 증원되어 시의 위상을 이끌었고, 오산교육재단의 중간조직까지 하면 우리나라 기초 지방자치단체 중 교육분야에 가장 많은 인력을 운영하는 지방자치단체이다.

예산도 지난 12년 동안 매년 120억 원에서 286억 원까지 지원하면서 전체 예산 대비 평균 5%의 교육 예산을 편성하였다. 일반적으로 교육 예산은 시세 수입세외수입 제외의 일정 범위 내에서 편성하도록 규정되고 있으나 오산시의 경우는 교육경비 보조 상한선 조항을 폐지하는 등 조례가 개정되어 집행부와 의회가 협력으로 움직이는 지방자치단체의 성공 사례 중 하나로 볼 수 있다.

곽상욱 오산시장은 시민이 교육 복지를 누리는 도시로의 탄생을 강조하며 다음과 같이 말했다.

"오산의 혁신교육 철학은 어린이와 청소년 모두 '차별 없이 스스로 자기 앞가림하는 힘생존을 기르고 다 함께 서로 어울려 사는 법공존'을 익히는 것이다. 이 철학을 시민 모두를 대상으로 하는 교육도시로 확정하면서 앞으로의 오산의 미래교육 정책 추진을 위해 4개의 핵심 가치를 설정했다.

나와 우리가 빛나고 더 행복한 삶을 스스로 만들어가는 자치 교육,

학교와 마을 사람들이 하나로 이어져 함께 배우고 성장하는 이음 교육, 인간의 존엄과 인류 공존을 가치로 미래로 도약하는 창의적인 미래 교육, 도시의 교육안전망 구축으로 모두의 배움과 성장을 책임지는 교육복지 실현 책임 교육이다.

이 4개의 가치가 완성될 때 동그라미 공동체가 이루어져 아기부터 노인까지 시계의 흐름에 맞는 맞춤형 배움이 가능한 선순환이 완성된다. 아울러 자치분권 시대에 맞는 교육자치를 위해서는 무엇보다 마을 교육공동체가 활성화되어야 하며, 사람 중심의 도시 성장을 위해 모든 지자체가 교육의 중요성을 인식할 수 있도록 오산시 사례를 공유하고 싶다."

그동안 오산시의 노력은 구체적인 정량 지표로 나타난다. 2010년 오산시의 유치원은 교사 208명, 유아 3,394명이었는데 2021년에는 선생 443명, 유아 5,171명으로 늘었다.

2010년 초등학교에는 교사 735명, 학생 13,874명에서 2021년에는 선생 1,055명, 학생 16,841명으로 증가하였다. 고등학교도 이와 비례하여 증가하면서 주변 교육도시로 빠져나가던 인구가 다시 유입되고 정주성이 회복되면서 전국의 기초 지방자치단체 중 소멸 가능성 낮은 시·군 중 3위이자 경기에서는 1위로 나타났다.

오산시 교육의 본질은 전진하는 미래지향적 교육을 통해 생존과 공존의 철학을 정립하면서 다양한 주체들이 함께 참여하고 만들어가는 교육 정책을 통해 오산의 지역 공동체성 회복을 이루고 있다.

오산이라는 마을 교육공동체는 학교와 마을이 함께 성장 발전하는 선순환적 교육생태계를 구축하였고, 혁신교육과 평생교육이 함께 성장하는 교육자치의 모범도시로 지방자치의 의미 있는 성공 사례로 널리 응용되길 기대해 본다.

5장

민주주의 확장하기

시민 토론, 끝장 토론,
민주적으로 군포시

30여 년 만에 부활된 지방자치로 권력의 진정한 주인인 시민에게 권한을 돌려주기 위해 기초 지방자치단체들은 좋은시정위원회, 시민원탁회의, 시민행복위원회, 협치협의회, 100인 위원회 등 시민을 주체화하는데 많은 정성을 기울이고 있다.

군포시의 100인 위원회는 시민을 단순 참여시키는데 국한하지 않고, 개인이 주장을 자유롭게 개진하며 상호 합의할 수 있도록 시민을 주체화하는 노력을 기울였다는 점에서 괄목할 만하다.

군포시는 전국 최초로 토론 조력자facilitator를 직접 양성한 후 다양한 공론 현장에 투입하여 토론을 활발하게 할 수 있도록 도움으로써 지역 토론문화 정착에 기여하고 있다.

누구도 소외되거나 외면당하지 않고 주체자의 권리를 행사할 수 있도록 군포시가 길러낸 협치 활동 강사는 시민이 원하는 곳이면 어디

든 찾아가서 참여의 중요성과 방법, 협치의 성과를 피력하며 협치 인식 확산에 기여하고 있다.

지방자치제도가 사라졌던 독재정권 시기에 독재자와 독재자의 친위대들이 공안 정국을 조성하여 정치와 민감 현안에 대하여 침묵을 강요하였다. 시민들은 실질적 권력의 주체였으나 무장한 관의 명령에 복종할 수밖에 없었고, 주권자의 권리는 유명무실했다. 시민들은 입을 닫고, 행정가들은 귀를 닫고, 법률가들은 눈을 닫음으로써 '주권재민' 은 요원하기만 했다.

1987년 민주화 바람을 타고 국민은 가슴속에 응어리진 이야기를 꺼내기 시작했으나 30여 년 동안 강압적 환경 속에서 주눅들어 있던 시민들은 토론하고 합의하는 문화보다 일방적 입장 표명과 주장만 반복하며 의제는 난무하되 소통과 합의가 안 되는 상황이 종종 발생하였다.

군포시는 이러한 문제점을 해결하기 위하여 성숙한 토론문화 확산에 시선을 돌렸다. 올바른 토론문화를 통한 성숙한 숙의 민주주의의 정착이야말로 민의를 정책화하는 방법이라고 생각했기 때문이다.

한대희 시장은 후보 시절 '새로운 군포 100인 위원회 구성 및 원탁회의' 를 공약으로 제시하였는데, 이는 그의 삶과 밀접한 관계가 있다. 한 시장은 학창 시절 민주화운동을 하다 제적당했고 노동운동, 정당운동의 현장에서 '시민의 소리가 민주주의 발전의 핵심' 이라는 신념을 다지게 된다. 이러한 한 시장의 정치철학은 '시민 우선 사람 중심'

이라는 시정 목표로 형상화되었다.

한대희 시장은 공무원들과의 대화에서 "공동의 목표를 달성하기 위하여 모든 이해당사자들이 책임감을 가지고 투명하게 의사결정을 수행할 수 있는 제반 장치의 정착 활동을 대폭 지원 한다"고 밝히며 공무원과 시민에게 손을 내밀었다.

한 시장은 2018년 첫 조직 개편을 시행하며 정책감사실장을 개방형 직위로 공모하고, 협치조직을 위한 전담팀을 신설했으며 9월 간부 회의에서 "모든 권한을 드릴 테니 소신을 가지고 민관협치의 씨앗을 뿌려달라"며 민관협의체 TF에 전권을 주었다.

협치조직을 위한 민관협의체는 시민단체 대표, 마을협동조합 대표, 협치 전문가, 교수, 시의원, 공무원 등이 합류하여 만남과 회의를 지속했다. 18차례의 회의와 마감시간을 두지 않은 4차례의 마라톤 회의, 그리고 협치 모범사례 분석을 위한 5차례의 사례 응용과 연구 등을 통하여 윤곽을 잡았고, 민관협의체 활동에 대한 경과 보고회와 시민원탁토론회를 개최하였다.

2018년 12월에는 민관협의체의 활동 및 우수 사례를 공유한 후 자발적으로 참여한 시민 100여 명과 함께 시민토론회가 진행되었다.

군포시 특성에 맞는 민관협치 조직 구성과 조례 제정에 대한 첫 대시민 토론회를 시작으로 3개월 동안 많은 토론회를 거치는 동안 '100인 위원회 구성 및 운영 조례(안)' 이 도출되었고 군포 시민들로 구성된 토론 조력자가 진행요원을 맡고, 공무원이 기록요원으로 참여하며 시민 원탁토론은 2차까지 진행하며 긴 시간의 토론 끝에 모든 안건을 만장일치로 합의했다.

일방통행 없이 납득하고 합의될 때까지

조례에 담지 못한 내용은 시행규칙에 담기로 합의하고 검토된 내용은 취지와 의미를 살려서 협치조직 운영 시에 활용하기로 하였다. 조례 제정까지 1년여 간 민과 관은 서로가 납득하고 합의될 때까지 기다리며 소통의 긴 터널을 지나서 조례(안)는 다듬어졌다.

2019년 7월 법제화된 '군포시 협치 활성화를 위한 100인 위원회 구성 및 운영 조례'에는 사회구성원이 함께 올바른 소통과 참여, 합의 과정을 통하여 대안을 결정함으로써 결정 권한을 공유하고 공익적 가치를 실현하여 지속 가능한 사회를 구현하기 위하여 의사결정 단계에서부터 집행 단계까지의 전 과정에 시민의 참여를 명시하고 있다.

구체적인 내용으로는 첫째, 100인 위원회는 정책 수립을 위한 의견 수렴 및 결정·시행·평가·환류에 관한 사항, 둘째, 지역사회 문제 해결을 위한 소통과 협치에 관한 사항, 셋째, 공론장 운영에 관한 사항, 넷째, 사회적 합의사항을 시장에게 권고하여 이행 노력에 대한 의무를 부여하고 있다.

군포시의 100인 위원회는 고대 그리스와 로마의 민회나 아테네의 시민의회이자 아고라(agora)를 뜻하며 '시민과 소통하면 통한다' 라는 한 시장의 정치철학을 반영함과 동시에, 민과 관이 만나고 토론하는 열린 공간 그 자체였다.

조례를 바탕으로 2019년 10월 출범한 100인 위원회는 공개모집, 공개추첨의 과정을 거쳐서 위원을 모집했다. 군포시민이면 누구나 위원 자격이 되었다.

▲ 100인 위원회 출범식에 기념 촬영하는 군포 시민들(2019.10.08.) ⓒ 군포시청

100인 위원회는 조례에 따라 당사자 · 공론화 · 시정 참여의 3개 분과로 조직을 구성하고, 당사자 분과는 대면과 비대면으로 선호도 조

사를 거쳐서 복지, 여성, 지역경제, 청소년, 환경 소위원회를 두었다.

소위원회는 시민의 뜻에 따라 필요할 때마다 개편할 수 있도록 열린 구성으로 만들어졌다. 2022년 구성된 2기 100인 위원회는 영역이 다양한 복지소위원회를 2개로 나누고, '부모 아이 함께 소위' 와 '문화역사 예술 소위' 를 추가하여 당사자 분과를 8개로 늘렸다.

다른 위원회에서는 찾아볼 수 없는 확장성과 포용성을 지닌 것이다. 100인 위원회는 시장과 민간 공동위원장 체제로 100명 이내의 위원이 2년의 임기로 활동한다. 신청한 시민 중 추첨으로 70%를 선발하고, 시장은 30% 범위에서 시의원, 공무원, 전문가 등을 추천한다.

당사자 분과는 정책의 당사자들이 소위를 구성해 시민과 함께 사업을 집행하거나 정책을 반영하도록 요구하는 역할을 한다. 공론화 분과는 시민의 공론장 개최 요구에 따라 공론장을 기획하고 집행하는데 시장도 공론장의 개최를 요구할 수 있다. 시정 참여 분과는 시정에 대한 일상적 관찰 및 점검과 시민참여정책을 발굴하는 역할을 한다.

공동위원장과 각 분과/소위 위원장으로 구성된 운영위원회는 분과/소위 활동 상황을 공유하고 일상적인 의사결정을 담당한다. 군포시 100인 위원회는 사례 응용, 연구 조사, 토론회, 공청회 등을 개최하여 시민 의견을 수렴한 후 의제를 발굴하고, 각 분과/소위별로 사업계획서를 제출하면 전체 위원이 총회를 통해서 차년도 사업과 우선순위를 결정하여 주민 참여 예산에 반영하도록 공모하고 있다.

군포시 주민참여예산은 100인 위원회의 자체 숙의 과정을 인정하여 '시정책형' 사업으로 예산이 반영되도록 별도의 경로를 만들어 운영하고 있다. 당사자의 의견을 물어서 정책에 반영한다는 당사자 소위원회의 활약 중 청소년소위원회는 특별하다.

청소년 위원들이 군포시의 모든 청소년 당사자들과 의기투합해 추진한 '청소년 전설 프로젝트'는 2019년 12월부터 1년여 간 진행된 사업으로 2차례의 주관식, 객관식 설문조사와 3차례의 심화 토론을 통해 의제를 도출하였다.

군포시에 거주하는 청소년 전체가 설문에 참여한다는 '전설' 사업명에 걸맞게 참여한 청소년은 4,850명에 이른다. 대면과 비대면 회의로 분산과 집중을 꾀하였고, 도출된 의제들은 관련 부서의 법률 검토 과정을 거치고 결과를 청소년들과 공유하였다. 미성년이라는 이유로 배제되었던 청소년을 숙의 민주주의 광장에 합류시킨 것이다.

청소년들이 제안한 핵심 사례는 '밤에도 낮처럼 다니게 해주세요.', '담배 없는 골목 만들기', '마음 편히 춤출 수 있는 곳이 필요해요' 등 8가지 의제로 모두 담당 부서에서 검토하여 청소년들에게 보고한 후 군포시가 직접 추진 중이며, 일부는 경기도의 주민참여 공모사업으로 추진하고 있다.

100인 위원회는 청소년의 의견을 지속적으로 수렴할 수 있는 안정적인 기반을 마련하기 위하여 100인 위원회 내에 청소년소위원회를 두었고 이 곳에서 기획한 〈전설 프로젝트 시즌2〉가 2021년 4월 여성가족부 공모사업에 선정되어 추진이 가능해졌다. 일회성 행사가 아니라 지속 가능한 체계로 정착함으로써 청소년의 숙의 민주주의 실험이 더욱 빛을 발하게 된 것이다.

전체 청소년의 의견을 들어본 〈전설 프로젝트〉의 성공은 다른 분과/소위에도 영향을 미치고 있다. 당사자의 의견을 듣는 절차로 받아들여져서 응용하는 움직임이 생겨나고 있다.

지역경제소위원회는 군포시의 골목상권 활성화를 위한 군포시 당동로 상인들과 협업하며 15년 동안의 숙원사업인 지주식 간판이 설치되었고, 골목형 상점가로 지정되어서 온누리 상품권 등을 활성화하는 데 기여했다.

군포역 상점가도 지역경제소위원회와 협업하여 간판 정비와 계절 축제 등의 사업을 추진하였으나 특정 상권의 활성화를 위한 움직임은 자칫 소외되는 상권의 오해를 받을 소지가 있었다. 그래서 2022년 2기 지역경제소위원회는 '지역상권 활성화를 위한 소상공인 전체 설문'을 제안하고 설문의 방식과 설문 문안, 토론의 방식을 손질하고 있다. 몇몇 상권 활성화가 아닌 전체 소상공인이 지금보다 더 행복할 수 있는 정책을 발굴하고 추진하기 위하여 터놓고 전체가 토론하는 장을 마련하려는 것이다.

2021년 2월에는 연명으로 제출된 지역 개발에 대한 공론장 개최 청구02.09.가 있어 공론장 설계를 진행했다. 공론장의 명칭은 '가치풀 장가치를 같이 풀자' 으로, '결과에 승복하기 위하여 진행되는 일련의 과정'에 정성을 쏟는다. 이는 로마시대 집회소에서 시민들의 정치적 견해와 공공성에 대해 다양한 토론을 이끌어 민주주의의 가치를 실현하던 모습과 맥을 같이한다.

▲ 「100인 위원회」 원탁회의에서 토론하는 한 대희시장 (2019.10.08.) ⓒ 군포시청

지역 개발 문제는 특정 지역의 조례로 해결되는 경우가 많지 않다. 기초 지방자치단체에서 개발 문제는 광역자치단체와 중앙정부의 법률까지 맞물려 있어 지역 주민의 의지나 합의대로 진행이 안 되는 경우가 종종 있기 때문이다.

2021년 2월에 연명으로 제출된 당동의 안골공원 재개발 사업도 그런 사례로 안골 공론장은 국토부의 3기 신도시 정책발표로 공론의 장이 잠정적으로 중단되었다. 이러한 노력이 가능할 수 있었던 것은 군포시가 양성한 협치활동가들의 적극적 활동이 있었기 때문이다.

군포시의 토론 민주주의가 가능한 이유 중 하나는 굉장히 생소한 협치활동가라는 존재 덕분이다.

100인 위원회가 민관협치를 위한 제도적 장치라면 협치활동가는 인식 확산을 위한 인적 구성이라고 볼 수 있다. 협치활동가는 토론을 촉진하는 군포시민의 토론촉진가와, 찾아가는 협치교육을 실시하는 협치활동강사로 나뉜다. 군포시민 토론 촉진가는 원탁회의, 공청회, 일자리 토론회 등 다양한 토론에 참여하여 성숙한 토론문화를 이끌고 있다.

토론촉진가로 참여하는 김준열 씨는 "목소리 큰 사람에 의해서 좌지우지되던 토론장이 소외되는 사람 없이 참여할 수 있는 공론장으로 바뀌는 모습에 희열을 느끼며, 막연했던 주장이 이성적인 소리로 상대에게 전달되어 서로가 만족할 만한 결과를 얻어내도록 돕는" 조력자로의 역할에 매우 자부심을 가지고 있었다.

다른 협치 활동가인 협치활동강사도 매우 흥미롭다. 지방자치단체가 부활되고 가장 많이 등장한 용어가 협치지만 협치의 주체는 시민사회단체가 중심이었다.

군포시는 시민을 주체로 세우기 위하여 전국 최초로 협치활동강사를 직접 양성하였고 찾아가는 소규모 협치 교육을 실시하여 효율성과 실효성을 높였다. 2019년 36회에 2,000여 명을, 2020년에는 전염병 COVID-19 재난 상황에서도 900여 명을 대상으로 교육을 실시하였다.

협치활동가로 활동하는 우태영 씨는 "협치란 물고기가 이미 바다를

헤엄치고 있듯이, 우리는 이미 협치 속에 살고 있다는 것을 느끼게 한다. 시민이나 공무원이 원하는 시간에 원하는 장소에 찾아가서 협치 이야기를 들려줄 수 있음에 보람"을 느끼고 있었다.

2022년부터는 군포시 지속가능발전협의회와 협업을 통하여 협치 활동가토론촉진자와 협치활동강사를 확대 · 양성하는 사업을 진행하고 있어 군포시의 실험이 보다 나은 민주주의를 위한 밑거름이 될지 주목된다.

협치의 시민력이 단기간에 성장하는 것이 아니므로 시간과 공을 들이는 작업은 계속되어야 할 것으로 보인다. 그간 군포시의 100인 위원회는 2019년부터 약속을 지키는 정치인, 협치, 숙의 민주주의 갈증 조정 등 여러 주제의 경진대회와 공모 사례에 선정되며 시민과의 소통과 숙의 민주주의와 관련한 수상을 하고 있다.

100인 위원회는 시민과 행정이 함께 정책의 기획에서부터 결정 · 실행 · 평가 · 환류에 이르는 체계를 만들었으며 청소년 문제는 청소년을 중심으로 공론을 통해, 시민의 문제는 시민을 중심으로 민 · 관 · 학 협력으로 문제점과 해법을 도출해 시정에 반영했다.

한 시장은 "평소에 군포는 시민들이 만들어가는 도시공동체라고 생각해왔다. 시민의 자치와 시민의 참여는 필수다. 100인 위원회는 결과보다 과정을 중요시하고, 보여주기식 전시 행정이 아니라 시민을 위한 실천 행정을 염두에 둔 실질적인 운영에 중점을 두고 있다"라며 권력의 주체인 시민을 주체화하고 공론을 통해 합의를 도출하고 있다.

한대희 시장이 정치철학으로 삼은 '시민의 입을 열고, 토론을 통해 합의를 이끌어 군포시의 100년 미래를 설계하고자 하는 참여 민주주의의 실험' 이 청소년과 시민이 참여하는 연대를, 행정은 지원의 연대를 통해 군포시의 직접민주주의가 한 발짝 더 나아가는 의미 있는 걸음이 되기를 기대한다.

친일청산으로 정의로운 사회를 추구하는 경남도의회

　대한민국 제헌헌법은 "유구한 역사와 전통에 빛나는 우리 대한국민은 기미 3·1운동으로 대한민국을 건립하여 세계에 선포한 위대한 독립 정신을 계승하여 이제 민주 독립 국가를 재건1948.07.17. 제정"한다고 명시함으로써 독립 정신을 계승함을 밝히고 있다.

　1987년 민주화 대투쟁을 통해 개정된 6공화국 헌법 전문은 "3·1운동으로 건립된 대한민국 임시정부의 법통과 불의에 항거한 4·19민주 이념"을 계승한다고 명시되어 있다. 1987.10.29. 개정

　대한민국의 존재는 1919년 기미년 3·1만세 투쟁을 출발점으로 하여 대한민국 임시정부의 독립 정신을 계승하기에, 친일청산을 통해 그 정신을 기리는 것이 중요하다.

　그러나 우리나라는 일본 제국주의 강점 시 일본에 협력하여 작위와 하사금을 받아 나라를 팔아먹고, 일본이 일으킨 전쟁에 돈을 대고, 한

반도의 백성을 동원하기 위해 글과 권력을 통해 강제한 친일 부역자들을 제대로 청산하지 못했다.

프랑스 철학자이자 노벨문학상을 받은 알베르 카뮈Albert Camus는 "과거의 잘못을 단죄하지 않는 것은 미래의 범죄에 용기를 주는 것이다."라며 과거사를 청산해야 역사의 범죄가 재발하지 않는다는 교훈을 얻을 수 있음을 강조하였다.

제2차 세계대전이 끝난 후 유럽 국가들은 식민지와 점령지에서 벗어나 새로운 나라를 만들기 위해 부역 행위를 범죄로 간주하고 부역 협력자들을 처벌하며 새로운 국가의 정신을 세웠다.

과거사 청산의 모범 사례로 자주 등장하는 프랑스는 사법적 숙청을 넘어 초법적 숙청도 진행되었다. 점령지와 식민지에서 부역에 참여한 기업의 재산은 국유화하였고, 정부와 의회, 법조계, 언론계, 경제계, 문화예술계, 노동계, 군대 등 사회 전 분야에서 부역한 사람들은 시민 저항군에 의해 자체 군법회의를 시행하여 1만여 명이 숙청되었다.

프랑스 시민들은 재판이 지연되거나 미온적인 판결이 나오면 군중들이 직접 부역자들을 거리로 끌고나와 공개 처형하는 일이 발생할 정도로, 프랑스 사회는 초법적 숙청을 통해 과거사를 청산한 나라 중 하나이다.

드골 정부는 독일 협력자들에게 국치죄를 도입하여 32만 명을 부역 혐의 대상자로 정하고 12만4,613명을 판결하여 6,763명을 사형에게

767명, 38,266명은 징역형 등을 통해 공민권 박탈과 함께 공공성과 관련한 모든 자리에서 축출했다.

네덜란드는 독일 협력자 12~15만 명을 체포하여 106곳에 가두고, 4년 동안 1만3,175명에 대해 1873년 폐지된 사형제를 부활하여 처형하였고, 벨기에도 5년 동안 72만8,866명의 부역 혐의자에 대한 기록을 군사재판소에 제출하여 40만5,067명을 '국가 대외안전침해죄'로 규정하고 5만7,254명을 처형하였다. 그리고 부역자들은 선거권과 피선거권을 박탈하고 공공기관은 물론 언론, 법률, 의료, 종교, 금융 등의 직업에는 종사할 수 없도록 하여 식민지와 점령지에서 국가와 국민을 배신한 부역자들에 대해 고통을 감내하며 정의로운 청산에 노력했다.

프랑스는 1964년부터 '시민저항군과 추방'이라는 주제의 수업과 함께 학생들이 쓴 글을 선발하여 상을 수여하는 등 교육적으로도 점령지와 식민지 시절 부역자들에 대한 청산 교육을 하며 교훈으로 삼고 있다.

1948년 8월 대한민국 정부가 재건되자 제헌국회는 친일 부역자들을 처벌하기 위해 '반민족행위처벌법'을 대한민국 법률 3호로 공포 1948.09.22. 하고 '반민족행위특별조사위원회여하 반민특위'를 구성하여 7,000여 명의 반민족행위자를 선정하고 노덕술, 박흥식, 김연수, 이광수, 최남선 등 친일파 688명을 체포 1949.01. 친일 청산 하였으나 경찰과 친일 세력들은 반민특위 사무실을 습격하여 치명적인 타격을 입히며 친일 부역자에 대한 역사적 청산을 막았다. 그리고 이승만은 한국전쟁 와중인 1951년 2월에 '반민족 행위 처벌법 등 폐지에 관한 법률'을 만들어 공소 중인 사건은 공소를 취하하고 반민족행위처벌법에 의한 판결은 모두 효력을 상실한다고 결정하였다.

미 군정 시 경찰 책임자였던 윌리엄 마그린(William Maglin)은 "많은 사람이 경찰로 다시 복무하고 있다. 그들이 일제를 위해 좋은 일을 했다면 우리를 위해서도 훌륭한 일을 할 수 있을 것이다. 일제에 의해 채용된 이러한 조선인들을 활용하지 않은 것은 부당하다"라고 밝힐 정도였으니 해방된 대한민국에서 친일청산은 실패할 수밖에 없었고, 배후에는 패권 국가의 정치적 힘이 크게 작용한 것으로 해석된다.

국가에 의해 친일청산이 이루어지지 않자 시민들은 친일문제 연구에 평생을 바친 고 임종국 선생의 유지를 받들어 과거사 청산을 통해 굴절된 역사를 바로 세우고자 1991년에 (사)민족문제연구소가 만들고 1999년 친일 부역자 관련하여 편찬을 준비하면서 친일청산에 대한 바람을 일으켰다. 그리고 2003년 국회에서 친일인명 편찬에 대한 예산이 삭감되면서 정치권에서 판도라의 상자를 닫으려고 하자 시민들이 분노하며 자발적으로 5억 원이 모금되면서 세상 밖으로 나오게 되었다.

국민의 힘으로 만든 친일인명사전

민족문제연구소 방학진 기획실장은《친일인명사전》은 국내는 물론 만주 등 해외에서 수집한 자료만 250만 건에 달하며, 8년간의 작업 끝에 시민들이 낸 모금으로 4,389명의 친일 부역자를 정리하여 국민보고대회를 통해 역사의 진실을 밝히고자" 했으며 "친일청산은 반일이 아닌 제국주의구체적으로는 천황제 파시즘에 대한 반대임을 명확히 해야 한다. 친일파는 일본인이 아닌 일본 제국주의에 자발적, 적극적, 반복적으로 동조한 조선인한국인이며, 우리 의식 안에 남겨져서 복제되고 재생산되고 있는 친일일제, 식민 잔재에 대해서도 냉정히 직시할 때 친일청산은 제대로 진행된다"라고 밝혔다.

참여정부는 2004년 3월에 '일제강점하 반민족행위 진상규명에 관한 특별법'을 공포하여 "일본 제국주의의 국권침탈이 시작된 러·일 전쟁 개전 시부터 1945년 8월 15일까지 일본 제국주의를 위하여 행한 친일반민족행위의 진상을 규명하여 역사의 진실과 민족의 정통성을 확인하고 사회정의 구현에 이바지"하고자 '친일 반민족행위 진상규명위원회'를 설치하였다.

2005년 12월에는 '친일반민족행위자 재산의 국가귀속에 관한 특별법'을 공포하여 '일본 제국주의의 식민통치에 협력하고 우리 민족을 탄압한 반민족행위자가 당시 친일반민족행위로 축재한 재산을 국가에 귀속시키고 선의의 제삼자를 보호하여 거래의 안전을 도모함으로써 정의를 구현하고 민족의 정기를 바로 세우며 일본 제국주의에 저항한 3.1운동의 헌법 이념을 구현' 하고자 했으며 '친일 반민족행위자 재산 조사위원회' 를 설치하였다.

노무현 대통령은 2005년 광복 60주년 경축사에서 "해방은 되었으나 좌우 대결에 매몰되어 친일 세력의 득세를 용납하였고, 그 결과로 친일 세력을 단죄하기는커녕 역사의 진실조차 밝히지 못했기 때문입니다. (……) 국가 권력을 남용하여 국민의 인권과 민주적 기본질서를 침해한 범죄, 그리고 이로 인해 인권을 침해당한 사람들의 배상과 보상에 대해서는 민·형사 시효의 적용을 배제하거나 조정하는 법률도 만들어야 합니다. 더 이상 국가 권력을 남용하여 국민의 생명과 재산을 빼앗아 놓고 나 몰라라 하고 심지어는 큰소리까지 치는 일이 없도록 하자는 것" 이라 밝혔다.

문재인 대통령은 3·1절 100주년 기념사에서 "친일잔재 청산은 너무나 오래 미뤄둔 숙제입니다. (……) 친일잔재 청산은 '친일은 반성해야 할 일이고, 독립운동은 예우받아야 할 일' 이라는 가장 단순한 가치를 바로 세우는 일입니다. 이 단순한 진실이 정의이고, 정의가 바로 서는 것이 공정한 나라의 시작입니다"라고 하였다.

문화체육관광부가 조사한 '3·1운동 및 임시정부 수립 100주년 국민 인식조사' 결과에서도 응답자의 80.1%가 친일청산이 되지 않았다고 응답했으며, 친일청산이 되지 않았다고 생각하는 이유로는 "정치인, 고위공무원, 재벌 등에 친일파 후손들이 많아서"가 48.3%로 가장 많았으며, 3·1운동 정신의 계승 방법으로는 '친일잔재 청산'이 29.8%로 가장 높게 나왔다.

이러한 역사적 상황과 정부의 움직임에 지방의회도 움직이기 시작했는데 경상남도의회 더불어민주당 소속인 김영진 의원의 왕성한 활동이 돋보인다. 김영진 의원은 2020년부터 친일청산과 관련하여 많은 조례와 결의문을 발의하였다. 경상남도의회는 경상남도에 남아있는 일제 잔재를 청산하고, 반민족행위에 대한 올바른 역사 인식을 확립함으로써 시민에게 자주독립과 애국정신을 고취할 필요성을 제기하며 '경상남도 대일 항쟁기 일제 잔재 청산 등에 관한 대토론회'를 개최하여 전문가와 시민들의 의견을 수렴하였다.

▲경상남도 대일 항쟁기 일제 잔재 청산 등에 관한 대토론회(2020.08.11.) ⓒ경상남도의회

경남지역 학교 내 일제 잔재 실태 조사 결과를 발표한 교육희망 경남학부모회 전진숙 회장은 "2019년에 조사한 결과 일본 원산지인 교목과 교화로 지정한 학교가 141개

276

학교이며, 조선 독립 투쟁의 일환으로 국채보상 투쟁을 발화시킨 대구에 조선통감부 초대 통감인 이등박문(伊藤博文, 이토 히로부미)이 1909년 의도적으로 기념 식수한 일본 가이즈카 향나무(교화 제정이 시작 이래는 십을 수 없도록 부적합 심창을 한 외래 수종)도 많이 심어져 있었다. 그리고 친일 부역자가 작사 작곡한 교가도 20개교였다. 2021년에 재조사한 결과 의미 있는 변화가 있었던 학교는 2~3개 정도에 불과했다"라며 청산되지 않은 친일잔재가 배움의 터인 경상남도 초·중등학교에 산재해 있음을 지적하였다.

김영진 의원은 "2018년 한국 대법원이 일제 강점기 시 강제동원에 대한 일본 기업의 배상 판결에 대해 일본 정부는 배상을 거부하고 경제문제로 비화시켜 경제 보복을 추진하자 우리나라 국민은 일본에 항의하며 '일본제품 불매운동'을 진행하였는데 이는 일본 제국주의의 강제동원으로 피해를 본 노동자들의 권리로써 정당한 주장임에도 일본은 사과와 배상은커녕 경제적 보복을 하였다. 이러한 현실을 통해 우리 주변에 친일잔재에 대한 역사 인식이 필요"하기에 조례를 제정하였다고 했다.

'경상남도 일제 잔재 청산 등에 관한 조례'는 제2조 정의를 통해 '대일 항쟁기', '일제 잔재', '일본 제국주의 상징물' 등의 개념을 명확히 하고, '반민족행위자'에 대해서는 별지를 통해 29가지로 나누어 구체화하였는데 이러한 세부 기준은 국회가 제정한 반민족규명법의 정의보다 9개를 더 세분화한 조례다.

조례는 일제 잔재 청산사업을 위해 도지사가 5년마다 추진 계획을 수립하여 시행하도록 의무화하였고 ①일제 잔재 및 반민족행위자 관련 실태 파악, ②일제 잔재 청산을 위한 지원사업, ③일제 잔재 청산 홍보 및 교육, ④일제 잔재에 관한 연구 및 관련 도서 보급, ⑤공공기관 일제 잔재 행정용어의 순화 등의 내용을 반영하여 시행하도록 하였다.김 의원은 2021년 1월에는 경상남도교육청에 대해서도 일제 잔재 청산에 관한 조례안을 대표 발의하였다.

경남도교육청은 조례 제정에 앞서 대한민국 임시정부 수립 100주년을 맞아 '일제 잔재 청산 및 우리 얼 살리기 교육사업 TF'를 구성하고 경상남도 내 전 교육기관을 대상으로 학교 마당에 왜 향나무가이즈키를 심

▲ 밀양 영남루 마당에 친일 부역자 박춘금이 세운 밀성대군비의 철거를 논의하는 김영진 의원(2021. 03. 30)
ⓒ 경상남도의회

어 교목으로 관리하거나 친일인사가 만든 곡이나 가사가 교가로 사용되는지에 대해 전수조사를 시행하는 등 정비를 준비 중이었는데 조례 제정으로 법률적 힘을 받게 되었다.

김 의원은 '대일 항쟁기 강제동원 피해 여성 노동자 지원 조례'도 대표 발의하여 '대일 항쟁기에 강제로 동원되어 피해를 받은 우리나라 여

성 노동자의 생활 안정과 명예회복을 위한 여러 가지를 지원함으로써 강제 동원되어 고통을 받은 여성 노동자 문제를 바라보는 역사적 시각을 올바르게 세우고 이들의 인권을 증진' 하기 위해서라며 조례 제정의 취지를 밝혔다.

경상남도에 설치된 소녀상의 훼손 사례가 발생하고, 전국적으로도 여러 지역에서 발생하기 시작하자 대일 항쟁기 관련 여러 실태를 조사하여 명예를 회복할 수 있는 사업과 함께 일본군 위안부 피해자의 관련 기념물 에 대해 행정이 관리책임자를 지정하고 정기적인 점검 등을 실시하여 적극적인 보호와 관리가 될 수 있도록 조례를 개정하였다.

경상남도에는 평화의 소녀상과 평화기림상, 기억과 소망, 평화의 탑, 정의비, 인권 자주 평화 다짐비 등 10개의 기초 지방자치단체에 설치되어 야만의 역사를 기억하고 평화를 기원하는 비와 동상들이 있다.

경상남도의회는 친일청산과 관련하여 결의안도 여러 개를 채택하여 정부와 국회에 개정을 촉구했는데 대표적인 결의안이 2020년 김영진 의원이 대표 발의한 "국립묘지에 있는 친일반민족행위자의 무덤 이장과 서훈 취소를 위한 '국립묘지법' 과 '상훈법' 의 개정 촉구" 로, 청와대와 국회의장, 국무총리, 행정안전부 장관 등에게 건의하였다.

그동안 김영진 의원의 친일청산과 관련한 여러 조례의 제정으로 경남교육청에서는《사진과 그림으로 함께하는 경남 독립운동 이야기 1,

2》를 발간하여 중학교 1학년 학생들의 수업 활동과 현장 탐방 등에 보조 자료로 활용하고 있고, 학교 내에 사용되고 있는 일본어식 용어 333개를 찾아내어 대체 순화어를 만들어 사용하도록 보급하였다. 경상남도도 2021년 3월부터 '항일독립운동사 조사 연구용역'을 진행하고 있고, 2022년부터는 '대일 항쟁기 강제동원 피해 여성 노동자'들에 대한 지원도 하게 되었다.

김영진 경상남도의원이 발의한 친일청산 관련 조례는 17개 광역자치단체와 교육청, 고양시, 수원시 등 많은 기초 지방자치단체들이 다양한 명칭으로 조례를 제정하여 친일청산을 실행할 법적 장치를 만들었다.

친일청산은 일회성이나 특정 계기 또는 전시성 사업으로 진행될 사업이 결코 아니다. 그렇다고 중앙정부와 국회만 믿을 수도 없다. 경상남도의 김영진 의원처럼 사명감을 가지고 발의하고, 제안하고, 평가가 가능하도록 공적 조직에서 꾸준히 진행되어야만 실현 가능한 사업이다. 그리고 민간 영역에서도 시민교육과 평생학습, 창작 활동 등 다양한 문화 예술로 연결되어 우리 사회에 녹아날 때 가능하다 할 것이다. 친일청산은 일본이 아니라 식민통치와 점령을 정당화하는 일본 제국주의 역사를 청산하는 것이며, 이를 통해 목숨을 걸고 투쟁한 순국선열과 애국지사들의 정신을 기리며 밝은 내일을 만들 수 있다는 의미에서 지방의회에서의 친일청산 노력이 계속될 것을 기대한다.

청년 백범을 만날 수
있는 인천시 중구

"백범은 인천에서 태어났습니다."

몇 년 전 인천시 중구 방문시 들은 이야기다. 김창암과 김창수가 태어나고 자란 곳이 황해도 해주로 알고 있었는데 갑자기 인천에서 태어났다고 하니 당황스러움을 넘어 황당하였으나 이어지는 설명을 듣고서야 백범 김구의 고향이 인천임에 손뼉을 쳤다.

2017년에 개봉한 영화 〈대장 김창수〉는 인천의 제물포 인근 감리서라는 조선의 외교 및 관세, 국제 재판 등의 업무를 수행하는 관청 내의 감옥에서 있었던 실제 이야기다.

김창수는 이후 감리서 감옥에 또 갇히게 되는데 이때는 일본 조선총독부에서 운영하는 형무소로 제물포 축항 공사에 강제노역을 위하여 서대문형무소에서 이감되어 생활하면서 연하蓮下 김구金龜를 버리고 백범 김구로 태어났다고 한다.

이야기를 들으며 인천항이 시원하게 내려다보이는 응봉산에서 120년 전 제물포의 모습을 떠올려본다. 일본과 강제로 체결된 강화도조약에 의해 개항된 제물포는 조선 말과 대한제국, 일제 강점기와 해방, 그리고 한국전쟁을 거치는 시대를 연결하는 주요 통로였다.

제물포仁川는 미국, 영국, 프랑스, 러시아 등과 통상조약을 체결하면서 새로운 문물이 모이는 곳이자, 어제까지의 조선 문물과 충돌하는 격전의 공간으로 변하였고, 그 와중에 대한제국 백성들이 최초로 하와이로 집단 이민1902년을 떠났던 눈물 젖은 역사의 현장이기도 하다. 인천의 개항장 제물포 일대는 19세기 말, 20세기 초 열강들의 낯설고 이질적인 침략의 유물이자 강제노역 등 수탈의 고통이 녹아 있는 곳이다.

백범 김구가 태어난 인천의 개항장은 근대 침략국들의 건축물이 모여 있는 곳이며, 외국인의 치외법권으로 교역과 종교의 보급, 교육 등 특수성이 남아 있는 곳이자, 해방의 공간에서 해외의 독립투사들을 맞이한 뜨거운 공간이기도 하다. 또한, 미국 군대가 들어온 곳이자 한국전쟁 시 인천 상륙작전이 이루어진 곳으로 1883년부터 1953년까지 70년 동안 한반도의 역사가 담긴 살아있는 공간이다.

현 인천시 중구에 있는 인천항은 제물포를 중심으로 개항이라는 시대적 상황에서 당시 열강의 제도와 지식 등을 반영한 공간으로 시설물의 단순한 물리적 배치만이 아니라 식민지 건설을 통한 경제적 수탈의 욕구와 이에 항거한 정신적·물리적 충돌의 사회상이 반영된 공간으로서로 당시 기술의 집적과 사회적 이념이 함께하는 공간이다.

인천 중구에 있는 각국 공원(현 자유공원), 일본 18은행 인천지점(현 근대건축전시관), 일본 제1은행 인천지점(현 인천개항박물관), 일본영사관(현 중구청), 신포시장(현 신포국제시장), 제물포 내리교회 등은 단순한 건축물로서의 의미를 넘어 한 시대의 도시 공간으로서, 당시 상황을 기억하는 공간으로 오늘을 사는 사람들과 공유될 때 의미는 더욱 커진다.

인천항을 한눈에 담을 수 있는 응봉산은 제물포항이 개항하고 5년 만에 만들어진 우리나라 최초의 서구식 공원으로 인천 감리와 영·미·독·청·일 5개국 영사 등 6명의 대표가 설립한 신동공사(紳董公司)가 만들고 관리·운영하여 당시 '각국 공원'이라고 불리다가 1945년 해방 후에는 '만국공원(萬國公園)'으로 불렸다.

한국전쟁 시 인천 상륙작전을 지휘한 맥아더 장군의 동상이 1957년 10월에 세워지면서 현재 '자유공원'으로 불리고 있다. 이곳에는 우리나라 최고령 양버즘나무(platanus, 흔히 플라타너스)가 역사의 모든 것을 기억하며 서 있다.

현재의 근대건축전시관과 인천개항박물관은 일본 나가사키(長崎)에 본점을 둔 18은행의 인천지점과 일본 제1은행 인천지점으로 1890년에 산업자본과 고리대자본을 형성하여 토지매입 자본을 공급하는 등 일본의 경제적 침탈을 위해 개설되었다. 대한제국 시기인 1899년에 준공된 후기 르네상스식 건축물로 화강암, 목재, 시멘트 등 모래와 자갈, 석회를 제외하고는 모두 일본에서 가져온 재료로 만들어졌고, 1936년에는 조선식산은행 인천지점으로 이용된 곳이다.

현 인천시 중구청사는 개항과 함께 문을 연 일본영사관구 인천부 청사 건물로 서양식 2층 목조 건축물로 벽돌과 증기난방 등의 시설을 갖춘 건물로 일본인의 보호와 식민지 안정화를 위해 건축된 건물이다.

현 자유공원의 돌계단과 석등은 각국 공원에 1883년 설정된 일본 조계와 1884년 설정된 청국 조계와의 경계로 좌우의 건물 배치와 당시 조성된 석등과 계단을 통해 열강의 침탈 과정의 흔적과 문화가 존치된 곳이다.

대한제국 최초의 하와이 집단 이민을 추진한 교회이자 한반도 최초의 여성 전용 예배당이 있었던 제물포 내리교회웨슬리 예배당는 1885년고종 22에 감리교 아펜젤라Appenzeller, 亞篇薛羅 부부의 선교 활동으로 세워졌다.

제물포에 거주하는 외국인들의 사교 모임을 위해 러시아 건축가 아파나시 세레딘사바틴이 설계하여 1901년에 건축된 벽돌식 2층 건물 제물포구락부회관도 당시 모습을 간직하고 있고, 독일인과 외국인이 거주하면서 형성된 부촌의 건축물들은 동화마을로 불리며 방문객을 맞고 있다.

국내·외의 역사문화 도시들은 역사적, 문화적, 사회적 자산을 활용하여 방문객들을 유도하고, 다양한 체험을 통해서 지역의 정체성을 담아 관광과 교육의 장으로 활용하고 있다.

1997년 외환위기 이후 출범한 김대중 정부는 '문화와 관광산업을 21세기 유망산업으로 육성한다'는 관광 진흥 정책을 추진하면서 제1차 관광 진흥 5개년 계획을 수립했다.

노무현 정부는 주 40시간 근무제와 국민소득 2만 달러 돌파 등을 통해 국민을 위한 복지관광정책을 추진하면서 기초 지방자치단체도 독자적인 관광자원을 개발할 수 있도록 권한을 위임하는 분권 정책을 추진했다.

인천 중구청은 2010년에 '역사문화 중심도시'를 선포하여 자장면박물관을 개관하고, 2014년에는 '역사와 문화가 살아있는 품격 높은 관광도시'를 지향하며 인천 화교역사관과 대불호텔 전시관 등을 개관하였다. 2018년에는 '역사가 숨 쉬는 문화도시'를 목표로 인천 화교역사문화관과 송학동 옛 시장관사와 자유공원의 양버즘나무를 문화재로 지정하는 등 개항기의 여러 시설을 관리하고 있다.

그런데 2016년 인천발전연구원에서 인천 중구의 방문객을 조사한 결과 개항의 역사성을 인식하고 방문하는 사람은 1.3%이고 나머지 방문객들은 85%가 중국인 마을을 즐기기 위해 방문하는 것으로 나타나 충격을 주었다.

홍인성 인천 중구청장은 "인천시 관내 문화재국가 및 인천시 지정 30개 중 중구에 있는 문화재가 16개로 개항기와 직접 관계가 있습니다. 120여 년 전 열강의 치열한 식민지 쟁탈 과정에서 제물포는 한반도의 최전방으로서 새로운 문물의 집적지였지요. 당시의 유물을 통해 오늘의 이야기로 전환하여 시민과의 공감으로 아픔을 넘는 교훈을 얻고자 다양한 시도를 하고 있는데 그중 하나가 항일 독립과 직결되는 청년 백범 김구 거리"라며 중구의 역사적 가치를 밝혔다.

중구청은 인천 중구가 당시의 제물포이자 개항장으로 120년 전의 기억 공간으로 서사성, 상징성, 문화성, 차별성 등을 활용하여 시민들이 다양한 시대를 체험할 수 있는 복합문화공간으로 전환하고자 했다. 그래서 관내에 여기저기 흩어져 있던 문화재와 의미 있는 시설물들의 개별적 관리를 보강하고, 시설물들을 날줄 씨줄로 연결하기 시작했다.

구청 내 조직이 여러 개가 혼합되어 있던 부서를 문화관광과로 통합하고, 담당 공무원도 15명에서 21명으로 늘렸다.

관광 진흥 조례2020년 개정와 관광기념품 전시판매관 조례2019년 개정, 문화해설사 조례2019년 개정, 개항장 문화지구 관리 조례2021년 개정, 역사문화 인물 기념사업 조례2022년 제정와 관광시설 관리 조례2022년 개정 등 제도를 정비하여 방문객을 맞이할 준비를 하였다.

개항장 인근 지역 16만 평을 문화지구로 지정하여 공연과 전시, 문화복지 시설 등은 권장 시설로 정하여 취득세 및 재산세를 부분 감면하고, 공연장 및 공방 등 시설 보수 비용을 재정 지원하며 문화지구로의 분위기를 형성하였다.

인천시와 중구청의 노력으로 변화를 확인한 민간 자본도 들어 왔다.

2006년에 17개 호텔에 1,600여 개의 객실이 2021년에 40개 관광호텔에 2,872여 개의 객실로 증가하며 체류를 늘렸고, 개항지 인근에 공영 주차 공간도 2007년 43개소 1,700여 대에서 2021년에는 52개소 2,439대로 확대하여 방문객의 접근성과 편리성을 도모하였다.

역사문화 도시인 중구를 방문한 관광객을 안내할 해설사도 13명 2012년 에서 20명 2018년 으로 증원하였고, 청소년의 눈높이에 맞는 맞춤형 해설도 추진하였다.

▲ 인천 중구 개항장 주변에 정비된 청년 김구 거리 ⓒ 인천 중구청

개항기 시대에 건축된 낡은 시설물들은 보수 공사를 통해 예술창작소인 젤리코플랫폼 2009로 다시 태어나 예술가들의 창작실과 작품의 공유와 유통, 그리고 작가들과 함께 교육이 이루어지는 문화예술의 공간으로서 임무를 수행했다.

2018년부터 문화재청과 인천관광

공사 등과 야간 관광의 활성화를 위해 진행된 '야행夜行'을 '인천 개항장 야행'으로 명칭을 변경하고 예산도 2배로 증액하면서 역사문화 관광 정책으로 전환하고, 청소년과 어린이, 보호자들이 함께할 수 있도록 눈높이 해설로 120년의 시대를 넘나들었다.

야행은 밤에 보는 문화재 '야경', 밤에 근대 작품을 관람하는 '야화', 역사 거리를 밤에 걷는 '야로', 해설사와 함께하는 역사 '야사', 근대 문화 공연 '야설', 밤 시장 '야시', 문화재에서 하룻밤을 자는 '야숙' 등 다양한 내용으로 개항장의 방문객을 맞이하고 있다.

2019년에는 백범 김구를 중심으로 하는 독립 투쟁과 연계한 용역을 진행하여 항일 투쟁과 개항 시기의 문화적 충돌 그리고 새로운 문물의 조성 등을 종합적으로 추진하는 역사문화 정책으로 바꾸었다.

조선과 대한제국 시기 감리서 터를 중심으로 김창수가 탈옥했던 탈옥길, 일제 강점기 재수감되어 인천항 강제노역하던 축항노역길, 강제노역에 시달리는 아들의 옥바라지를 위해 어머니 곽낙원郭樂園 여사가 밥을 날랐던 옥바라지길 등의 탐방로를 조성하였다.

기미년 3·1만세 투쟁과 임시정부 수립 100주년을 기념하는 사업으로 2019년부터 추진한 청년 김구 거리는 22년 완공을 목표로 공사를 진행하고 있다. 청년 김구 거리 1.6㎞ 구간에는 12개소의 조형물을 설치하고, 광장에는 백범의 상징물과 일대기를 반영하여 민족과 조국, 그리고 통일에 대해 소통할 수 있도록 하고, 거리 중간에 있는 감리서

터는 토지를 매입하여 방문객들이 체험과 교육, 휴게 등을 위한 공간으로 조성하고 있다.

역사문화는 공간과 주제에 따라, 참여자의 눈높이에 맞게 120년의 시대를 넘나들며 문화와 건축, 예술, 역사 등을 만날 수 있도록 준비되었다. 청소년들과 부모와 함께하는 방문객들은 개항과 독립투쟁의 의미를 탐구하면서 체험할 수 있도록 개항의 문화재를 중심으로 일본군과 독립군, 일본은행, 독립자금 등의 역할과 청일조계지에서 한반도 13개 도의 대표자 회의를 여는 등 개항과 강점기 시대로 들어가 나를 찾는 참여 과정으로 운영되고 있다.

▲ 인천 개항장 문화재 야행 개막식(2021.11.05., 인천 중구청 마당) ⓒ 인천 중구청

외국인을 상대로 천년 고찰 용궁사에서 한국 불교의 무형문화재인 영산재 바라춤과 의례를 배우게 하고, 한국 서예와 민화 그리기,

문화해설사와 함께 둘레길을 걷는 등 한국의 문화를 체험하는 행사들도 있다.

홍 구청장은 "인천 개항장의 역사는 한국 근현대사의 살아 있는 교과서이며, 인천은 봉건시대가 무너지고, 오늘의 대한민국이 만들어지는 과정에서의 모든 역사를 품고 있는 도시다. 전국 교육청을 통해 교사 연수와 함께 수학여행과 체험학습의 공간으로 거듭나기 위해 준비 중"이라며 시대를 교감하는 역사문화 도시로의 희망을 만들어 가고 있었다.

중구청은 방문객의 안전 등을 위해 주말마다 차 없는 거리를 운영하고, 방문객의 편리를 위해 공중화장실 60개소 외에 39개소의 화장실을 무료 개방하고 있으며, 식수 시설과 의자와 그늘막을 설치하여 쉼터도 보강하였다.

개항장을 방문하는 장애인과 비장애인 모두가 만족할 수 있도록 안내판과 인도의 바닥 턱과 배수시설 덮개도 개선하고, 유아와 어린이들과 보호자들이 불편 없이 함께 거닐 수 있도록 인도와 차도의 공간도 개선하였다.

역사 거리를 찾아오는 방문객에게 안내를 책임지고 있는 역사문화해설사 박춘화 회장은 "현재 중구가 인천의 중앙이 아님에도 중구의 위상을 가지고 있는 것처럼, 개항기의 역사문화 유산을 통해 방문객과 역사를 나누다 보면 초행 방문도 있지만 가족 단위 재방문객이 많다 . 중구가 살아있는 박물관이라는 특징을 증명하고 있다. 그동안 분산되어 있던 역사를 백범 거리라는 이름으로 다시 꿰고 있어 20세기와 21세기가 한데 어우러지는 역사 도시로 거듭나고자 노력 중" 이라며 중구 지역 해설사 활동에 신념을 느낄 수 있었다.

인천시 중구청의 문화 관련 예산은 2020년에 65억 원에서 2021년에 92억 원, 2022년에는 114억 원으로 증가하면서 개항 시대의 역동성을 오늘을 살아가는 우리에게 교훈이 되도록 널리 알린 노력에 대해 '한국 관광의 별' 로 선정 문화체육관광부 주최 한국관광공사 주관되었고, 중국인 마을 지역특화발전 특구도 수상을 받았다. 2021년에 이어 2022년에도 '관광 100선' 에 선정되어 우리나라 근현대사의 특별한 역사문화 관광지로 가치를 인정받고 있다.

'구슬이 서 말이라도 꿰어야 보배' 라는 옛말처럼 개항장 주변의 여러 시설을 꿰는 작업이 한창이다. 어제라는 역사의 공간에서 현실적인 체험의 장으로 지각되고, 전환되면서 개항의 역사와 오늘의 세대가 만나는 장이 자연스럽게 선순환되면서 만들어진다.

인천 중구는 중구청과 인천시민들의 끊임없는 노력으로 방문객이 주체가 되어 개항 시대의 이질감과 침략, 고통의 역사를 공유하면서 내일을 생각할 수 있는 살아있는 교육의 공간으로 다시 태어나고 있다.

지방자치의 새로운 출발,
특례시(수원 · 고양 · 창원)

2022년 1월 13일은 우리나라에 '특례시'라는 새로운 제도가 태어난 날이자 지방자치단체도 특별히 예우해야 하는 나라가 되었다. 2006년 7월에 제주특별자치도, 2012년 7월에 세종특별자치시가 출범했고, 2022년 1월에 수원시, 고양시, 용인시, 창원시가 특례시의 지위를 부여받아 출범하였다.

우리나라 지방자치는 1948년 대한민국 정부가 수립되고 1948년 11월에 법률 제8호로 '지방행정에 관한 임시조치법'을 제정한 후 1949년 7월 '지방자치법'이 제정·공포되면서 시작되었으나 1961년 5월 군인들의 반란 시 군사혁명위원회 명의의 포고 제4호로 전국의 지방의회를 해산시키고 지방자치단체의 장을 중앙정부가 임명하기 시작했다.

지방자치는 군사독재 정부가 1961년 9월에 '지방자치에 관한 임시

조치법' 으로 지방자치의 씨앗이 발아되는 시점에 군인들에 의해 짓밟히며 역사 속으로 사라져 버렸으나, '민주주의의 나무는 피를 먹고 자란다' 는 교훈처럼 1987년 6월 민주 대항쟁을 통해 다시 태어났다.

1988년 지방자치법이 제정 수준으로 전부 개정되면서 30여 년 만에 부활하였고, 또다시 32년 만인 2020년에 지방자치 권한이 강화되도록 개정되었다.

지방자치란 지역의 주민들이 지역의 일을 스스로 처리하는 것을 원칙으로 하는 민주주의의 기본 철학을 의미하며, 중앙정부의 통제에서 벗어나 지역 행정의 효율성과 다양성을 확보해 지역 특성에 부합하는 맞춤형 행정을 통해 지역 주민의 삶을 위해 직접 추진함으로써 그 효과를 향상시킨다.

우리나라의 지방자치단체 계층 구조는 광역 지방자치단체와 기초 지방자치단체로 구분한다.

지방자치법 제2조에 근거하여 정리하면 광역 지방자치단체로 특별시와 광역시, 특별자치시, 도, 특별자치도 등 5개의 명칭을 사용하고 있고 기초 지방자치단체는 인구 5만 명 이상으로 시, 군, 구 등 3개 명칭으로 사용한다. 다만 법률상 지방자치단체의 종류는 아니지만 2020년 12월 개정된 지방자치법 제198조에 의해 인구 100만 명 이상의 기초 지방자치단체는 대도시라는 이유로 '특례시' 라는 명칭을 부여받고 행정, 재정 운영 및 국가의 지도·감독에 대해 추가로 특례를 둘 수 있게 되었다.

개정된 '지방 자치분권 및 지방 행정체제 개편에 관한 특별법' 도 인구 100만 명 이상 대도시에 대해 사무 특례제11조와 보조 기관 등에 특례제12조, 그리고 재정 특례제13조를 인정하고 있다.

사무 특례로는 '지방공기업법' 에 의한 지역개발채권 발행, '택지개발촉진법' 의 택지개발 지구 지정, '도시 재정비 촉진을 위한 특별법' 의 재정비 지구 지정 및 계획 결정, '박물관 및 미술관 진흥법'에 따른 사립 미술관과 박물관 승인, '농지법' 에 따른 농지전용허가, '지방자치법' 에 따른 5급 이하 정원 책정, '개발제한구역의 지정 및 관리에 관한 특별조치법' 에 따른 개발제한 구역의 지정 및 해제에 관한 관리계획 변경 결정 등이다.

보조 기관 특례로는 지방자치법 제123조부시사, 부시장, 부군수, 부구청장에도 불구하고 광역 자치단체처럼 부단체장을 2명 둘 수 있고, 지방자치법 제123조와 제125조행정기구와 공무원에도 불구하고 행정기구 및 정원은 인구와 도시 특성, 면적 등을 고려하여 정할 수 있도록 하였다.

재정 특례로는 지방재정법 제29조의 조정교부금과 별도로 도세 중 10/100 이하의 범위에서 일정 비율을 특례시에 교부하도록 하고 있으며, 지방세법 제142조과세대상에 따른 소방분 지역자원시설세는 특례 시세로 전환하도록 인정하고 있다.

참여정부의 균형발전 정책

참여정부의 주요 정책 중 하나가 중앙의 법률적 권한인 업무와 예산에 대한 권한을 지방으로 돌려주는 것이었다. 분권을 통해 지방의 고른 발전이 국가의 발전이라는 관점이다.

노무현 대통령은 12대 국정과제 위원회 명칭도 정부혁신지방분권위원회와 국가균형발전위원회로 정하고 중앙정부의 권한을 지방으로 이양하고 지역 발전을 통해 국가 발전이 이루어지는 정책으로 전환했다.

참여정부는 수도권 규제와 함께 국가균형발전 특별법의 제정과 균형발전특별회계의 도입, 공공기관의 지방 이전과 혁신도시 건설, 지방 대학 육성 및 인재 채용 강화 등 국가의 균형발전을 위한 제도적 기반 구축에 정성을 기울였다.

그럼에도 권역별로 인구 집중 현상이 발생하면서 인구 100만 명 이상 대도시가 늘어나자 이에 대한 대책을 촉구하는 움직임이 일면서 100만 명 이상의 대도시에 대한 특례에 대해 이명박 대통령 말기와 박근혜 대통령 시기인 지난 제19대와 제20대 국회에서 국회의원 발의로 제출되었으나 입법부와 행정부는 법안 발의의 취지도 제대로 논의 않은 채 국회의 임기 종료로 자동 폐기되었다.

100만 명 이상 기초 지방자치단체장들은 청와대와 행정안전부, 국회를 수없이 방문하여 법률의 한계를 설명하고 개정의 필요성을 제기하였다. 지방자치 관련한 연구기관에서도 법률 개정의 필요성에 관한 연구를 통해 제도 개선이 필요하다고 주장하였으나 획기적 변화는 이루어지지 못하고 부분 개정을 통해 부족한 제도로의 생명을 연장해 온 것이다.

허성무 창원시장은 "창원시장 후보 시절부터 생각해 온 특례시 실현은 꼭 달성해야 할 최우선 과제였다. 그래서 취임과 동시에 특례시

▲ 국회에서 지방자치법 개정 관련하여 특례시의 의미를 설명하는 허성무 시장(2020.12.29.) ⓒ 창원시청

실현을 위한 상생협약을 체결하고 고양 · 수원 · 용인 시장님들과 함께 지난해 4월 창원시청에서 공동기획단을 출범하며 본격적인 행보를 시작하였다"라며, "지난 3년 동안 특례시 지정 내용이 담긴 지방자치법 전부 개정 법안을 통과시키고자 운동화가 닳도록 정부와 국회를 뛰어다닌 횟수만 해도 50회가 넘는다. 청와대와 국무총리, 행정안전부 장관 등 방문 건의와 함께 특례시 위상에 걸맞은 권한을 가져오기 위한 내부적인 준비도 병행"하였다고 밝혔다.

허 시장은 "2018년부터 시작한 창원형 특례사무 발굴을 통해 총 104건, 587개의 단위 사무를 발굴하여 대통령소속 자치분권위원회에 이

양 건의와 심의를 지속적으로 요구하였다. 정책토론회와 찾아가는 시민교육을 통해 여론을 모으고 당위성을 설명하기도 하였다. 한 차례 법안이 폐기되는 아픔도 있었지만 결국 목표로 삼았던 지방자치법 전부 개정안이 제 임기 내에 통과된 것은 창원시민과 고양, 수원, 용인 시민 모두의 마음이 하나로 결집된 결과"라며 특례시의 활동이 녹록지 않았음을 설명하였다.

문재인 정부가 들어서서 '자치분권' 정책이 국정운영 100대 과제에 포함되면서 다시 분권 정책에 대한 논의가 활성화되어 제20대 국회에 지방자치법 전부 개정(안)이 제출되었다. 그러나 구체적인 논의를 못하고 국회 임기 만료로 자동 폐기되었고 제21대 국회에서 다시 국회에 제출되고, 2020년 12월에 지방자치법 개정(안)이 국회를 통과하여 2022년 1월 13일에 개정된 지방자치법이 시행되면서 특례시의 출범까지 이루게 되었다.

2020년에 개정된 지방자치법은 변화된 지방행정 환경을 반영하여 주민주권을 구현하고, 지방자치단체의 자율성 강화와 이에 상응하는 투명성과 책임성을 확보하며, 중앙과 지방의 수직적 관계에서 협력적 관계로의 전환 등의 내용을 중심으로 하여 시민을 주체화하여 주민참여형 지방자치를 실현하는 것이 목적이다.

특히 주민 조례 발의제와 주민감사, 주민소송 등의 연령도 19세에서 18세로 낮추며 젊은이들의 참여를 확대하였다.

주민감사 청구 권리도 사무처리가 있었던 날로부터 2년이 지나면 제기할 수 없었으나 3년으로 연장하고, 주민자치회의 구성과 사무 등도 명시하였으며, 지방자치단체의 기관 구성 형태 기관 분리형, 통합형, 위원회형 등도 주민 투표를 통해 결정할 수 있도록 하였다.

자치단체장에게 있던 지방의회 공무원의 인사권을 지방의회 의장에게 부여하여 의회 사무직원이 집행부에 대한 감시 및 견제 역할을 제대로 할 수 있도록 보장하였다. 지난 1월 13일부터 시행된 인구 100만 명 이상의 특례시의 의미는 다음과 같다.

첫째, 100만 명 이상 대도시의 규모에 맞는 행정이 가능해진다. 도시환경, 복지, 교통, 주택, 지역경제 등 각종 도시 정책이 인구에 맞게 진행되어야 하는데 그동안은 기초 지방자치단체 수준에 머물러 제대로 못 했으나 이번 개정으로 행정의 변화에 맞게 행정을 추진할 수 있을 것으로 기대된다.

둘째, 100만 명 이상 대도시의 경우 행정 수요가 광역 지방자치단체와 유사하지만 권한이 제한되어 그동안 광역 자치단체인 도와 중앙정부를 상대하면서 중복 행정을 하였는데 이를 최소화할 수 있게 되었다. 100만 명 이상 대도시의 행정 수요에 맞게 행정 권한의 이양과 배분을 통해 광역 지방자치단체를 경유하지 않고 중앙정부와 협의하여 의사 결정을 할 수 있도록 행·재정적 권한이 확대되는 것이다.

셋째, 인구 100만 명 이상 대도시임에도 불구하고 농어촌 행정과 도

농 복합도시 등의 행정과 유사한 권한을 가지고 있어 대도시의 역할을 제대로 하지 못했지만 특례시 제도 도입으로 4차산업 시대에 맞는 역할을 통해 국제 경쟁력을 강화하여 지역의 발전이 국가 경쟁력으로 향상시킬 수 있는 계기가 마련되었다.

인구는 비슷하나 공무원은 너무 적은 100만 도시

1997년에 광역시로 출범한 울산광역시는 인구 1,143천 명에 공무원이 7,066명, 대전광역시는 1,473천 명에 8,518명, 광주광역시는 1,463천 명에 9,290명인데 반해 수원시는 인구가 울산시보다 많은 1,218천 명인데도 공무원은 3,556명으로 울산시보다 공무원이 2,500여 명이나 적어 주민들이 원하는 행정 서비스에 많은 차별을 받아 왔다2021.06.30. 기준.

광주광역시는 공무원 한 명이 시민 190명을 담당하는데 울산광역시는 195명, 대전광역시는 213명을 담당하는 반면 수원시는 343명을 담당하면서, 수원시 공무원들이 다른 지방자치단체의 공무원보다 더 많은 업무에 시달리며 혹사를 당하고 있다고 해석할 수 있다.

창원시의 경우 인구수 103만 명에 지역 내 총생산GRDP이 38조원 수준으로 대구광역시와 광주광역시, 대전광역시보다 높음에도 불구하고 행·재정적으로 자립하지 못하고 경상남도에 속해 광역시보다 적은 세수로 주민들의 복지를 담당하면서 차별을 받아 왔다.

이번 특례시 제도 도입으로 인구 100만 명 이상 특례시의 경우 그동안 차별받았던 복지혜택이 눈에 띄게 달라지게 되었다.

인구 100만 명 이상 대도시이지만 기초 지방자치단체라는 이유만으로 복지혜택 적용에 있어 중소도시 기준으로 적용받다 보니 기초연금을 못 받는 경우도 발생하였다.

광역 지방자치단체의 경우 기초연금 신청 시 공제되는 기본재산액이 1억3,500만 원인데 반해 인구 100만 명 이상 대도시가 속한 '중소도시' 구간은 기본재산액 공제가 8,500만 원에 불과해 비슷한 소득과 재산을 가지고 있어도 사는 곳에 따라 복지혜택에 차별을 받았다.

의료급여의 경우도 광역 지방자치단체는 기본 재산 공제액이 5,400만 원이지만 인구 100만 명 이상의 대도시는 3,400만 원에 불과해 의료급여 혜택에서도 차별이 있었다. 이번 특례시 제도 도입과 함께 인구 100만 명 이상 4개 대도시의 노력으로 보건복지부 고시가 개정되어 기초연금과 장애인연금, 생계급여 등 시민의 복지 혜택이 광역시와 같은 수준으로 상향되어 일정 부분 차별이 해소되었다.

이외에도 사무 특례 확보를 통해 행정 절차가 간소화되어 광역 지방자치단체까지 가지 않고 특례시가 직접 권한을 가지고 신속한 의사결정으로 행정의 효율성이 높아질 것이며, 대규모 재정 투자 사업에 대해 직접 결정하는 등 도시의 기반시설이 확대될 것으로 기대된다.

그럼에도 여전히 많은 한계가 있다.

염태영 수원시장은 "1995년 민선 지방자치 출범 이후, 변화된 지방 행정환경을 반영하여 새로운 시대에 걸맞은 주민 중심의 지방자치를 구현하고, 지방자치단체의 자율성 강화와 이에 따른 투명성 및 책임성을 확보하기 위하여 지방자치단체의 권한을 확대할 수 있는 근거를 지방자치법 개정을 통하여 마련하였다. 개정된 지방자치법에는 인구 100만 이상 대도시에 특례시라는 행정적 명칭을

▲ 국회 앞에서 지방분권 헌법 개정을 촉구하며 1인 시위를 하는 염태영 수원시장 (2018.02.09.) ⓒ 수원시청

부여함으로써, 기초 지방자치단체의 지위를 가진다. 광역시급 위상에 걸맞은 행정적·재정적 권한을 부여받는 지방 행정상의 특례제도이지만, 아직 어떠한 법에도 권한이 명시되어 있지 않다. 따라서 대한민국에 존재하는 각각의 법률에 명시되어야 특례시 권한을 행사할 수 있게 되는 것"이라며 법률의 한계를 지적하였다.

염태영 시장이 지적한 것처럼 이번에 특례시 제도가 탄생했지만 법률적 지위가 불명확하다. 현행 법률로는 광역 지방자치단체가 아닌 기초 지방자치단체임을 명확히 하고 있어 법률적 권한에 한계가 너무 많다.

둘째, 지방 재정에 특례를 규정하고 있음에도 "다른 지방자치단체의 재원 감소를 유발하거나 시·도의 도시·군 기본계획 승인 권한을 침해하는 특례를 두어서는 안 된다"라는 부대 의견으로 재정 특례의 한계가 눈에 보듯 명확하다. 그래서 4개 특례시는 행정안전부와 '특례시 지원 협의회'를 운영하면서 86개 기능 383개의 단위 사무를 검토·확정하고 자치분권위원회에 조속한 이양심의를 요청하는 등 이를 실행하기 위한 제도적 장치를 마련하기 위해 노력 중이다. 또한 대통령소속 자치분권위원회의 대도시 특례 이양심의를 통해 제도 개선 2건과 대도시권 광역교통 관리에 관한 사무, 관광단지 지정 및 조성계획 수립, 폐기물처분부담금에 관한 사무 등 16건의 사무 이양을 결정했다.

이외에도 '지방 자치분권 및 지방행정체제개편에 관한 특별법' 일부개정안을 국회에 제출하여 지방관리 무역항의 항만시설 개발 및 운영, 지방관리 무역항 항만구역 안에서의 공유수면 관리, 물류단지의 개발 및 운영, 산지 전용허가, 환경개선부담금에 관한 사무, 지방건설기술심의위원회 구성·운영 등 6건의 사무가 행정안전위원회 전체회의에서 통과되어 국회 본회의 심의를 남겨놓고 있다.

이재준 고양시장은 "지방분권법 제41조 인구 100만 명 이상 대도시의 사무 특례에 ▲지역산업의 육성지원 ▲대도시권 광역교통 관리 ▲물류단지의 개발 및 운영 ▲지방 관리무역항의 항만시설 개발 및 운영 ▲산지 전용허가 ▲관광단지 지정 및 조성계획 수립 ▲환경개선부담금 ▲생태계 보전부담금 ▲폐기물처분부담금 ▲산업단지 개발 ▲교육기관 설립 및 운영 등 도시 규모와 경쟁력에 걸맞은 실질적 핵심사무 16건을 추가 요청하고 있다"라고 밝혔다. 그리고 고양시는 '타 특례시와

▲ 인구 100만 명 이상 특례시의 사회복지 급여 상향을 요구하며 1인 시위를 하는 이재준 고양시장(2021.04.27.) ⓒ 고양시청

는 다르게 상대적으로 대학 수가 적어, 고등교육에 대한 수요를 만족시키기 위한 대책이 필요한 상황이라 대학의 설립 및 운영에 대한 권한을 반영하여 시립대학 설립을 통해 저비용으로 양질의 고등교육을 받을 수 있고, 취업자 배출로 유발되는 경제적 파급효과를 얻고자 노력 중'이라 밝혔다.

1948년 대한민국 정부 수립 이후 지방자치제도는 30년 단위로 변화하는 듯하다. 이번 문재인 정부가 추진하는 지방분권의 행정적 · 재정적 권한이 제21대 국회에서 법률 개정을 통해 대한민국의 지방자치제도가 한 단계 도약할 수 있는 계기가 되어야 한다.

대한민국의 지방자치제도는 특례시 제도를 통해 한 발짝 더 나가기 위한 새로운 도전을 시작하고 있다.

도움주신 분들

고현수 의원 제주특별자치도의회 보건복지안전위원회

김경희 의원 경기도의회 제2교육위원회

김영진 의원 경남도의회 기획행정위원회

김은주 의원 경기도의회 보건복지위원회

서은경 의원 성남시의회 행정교육체육위원회

최만식 의원 경기도의회 문화체육관광위원회

강석봉 제주특별자치도 장애인복지과장

김명욱 (사)휴먼몽골사업단 자문이사

김은하 아주대학교 상담심리학 교수

김재신 평생교육사, 한글대학 강사

김준열 군포시 토론촉진가

김진우 덕성여자대학교 사회복지학 교수

나규선 서천군 100원 희망택시 고객

나소열 전 서천군수

문성은 제주특별자치도 농아복지관장

박병문 마산면 마산사랑후원회장

박수연 광명시 청년위원회 청년위원

박은미 은평구 자원관리사(신사2동 주민자치회장)

박평수 한강하구장항습지보전협의회 대표

박춘화 역사문화해설사 회장

박해영 초등놀이교육정책실행연구회장

오성주 고성군 학부모네트워크 대표

우태영 군포시 협치활동가

유향숙 은평 그린모아모아 적극 실천자

이기엽 서천군 100원 희망택시 기사

이용화 숲속의 작은 친구들 대표

이용환 광명시 청년펼침공모사업 참여자

이유림 진천군 철도유치민간위원회 위원

이형분 (사)휴먼몽골사업단 홍보이사

장수미 부여군 전통시장 상인

전진숙 교육희망 경남학부모회 회장

정지예 성산구 탄소중립 마을 만들기 추진위원장

정효양 안성 꽃길 가꾸기 활동

최종하 춘천산림조합 산림과장

하정민 생명공학연구원 박사

참고자료

1. 사막에 나무를 심는 수원시

- 강석기, 사이언스타임즈, 지구 생물량 중 인간이 차지하는 비율은, 2018.06.29.
- 권윤희, 나우뉴스, 몽골 덮친 거대 모래 폭풍, 2021.08.15.
- 소병천, 손희두, 사막화 방지협약과 국내의 활용방안에 관한 연구, 한국법제연구원, 2007
- 임형섭, 연합뉴스, 2050 탄소중립위 출범, 2021.05.29.
- 수원시, (사)휴먼몽골사업단, 몽골 수원시민의 숲 조림 사업 백서, 2018.

2. 습지 보호를 위해 발 벗고 나선 고양시

- 강근주, 파이낸셜뉴스, 고양시 녹색 건축 의무화, 2022.01.18.
- 김도희, 인천일보, 사람 · 환경 공존…. 고양시, 지속 가능 경제도시로, 2020.11.03.
- 김봉운, 환경일보, 잃어버린 고양을 찾아서, 2020.12.07.
- 김승호, 신문고 뉴스, 고양시 탄소 중립 시민실천연대, 2021.12.1.14.
- 박준환, 헤럴드경제, 고양시 나무권리선언, 2019.04.03.
- 박진우, 오마이뉴스, 버드나무와 말똥게가 공생하는 세계적 내륙습지, 2021.05.28.
- 전익진, 중앙일보, '람사르 습지' 등록된 고양 한강하구 '장항습지', 2021.05.29.
- 기후변화에 관한 정부 간 협의체(IPCC, Intergovernmental Panel on Climate Change), 제27차 총회(2017.07.17., 스페인 발렌시아) 기후변화 종합보고서. 2017.
- 중앙선거관리위원회 선거 정보도서관, 선거자료, 고양시 기초단체장 선거공보물.
- 환경부, 습지 보호구역 현황, 2022.01.05.

3. 환경 활동가를 공무원으로 채용한 창원시

- 임병선, 서울신문, 스위스 글라루스 알프스의 이색 장례식, 2019.09.23.
- 임성호, 연합뉴스, 온난화로 생을 다한 빙하를 추모합니다, 2019.09.23.
- 조병욱, 세계일보, 기후재난 현장을 가다, 2016.11.25.
- 기상청 블로그, 빙하/빙상/빙붕/빙산 차이, 2017.11.30.
- 지구통계(OWID, Our World in Data), 이산화탄소 배출량, https://ourworldindata.org/co2-emissions

- 통계청, 국가 온실가스 배출 현황

4. 나무를 심고 숲을 가꾸는 춘천시
- 김동호, 서울경제, 유한킴벌리, 미세먼지 저감을 위한 '신혼부부 나무 심기', 2018.02.14.
- 이영경, 불교평론, 국립공원 정책과 전통사찰의 가치, 2018.06.03.
- 하바라, 프레시안. 산림 관리와 착취 그 경계에서, 2021.07.20.
- 국제연합 식량농업기구(FAO)와 환경계획(UNEP), 2020 세계 산림 자원 평가보고서.
- 국립공원관리공단

5. 분리 배출을 통해 자원순환을 추진하는 은평구
- 김종성, 오마이뉴스, 아귀 위에서 나온 페트병… 바다가 정말 심상치 않다, 2021.08.14.
- 문병도, 서울경제, '썩는' 페트병, 바이오 플라스틱 시대 열렸다, 2016.11.10.
- 이강언, 사이언스타임즈, 남태평양, 플라스틱 쓰레기 가득, 2017.07.17.
- 정규진, SBS, 전 세계 플라스틱 생산량, 코끼리 10억 마리 분량…환경 위협, 2017.07.20.
- 국제연합식량농업기구(FAO), 2017, 어업과 양식업의 미세플라스틱
- 한국해양과학기술원(2017), 미세플라스틱 식품안전관리방안 연구. -KBS 환경스페셜
  (2021.08.12.) '지금 바다는, 과학발전, 2017.
- 환경부, 수돗물 중 미세플라스틱 함유실태 조사결과, 2017.11.24.
- 한림과학기술한림원(2018), 한림연구보고서 123, 플라스틱 오염 현황과 그 해결책에 대한 과학
  기술 정책, 유럽합성수지제조자협회(EUROMAP, 2016).
- 영산강유역환경청, 블로그, 플라스틱 사용 줄이기! 태평양 바다에 쓰레기 섬이, 2019.03.29.
- https://www.plasticseurope.org
- 환경부(2017), 수돗물 중 미세플라스틱 함유실태 조사결과

2장 경제 살리기

1. 지역경제를 살리는 신기한 화폐, 부여군
- 권균보, 모바일을 이용한 지방자치단체 지역화폐 운영모델 연구, 단국대학교, 2018.
- 김상돈, 프로세안, 기본소득의 핵심은 소멸성 지역화폐, 2021.09.18.
- 나재필, 미디어붓 역외유출 막을 선순환 경제발전전략 모색, 2021.03.11.
- 백운성, 충남의 소득 역외유출 완화를 위한 대응 전략, 충남연구원 현안과제연구, 2019.12.20.

- 윤정미, 충남 행정리 마을의 지방 소멸지수와 마을 차원의 대응 전략, 정책 마당 2호, 2021.06(2).
- 이민정, 충남 지역화폐의 지역경제 파급효과 분석 및 활성화 방안, 충남연구원, 2020.04.30.
- 전대욱, 고향사랑 상품권의 경제적 효과분석, 한국지방행정연구원, 지방자치 정책 Brief, 제38호(2018.02).
- 최경호, e 지역뉴스, 충남도, 年 27조 '소득 역외유출' 대응책 찾는다.
- 충청남도 도정신문(도란도란), 역외유출 막을 선순환 경제전략 모색, 2021.03.17.
- 한국지방행정연구원, 지역사랑 상품권 전국 확대발행의 경제적 효과분석, 정책연구 2019-17.

2. 소상공인에게는 조건 없이 1% 대출하는 광주 광산구

- 강은경, 매일신문, 소상공인 최대 500만 원 지원… "식당·카페 300만 원", 2021.03.02.
- 김도영, 시사 뉴스, 정부, 영업금지·제한 소상공인 대상 4.1조 지원, 2021.01.10.
- 김은성, 경향신문, '손실보상 신속 지원' 소상공인 COVID-19회복지원단 가동, 2021.09.15.
- 김혜지, 뉴스1, 소상공인·자영업자 291만 명에 '최대 200만 원' 현금 지급, 2020.09.10.
- 손원태, 중소업신문, 소상공인 대출 상환 6개월 연장되지만, 매출은 주는데 대출금 850조 역대 최대, 2021.09.15.
- 이광재, '「정글 자본주의」「정글 사회」를 넘어「더불어경제」「더불어사회」를 창조합시다', 2021.02.08.
- 이재준, 중부일보, 전염병(COVID-19) 시대 자영업자들의 눈물과 정책 방안, 2021.08.30.
- 이호, 전자신문, '2021 대한민국 광역지자체·기초지자체 지속지수' 1등은 경기도〉, 2021.02.22.
- 임성빈, 중앙일보, 스러지는 자영업자… '직원 둔 자영업자' 31년 만에 최저, 2021.09.15.
- 홍춘호, "중소기업·소상공인 활력 회복을 위한 금융지원 정책토론회 자영업 현실과 금융지원 정책 방향", 국회의원 김경만, 이동주, 2020.06.15.
- 국회 뉴스, 과다부채·비대면화·매출절벽…자영업자 고통 심화, 2021.09.15.
- 광산구, 2019년 기준 사업체 조사보고서, 2020.
- 중소벤처기업부, 중기부 정책금융기관, 만기연장·상환유예 내년 3월까지 연장 시행, 2021.09.16.
- 통계청, 2019년 기준 전국사업체 조사보고서, 2021

3. 일하는 기쁨과 일자리 희망을 전하는 울주군

- 강진규, 한국경제, 한국 실업률은 낮지만…임시직 일자리 비중은 세계 2위, 2021.07.07.

- 백승렬, 금속노동자, 4차 산업혁명과 사라지는 노동의 권리, 2017.01.26.
- 서민지, 더팩트, 일자리 대통령 되겠다. 문재인의 '청년마음' 잡기, 2017.01.18.
- 청와대, 근로자의 날 대통령 메시지, 2018.05.01.
- 정책기획위원회, 참여정부 정책보고서, 2008.
- 중앙선거관리위원회 선거 정보도서관, 선거자료, 2018 울주군 기초단체장 선거공보물

4. 21세기의 새로운 산업을 육성하는 경기도의회
- 이택수, 디지털 타임즈, 에버 스타리그 8강전 부산 경성대서 열려, 2005.05.25.
- 임일곤, 이데일리뉴스, 블리자드 스타2 운영 한국법인이 맡을 것, 2009.07.24.
- 경기도, 경기도를 글로벌 게임 메카로! 게임산업 육성에 나선 경기도를 만나보세요,
  2019.05.09.
- 경기도(미래산업과), 성남시 · 한국이스포츠협회와 '경기 이스포츠 전용 경기장 활성화' 맞손,
  2020.09.23.
- 경기도의회, 경기도 이스포츠(전자 스포츠) 진흥 및 지원 조례안 심사보고서, 2019.10.16, 경제
  노동위원회.

5. 도로에서 철도로의 녹색교통 전환, 진천군과 안성시
- 공진희, 충청타임즈, 수도권 내륙선 진천 연결 타당성 128년 전 입증됐다, 2020.07.01.
- 박세화, 크트라해외시장뉴스, 프랑스, 비행기에 환경세 도입 검토, 2019.07.29.
- 박진우, 오마이뉴스, 저탄소 친환경 교통수단인 철도 시대로의 전환, 2021.07.22.
- 국토교통부, 제4차 국가철도망 구축 계획, 2021.06.
- 안성시, 안성시지, 안성시?안성문화원, 2011. 12.
- 재인용, UIC Statistics Synopsis 2020.
- 진천군, 국토부 건의 자료, 충북혁신도시 연결 전철망 국가계획 반영 건의, 2019. 03. 13
- 중앙선거관리위원회 선거 정보도서관, 선거자료, 2016 진천군 기초단체장 선거공보물

3장 복지 넓히기

1. 약물 치료에서 심리 치료로 전환하는 경기도의회
- 김진숙 외, 서울형 심리지원 프로그램 모형개발 보고서, 서울특별시, 2015.

- 경기도의회(복진 전문위원회), 경기도 심리지원센터 설치 및 운영에 관한 조례안 심사보고서,
  2020.
- 경기도청(건강증진과), 경기도민, 흡연율과 음주율은 감소 추세, 2020.05.22.
- 보건복지부, 한국 생명존중희망재단, 2021 자살 예방백서
- 보건복지부, "정부, 자살 문제 해결을 위한 행동계획 마련 · 추진", 2018.01.13.
- 지역사회 정신 건강서비스 지침, 세계보건기구, 2021.
- 세계보건기구, 지역사회 정신 건강서비스 지침, 2021.6.10.
- 2021 자살 예방백서, 보건복지부, 한국 생명존중희망재단

2. 장애와 비장애를 넘은 공정한 권리, 제주도의회

- 권승문, 투데이코리아, 제61차 UN 총회 장애인권리협약 채택, 2006.12.14.
- 김태구, 촉수화, 신체 위 수화, 공동수화, 2019.10.10.
- 박성용, 웰페어뉴스, UN 장애인권리협약 보험 차별금지 조항 '유보 철회', 2021.12.29.
  '시청각 장애인 권리 보장' 법률안 제정 추진, 2022.01.02.
- 한국장애인고용공단, 2021 장애인 통계, 2021

3. 온 마을이 노인한글대학인 논산시

- 진기풍, 미디어경남거제, 「마을공동체와 노인복지, 연계해야 하는 까닭」, 2020.08.17.
- 논산한글대학 어르신 212명 공저, 내 이름 쓸 수 이따. 구름마, 2020.
- 한글대학 한글 365, 「한마음 글마실」, 2020(창간호), 2021(통권 4호).
- 교육부, 국가평생교육진흥원, 〈성인문해능력조사〉, 2020.

4. 100원으로 택시를 타는 행복한 서천

- 나소열TV. 2020. 3. 7.
- 나소열, 대중교통의 공공성 강화, 버스 공영제 및 마을 택시를 중심으로, 토론회 자료,
  2014.04.07.
- 박민석, 데일리임팩트, 100원 택시-공공버스 · 철도연계 등, 2021.09.13.
- 윤정미, '충남 행정리 마을의 지방 소멸지수와 마을 차원의 대응 전략', 정책 마당 2호,
  2021.06(2).
- 서천군, 농어촌버스 미운행지역 수요응답형 택시 시범 운행 계획, 2012.12.14.
- 서천군, 자치법규 의견 제시 요청에 대한 회신, 법제처, 2013.04.01.
- 서천군, 지방자치단체의 마을 택시운행 등에 관한 질의응답, 서천군선거관리위원회 위원장,

2013.03.12.
- 서천군, 〈「서천군 농어촌버스 미운행지역 희망택시 운행 및 이용주민 지원에 관한 조례」제정 계획〉, 2013.04.03.
- 서천군, 〈서천군 지역발전 이야기〉, 2014.06.
- 서천군청 누리집.

5. 청년을 위한, 청년에 의한, 청년의 도시 광명시
- 권현수, 머니투데이, 광명시 청년 복합문화공간 '청년동' 개소, 2021.10.27.
- 이명선, 서울신문, 신혼부부·청년 전·월세 대출이자 지원금 신청하세요, 2021.03.16.
- 임민일, 브릿지경제, 「광명시 청년들의 목소리에 집중」, 2022.02.17.
- 광명시청, 광명동굴 누리집, 광명동굴 이야기
- 중앙선거관리위원회 선거 정보도서관, 선거자료, 2018 광명시 기초단체장 선거공보물

4장 청·소년 키우기

1. 과학자들과 함께 실험하는 대전시 유성구
- 민계식, 안영광역신문, 놀랍고 자랑스러운 신비한 나라, 2022.01.06.
- 염한웅, 서울신문, '대한민국은 선진국인가', 2022.01.26.
- 유성구청, 누리집, 2012.12.26.

2. 아이들에게 놀 권리와 놀이터를 확보한 경기도의회, 수원시, 제주도교육청
- 김회님, 경기도 교육청 어린이 놀 권리 보장을 위한 조례 제정을 위한 공청회 자료, 2019.05.30.
- 문정임, 국민일보, 100세 시대미래 교육… 독서와 놀이로 아이들 상상력 키운다, 2021.11.22.
- 손지은, 오마이뉴스, 어린이에게 놀 권리를, 2015.05.04.
- 송수경, 경기도교육청 어린이 놀 권리 보장을 위한 조례 제정을 위한 공청회 자료, 2019.05.30.
- 오채선, 유치원 또래문화에서 놀이집단 구성원이 되는 과정과 의미, 2013.01.15.
- 이수현, 에듀뉴스, 시도교육감협의회, '아이들 놀 권리' 수호자로 나서, 2015.01.15.
- 장기영, 시사 코리아저널, 시·도교육감 협의회 '어린이 놀이헌장' 선포, 2015.05.04.
- 전지혜, 연합뉴스, 제주 유아체험교육원 '자연체험 놀이터'로, 2021.10.08.
- 정수진, 수원 시정연구원, 꿈꾸는 놀이터 조성을 위한 교육 프로그램 연구, 2016. 11.
- 경기도의회, 교육 기획위원회, 제10대 336회, 위원회 의안 처리
- 경기도의회 제334회 제3차 본 회의
- 수원시, 가심비 높은 수원시정 125, 2018.

3. 청소년을 위해 포기하지 않는 경남 고성군

- 김성호, 경남신문, 고성 '청소년 수당 조례' 주민이 발의하나, 2020.06.04.
- 김진명, 내일신문, 시장직 내놔도 무상급식은 못 한다?, 2011.08.26.
- 이상권, 경남신문, 경남 18개 시군 중 12곳 소멸, 2020.10.08.
- 정인호, 주간한국, 헝가리식 저출산 대책, 2021.03.26.
- 고성군의회, 제257회 임시회 기획행정위원회 속기록, 2020.09.16.
- 정책기획위원회, 사회비전 2030, 선진복지 국가를 위한 비전과 전략, 2006.
- 고성방송 〈www.gbs789.com〉, 2019.01.31.
- 고성군, 누리집, 연도별 내국인과 외국인 수

4. 아이들에게 정성을 다하는 교육도시 오산시

- 강경구, 경기일보, 「오산시-화성시, 자유학기제 업무 협약」, 2015.07.30.
- 강성규, 아시아타임즈, 「오산시-화성·오산 교육 지원청, 핵심리더 워크샵」, 2018.02.09.
- 김영아, 수원시민신문, 「오산시 제6회 전국학생토론대회 개최」, 2021.07.15.
- 양용기, 수도권뉴스, 「행복한 도시 향한 '도전과 희망' 은 계속된다」, 2012.07.01.
- 오산시, 교육은 '동그라미' 다. 2021.05. -2019 오산시 사회조사보고서, 한국고용정보원, 한국의 지방소멸 2018 보고서
- 오산시, 2020 온마을이 학교 교육도시 오산. 2021.02.
- 오산시청 누리집, 〈https://www.osan.go.kr〉.
- 중앙선거관리위원회 선거 정보도서관, 선거자료, 오산시 기초단체장 선거공보물

5장 민주주의 확장하기

1. 시민 토론, 끝장 토론, 민주적으로 군포시

- 김명철, 중부일보, 취임 1주년 한대희 군포시장, 2019.07.03.
- 남상인, 서울신문, 군포시, '민관협치 100인 위원회' 구성안 공모, 2019.03.26.
- 전남식, 인천일보, 군포시 '2020년 청소년 전설 프로젝트' 운영 결과, 2021.01.27.
- 황성규, 경인일보, 시민 협치 기구 '100인 위원회' 출범, 2019.03.06.
- 중앙선거관리위원회 선거 정보도서관, 선거자료, 2018 군포시 기초단체장 선거공보물

2. 친일청산으로 정의로운 사회를 추구하는 경남도의회

- 방학진, 친일청산은 3.1혁명과 독립정산 계승하는 길, 경상남도 대일 항쟁기 일제 잔재 청산 등

에 관련 조례 제정 토론회, 경상남도의회, 2020.08.11.
- 안병직 등, 세계의 과거사 청산, 푸른역사, 2005.
- 이용우, 독일강점기 베네룩스 3국의 대독 협력과 해방 후의 부역자 숙청, 국제지역연구 17, 서울대학교 국제대학원 국제학연구소, 2008.
- 조현호, 미디어오늘, 역사 · 정치 · 사회 · 경제 분열 극복해야, 2005.08.15.
- 문화체육관광부(국민소통실 여론과), 3 · 1운동 및 임시정부 수립 100주년 국민 인식조사, 2019.02.16.

3. 청년 백범을 만날 수 있는 인천시 중구
- 내리교회 역사관
- 인천연구원, 〈인천시의 관광산업〉, 2019.
- 인천중구청, 인천광역시 중구 문화관광
- 인천 중구청, 〈중구 기본 통계 연보〉, 제24회(2011), 제27회(2015), 제32회(2019).

당신이 생각한 마음까지도 담아 내겠습니다!!

책은 특별한 사람만이 쓰고 만들어 내는 것이 아닙니다.
원하는 책은 기획에서 원고 작성, 편집은 물론,
표지 디자인까지 전문가의 손길을 거쳐
완벽하게 만들어 드립니다.
마음 가득 책 한 권 만드는 일이 꿈이었다면
그 꿈에 과감히 도전하십시오!

업무에 필요한 성공적인 비즈니스뿐만 아니라 성공적인 사업을 하기 위한
자기계발, 동기부여, 자서전적인 책까지도 함께 기획하여 만들어 드립니다.
함께 길을 만들어 성공적인 삶을 한 걸음 앞당기십시오!

도서출판 모아북스에서는 책 만드는 일에 대한 고민을 해결해 드립니다!

모아북스에서 책을 만들면 아주 좋은 점이란?

1. 전국 서점과 인터넷 서점을 동시에 직거래하기 때문에 책이 출간되자마자 온라인, 오프라인 상에 책이 동시에 배포되며 수십 년 노하우를 지닌 전문적인 영업마케팅 담당자에 의해 판매부수가 늘고 책이 판매되는 만큼의 저자에게 인세를 지급해 드립니다.

2. 책을 만드는 전문 출판사로 한 권의 책을 만들어도 부끄럽지 않게 최선을 다하며 전국 서점에 베스트셀러, 스테디셀러로 꾸준히 자리하는 책이 많은 출판사로 널리 알려져 있으며, 분야별 전문적인 시스템을 갖추고 있기 때문에 원하는 시간에 원하는 책을 한 치의 오차 없이 만들어 드립니다.

기업홍보용 도서, 개인회고록, 자서전, 정치에세이, 경제 · 경영 · 인문 · 건강도서

모아북스
MOABOOKS 문의 0505-627-9784

더 이상 정부에 의존하지 않는다
정책이 만든 가치

초판 1쇄 인쇄	2022년 04월 02일	**2쇄** 발행	2022년 05월 03일
1쇄 발행	2022년 04월 12일		

지은이	박진우
발행인	이용길
발행처	모아북스 MOABOOKS

관리	양성인
디자인	이룸
총괄	정윤상

출판등록번호	제 10-1857호
등록일자	1999. 11. 15
등록된 곳	경기도 고양시 일산동구 호수로(백석동) 358-25 동문타워 2차 519호
대표 전화	0505-627-9784
팩스	031-902-5236
홈페이지	www.moabooks.com
이메일	moabooks@hanmail.net
ISBN	979-11-5849-170-3 13350

모아북스 는 독자 여러분의 다양한 원고를 기다리고 있습니다.
(보내실 곳 : moabooks@hanmail.net)